U0505148

本书系国家社会科学基金后期资助项目"对外贸易驱动汉语国际推广的理论体系构建（编号：20FJLB011）"的最终研究成果

对外贸易驱动汉语国际推广研究：理论及实证

Research on Chinese International Promotion Driven
by Foreign Trade: Theory and Empirical Evidence

谢孟军 著

国家社科基金后期资助项目
出版说明

后期资助项目是国家社科基金设立的一类重要项目,旨在鼓励广大社科研究者潜心治学,支持基础研究多出优秀成果。它是经过严格评审,从接近完成的科研成果中遴选立项的。为扩大后期资助项目的影响,更好地推动学术发展,促进成果转化,全国哲学社会科学工作办公室按照"统一设计、统一标识、统一版式、形成系列"的总体要求,组织出版国家社科基金后期资助项目成果。

全国哲学社会科学工作办公室

前　言

改革开放以来,中国经济保持了长达 40 多年的持续快速稳定增长,
"中国速度"成为世界关注的焦点。"引进来,走出去"发展战略给我国对外
贸易的长足发展提供重要历史机遇,为我国的经济增长奇迹作出重大贡献,
加快了中国式现代化建设的进程。进入 21 世纪以来,中国在贸易领域的各
项指标均取得世界领先的斐然成绩。2022 年中国进出口货物贸易总额达
42.07 万亿元人民币,较 2021 年增长 7.7%,连续 10 年保持世界第一货物贸
易大国的地位,中国生产制造的商品输向世界的 200 多个国家和地区,中国
式现代化的建设步伐不断加快。为了加快推动我国新旧动能转换,进一步
打造对外开放新高地,实现国民经济的新一轮快速增长,习近平总书记适时
提出"一带一路"倡议的伟大构想。近年来,我国与"一带一路"共建国家和
地区的经贸合作取得重大成就,成为推动构建人类命运共同体的重要力量。

党的二十大指出,今后的中心任务就是团结带领全国各族人民全面建
成社会主义现代化强国、实现第二个百年奋斗目标,以中国式现代化全面推
进中华民族伟大复兴。中华民族伟大复兴的中国梦不仅表现在国强民富物
质生活富足等硬实力方面的提高,而且体现在我国国际地位的提高、国际影
响力的提升等软实力方面的增强。随着中国经济实力的持续提升,中华文
化的世界传播和汉语的国际推广逐渐提上日程并得到快速发展。通过增强
中华文化的国际传播能力,加快汉语的国际推广,努力讲好中国故事,向世
界充分展现真实、立体、全面的中国。为了满足世界各国汉语爱好者汉语学
习和考试的强烈需求,中国在很多国家和地区设立汉语水平考试(HSK)考
点,考查母语非汉语的汉语学习者的汉语应用能力及对中华文化的了解和
熟悉程度。我国把汉语水平考试定位为国家级标准化考试,此后汉语水平
考试得到长足发展。孔子学院作为中华文化世界传播的典型代表,是汉语
水平考试考生的重要培训和报名机构,为参加汉语水平考试的考生提供了
极为便利的考试条件,推动了汉语在世界范围内的国际推广和传播。

随着国家经济、科技、军事等综合实力的提升,一国语言向世界传播的
概率会随之增大。中国经济实力的提升,加快了汉语的国际推广进程。汉

语的国际推广绝不是简单的语言领域的现象,而是有着更深层的经济层面决定因素。当然,悠久的语言历史和优美的语言结构也可以增强语言的吸引力。美国知名网站宣称,"学习汉语将给你带来机会和财富";法国巴黎街头有一则广告,内容为"学习汉语吧,那意味着你未来几十年内的机会和财富"。学习并掌握汉语不仅可以使汉语学习者获取和本国其他人同样的收入,而且还意味着可能拥有更多的双语就业机会和更高的工资。汉语的学习难度较大,并不是阻碍汉语国际推广的决定性因素。汉语水平考试成绩是外国人来华留学、工作就业的重要语言证明,很多国家如韩国、新加坡、日本、马来西亚等,都把汉语水平考试成绩作为岗位聘任及职位晋升的重要依据。目前,世界上有约 180 个国家和地区已经开展中文教育,约 70 个国家和地区把中文教育纳入其国民教育体系,世界上会讲汉语的人数约为 17亿,大概 6000 万外国人把汉语作为第二语言。汉语是世界上使用人数最多的语言,其应用广泛度仅次于英语。

　　语言基于人类交往的需要而产生,并随着人类交往范围的扩大而发展。商品的国际交换是国家之间交往的最重要形式,因不同国家持有不同语言,故在国际交往中形成天然沟通障碍。笔者视这种因语言差异而形成的国家之间沟通交流障碍为语言壁垒。消除语言壁垒的方法为,一国学习并使用另一国语言或都学习并使用第三国语言。这种学习他国语言的过程,笔者称作语言的国际传播。学习他国语言需付出金钱、时间、精力等,把因学习他国语言而付出的各种成本称为语言交易成本。国家之间交往的深入发展,需要消除语言壁垒,加快语言的国际推广。使用价值较大、使用范围较广的强势语言的国际传播速度较快,并有机会发展成为区域甚或国际通用语言。汉语的国际推广和汉语在国际经贸关系中的地位与作用密切相关,改革开放后,中国向世界提供的商品规模巨大、种类繁多,汉语在国际经贸关系中发挥的作用越来越大,成为推动中国式现代化的重要力量。随着中国对外贸易的快速发展,汉语在国际经贸合作中的使用频率逐渐提高,汉语的使用价值和经济价值逐年增加,学习并掌握汉语可以与中国无沟通障碍地进行贸易,贸易中的经济利益又驱使其他国家学习并使用汉语。汉语虽是世界上使用人口最多的语言,但目前母语非汉语的汉语使用者人数占总人数的比例尚低。因此,我国是语言大国,还不是语言强国。当前,我国正处于从"贸易大国"向"贸易强国"的转型期,中国商品"走出去"的步伐不断加快且结构日益优化。那么,中国对外贸易的快速发展是否有效驱动了汉语的国际推广?商品"走出去"和语言"走出去"二者之间是否存在内在逻辑关系?这是一个有待深入研究的重大社会问题。

中国对外贸易的发展,意味着中国与世界其他国家之间的经贸往来更为频繁,带有中华民族文化特色的中国产品不断走向世界。世界各国对中国产品的进口,在一定程度上表明对中国语言和中华文化的接受及认可。随着中国经济实力的快速增强,世界想了解中国的愿望也变得越来越强烈。汉语在国际社会中使用的频率不断提高,汉语的使用价值随之提升,贸易中的经济收益吸引了更多的汉语学习者。对外贸易属于经济学领域的研究范畴,汉语国际推广属于语言学领域的研究内容。笔者以语言经济学这门经济学和语言学交叉的新兴学科为理论基础,聚焦中华民族伟大复兴的中国梦,重点关注中国对外贸易发展和汉语国际推广之间的联系,以对外贸易驱动汉语国际推广为研究对象,围绕对外贸易对汉语国际推广的驱动机制、驱动路径、驱动力测度、趋势预测、驱动策略等系列内容展开学科交叉研究。从理论论证和实证研究两个方面,揭示商品"走出去"和语言"走出去"二者之间的内在逻辑关系,科学阐释对外贸易驱动汉语国际推广的机制和路径,初步构建对外贸易驱动汉语国际推广的理论框架体系。进而,在借鉴发达国家语言国际推广经验的基础上,制定加快汉语国际推广的推进策略,研究提出中国特色的汉语国际推广方式,为建设语言强国、实现中华民族伟大复兴的中国梦提供理论依据。笔者分六章对上述内容进行论证:第一章,梳理中国对外贸易和汉语国际推广的发展历程,对语言推广进行国际比较研究,借鉴关税理论提出语言壁垒、语言交易成本、语言强国等新概念。第二章,把关税模型拓展到语言经济学领域,构建两国和多国语言壁垒模型科学阐释对外贸易驱动汉语国际推广的作用机制。第三章,基于经济学和语言学两大领域的交叉学科知识构建语言活力模型,深度剖析语言的经济价值、国际地位、使用范围、使用频率等,研究提出对外贸易推动汉语国际推广的"多轮驱动路径"。第四章,把引力模型拓展到语言经济学领域,构建拓展的语言引力模型,使用 OLS 固定效应和系统 GMM 两种估计方法,量化测度对外贸易对汉语国际推广的驱动力,使用乐观预测、折中预测和悲观预测三种方法,对汉语国际推广的发展进程进行趋势预测研究。第五章,以汉语在"一带一路"共建国家和地区的国际传播为例,对对外贸易驱动汉语在"一带一路"的国际推广进行案例研究,推进构建人类命运共同体。第六章,把汉语的国际推广置于复杂的系统工程进行研究,在借鉴语言推广国际经验的基础上,结合我国实际探索中国特色的汉语国际推广方式,为加快中国式现代化建设步伐提供政策参考。

本书的学术创新主要表现在以下四个方面:第一,学科交叉特征明显。对外贸易属于经济学领域的研究内容,汉语国际推广属于语言学领域的研究范畴。笔者综合运用经济学和语言学两大学科知识进行学科交叉研究，提出语言壁垒、语言交易成本、语言强国等新概念，突破单纯从语言学学科的视角研究汉语国际推广的情况。第二，构建新的理论框架体系。综合运用经济学和语言学两大学科理论，研究对外贸易对汉语国际推广的驱动机制、驱动路径、驱动力测度、趋势预测、驱动策略等系列内容，初步构建对外贸易驱动汉语国际推广的理论框架体系，从全新视角对语言经济学这门新兴交叉学科进行进一步拓展和完善。第三，为"一带一路"建设提供参考借鉴。共建"一带一路"国家和地区通过优势互补可以实现合作共赢，中国与沿线国家和地区对外贸易的发展促使汉语成为"一带一路"沿线重要的经贸通用语言，汉语在"一带一路"的国际推广能增进理解、加强信任。通过沿线国家和地区的经贸合作及语言文化交融，可以进一步推动构建人类命运共同体。第四，为实现中华民族伟大复兴的中国梦提供新视角。民族复兴中国梦不仅表现在硬实力的提升，而且表现在软实力的增强。贸易大国向贸易强国的转型可以提升我国硬实力，语言大国向语言强国的转型能够增强我国软实力，对外贸易驱动汉语国际推广能提升我国的综合国力，有助于加快实现中华民族伟大复兴的中国梦。

汉语国际推广是一项极其庞大、极其复杂的浩大工程，绝不仅仅是单纯的语言现象，涉及经济社会的诸多领域，是中国式现代化建设的重要内容。今后，应把汉语国际推广置于更为复杂的理论框架，从更多层面，用更优方法，以更细标准、更高精度等进行更为深入的研究。以我国从贸易大国向贸易强国转型为契机，加快从语言大国向语言强国的转变，推进中国式现代化建设的进程，争取早日实现中华民族的伟大复兴。

目　　录

绪　　论

语言随着人类社会的交往需要而产生,是一种历史现象,在人类的沟通交流过程中发挥着极其重要的作用。语言的国际推广不是新鲜事物,2000多年前古汉语就开始向世界传播,15世纪始欧洲很多国家也向世界推广本国语言,国内外学者已对语言的含义、特征及推广等进行大量研究。多数文献基于语言学的视角研究语言的国际推广,少有学者研究对外贸易和语言国际推广之间的关系。研究对外贸易和语言国际推广关系的理论,主要包括语言交易成本理论、语言人力资本理论、语言公共产品理论等。

一、问题提出

(一) 研究背景

新中国成立后,我国对外贸易经历了一个从少到多、从小到大的曲折发展历程。随着经济全球化和区域经济一体化的纵深发展,对外贸易作为拉动经济增长的"三驾马车"之一,在整个国民经济中的地位越来越重要,成为推动中国式现代化建设的重要力量。根据国家统计局数据,新中国成立初的1950年,我国进出口贸易总额为41.50亿元人民币;改革开放之初的1978年,我国进出口贸易总额为355.04亿元人民币。改革开放后,"引进来,走出去"发展战略极大地推动了我国对外贸易的发展。进入21世纪特别是在2001年加入世界贸易组织(WTO)后,中国商品"走出去"的步伐逐年加快,"中国制造"响彻全球。2012年我国的进出口贸易总额为244160.21亿元人民币,首次成为世界第一进出口货物贸易大国。[①] 为了有效应对复杂的国际经济形势,推动我国对外贸易的持续快速增长,进一步打造对外开放新高地,2013年9月和10月,习近平总书记分别提出建设"丝绸之路经济带"和"21世纪海上丝绸之路"(简称"一带一路")的倡议,旨在通过与"一带一路"共建国家(地区)通过优势互补加强经贸合作,增进理解加强信任实现合作共赢。

突如其来的新冠疫情对世界贸易造成重大影响,尽管如此,2022年我

---

① 国家统计局:《中华人民共和国2012年国民经济和社会发展统计公报》,2013年2月22日,见 http://www.stats.gov.cn/tjsj/tjgb/ndtjgb/qgndtjgb/201302/t20130221_30027.html。

国对外贸易依然保持良好发展势头,成为世界上唯一一个实现货物贸易正增长的主要经济体,持续保持世界第一进出口货物贸易大国的地位。2022年我国进出口贸易总额为420678亿元人民币,其中,出口贸易额为239654亿元人民币,进口贸易额为181024亿元人民币,货物贸易顺差额为58630亿元人民币,年度增加额为29669亿元人民币,增长率为7.7%。2022年进出口贸易总额是1950年的10136.8倍,1978年的1184.9倍。我国对外贸易的发展速度之快,可谓世所罕见,为经济增长奇迹的实现作出巨大贡献。从我国对外贸易的地理分布来看,2022年东盟成为我国第一大贸易伙伴,我国与东盟的进出口贸易总额为65154亿元人民币,其中,出口贸易额为37907亿元人民币,进口贸易额为27247亿元人民币;欧盟为我国第二大贸易伙伴,我国与欧盟的进出口贸易总额为56468亿元人民币,其中,出口贸易额为37434亿元人民币,进口贸易额为19034亿元人民币;美国依然保持我国第三大贸易伙伴的地位,我国与美国的进出口贸易总额为50540亿元人民币,其中,出口贸易额为38706亿元人民币,进口贸易额为11834亿元人民币;我国与第四大贸易伙伴国韩国的进出口贸易总额为24121亿元人民币,其中,出口贸易额为10843亿元人民币,进口贸易额为13278亿元人民币;日本作为我国第五大贸易伙伴,与其进出口贸易总额为23832亿元人民币,其中,出口贸易额为11537亿元人民币,进口贸易额为12295亿元人民币。此外,我国与“一带一路”共建国家(地区)进出口贸易总额为138339亿元人民币,增长19.4%,占我国进出口贸易总额的1/3(见图0-1)。① 我国是贸易大国,但距贸易强国还有一定距离。附加值较低的劳动密集型产品出口占比相对较大,附加值较高的高科技产品出口占比相对较小,加工贸易所占比重较大,服务贸易占比相对较小,我国尚处于全球价值链的中低端位置。

习近平总书记提出中华民族伟大复兴的中国梦,实现“两个一百年”奋斗目标。民族复兴的中国梦不仅体现在国家富强、人民富裕等硬实力的提升,而且表现在弘扬中华文化和汉语国际推广等软实力的增强。新中国成立后,我国历届中央领导集体都非常重视中华优秀传统文化的继承和弘扬。毛泽东认为文化发展要坚持“双百”方针兼收并蓄,邓小平的改革开放思想更是丰富拓展了中华文化的内涵,江泽民把先进文化作为“三个代表”之一,习近平新时代中国特色社会主义思想强调弘扬中华优秀传统文化。

---

① 国家统计局:《中华人民共和国2022年国民经济和社会发展统计公报》,2023年2月28日,见http://www.stats.gov.cn/sj/zxfb/202302/t20230228_1919011.html。

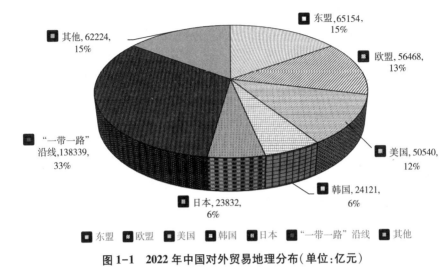

图 1-1　2022 年中国对外贸易地理分布(单位:亿元)

习近平总书记 2023 年 6 月在文化传承发展座谈会上强调,在新的起点上继续推动文化繁荣、建设文化强国、建设中华民族现代文明,是我们在新时代新的文化使命。要坚定文化自信、担当使命、奋发有为,共同努力创造属于我们这个时代的新文化,建设中华民族现代文明。[①]随着我国经济实力的持续提升及对外贸易的快速发展,汉语国际推广的步伐逐年加快,1987 年 7 月,我国成立国家对外汉语教学领导小组,主要负责向世界各国提供汉语言学习的服务。1991 年,我国开始在国外设立汉语水平考试(HSK)考点,目的是考查母语非汉语的汉语学习者的汉语应用能力及其对中华文化的了解程度。当年,有新加坡、秘鲁、南非和澳大利亚等四国的 248 名考生参加汉语水平考试。1992 年,我国把汉语水平考试定位为国家级标准化考试,此后汉语水平考试得到长足发展。截至 2022 年底,我国已在海外设立汉语水平考试考点 1470 余个,年度各类汉语考试人数逾 810 万人。[②]汉语是世界上使用人数最多的语言,毋庸置疑,我国是语言大国,但目前母语非汉语的汉语使用者占汉语使用者总量的比例相对较小,表明我国还不是语言强国。汉语的国际推广通过为世界各国汉语学习者提供良好的学习条件,能提高母语非汉语的汉语使用者占汉语使用者总量的比例,推动我国从语言大国

[①]　《习近平在文化传承发展座谈会上强调:担负起新的文化使命 努力建设中华民族现代文明》,《人民日报》2023 年 6 月 3 日。

[②]　汉考国际教育科技(北京)有限公司:《汉语考试服务网》,2023 年 3 月 10 日,见 ht-tps://www.chinesetest.cn/ChangeLan.do? languge＝zh_CN&t＝1681042127468。

向语言强国转型。

为了加快推进中华文化的世界传播和汉语的国际推广,2002年国家汉办举办首届世界大学生"汉语桥"中文大赛,2004年中国在韩国首尔建立世界首个孔子学院,2005年在北京召开首届世界汉语大会,来自全球60多个国家的专家学者共同探讨"多元文化架构下的汉语发展"问题。孔子学院作为中华文化世界传播及汉语国际推广的最典型代表,为汉语水平考试考生提供了极其便捷的学习条件和考试支持。截至2022年底,我国已在世界六大洲建立孔子学院(包括孔子课堂)1810所,其中,孔子学院580所,孔子课堂1230个。① 世界对中国的了解不断增多,中国融入世界的程度不断加深,中国式现代化建设进入新阶段。

(二) 研究意义

笔者通过梳理中国对外贸易和汉语国际推广的发展历史和现状,从理论和实证两个方面研究商品"走出去"和语言"走出去"之间的内在关系,构建对外贸易驱动汉语国际推广的理论框架体系,拓展和完善新兴交叉学科语言经济学的理论体系。通过对汉语在"一带一路"共建国家(地区)的国际推广进行案例研究,从全新视角为"一带一路"建设提供新思路,为实现中华民族的伟大复兴提供新路径,具有重要的理论意义和现实意义。

1. 理论意义

这表现在三方面:一是,基于学科交叉的思路,综合运用经济学、语言学及其他相关学科的知识,从对外贸易的角度研究汉语的国际推广,进一步拓宽了现有研究视角。把国际贸易学中的关税理论拓展到语言经济学范畴,提出语言壁垒的概念,视商品国际交换中的语言沟通障碍为语言壁垒。把交易成本理论拓展到语言经济学范畴,提出语言交易成本的概念,视因学习他国语言而付出的时间、精力、金钱等成本为语言交易成本。用一个国家语言使用者的绝对数量作为衡量该国是语言大国还是语言小国的指标,用母语非本国语言的本国语言使用者数量占本国语言使用者总量的比例作为语言强国和语言弱国的划分标准。突破了当前学界把汉语国际推广当作单纯的语言学现象进行研究的现状,为新兴交叉学科语言经济学的进一步发展提供重要素材。二是,以对外贸易驱动汉语国际推广为研究对象,从对外贸易对汉语国际推广的驱动机制、驱动路径、驱动力测度、趋势预测、驱动策略等诸多方面进行交叉学科的系列研究,构建两国模型和多国模型科学阐释

①　孔子学院总部:《全球孔院》,2023年3月15日,见 https://www.ci.cn/#/site/Global Confucius。

对外贸易驱动汉语国际推广的理论机理。从理论和实证两个方面深度剖析商品"走出去"和语言"走出去"之间的内在逻辑,理论层面,构建语言壁垒模型科学阐释对外贸易驱动汉语国际推广的理论机制,使用语言活力模型探寻对外贸易驱动汉语国际推广的作用路径;实证层面,构建拓展的语言引力模型量化测度对外贸易对汉语国际推广的驱动力和驱动潜力,并对汉语国际推广的发展趋势进行预测研究。初步构建对外贸易驱动汉语国际推广的理论框架体系,是对语言经济学这门新兴交叉学科的进一步补充和完善。三是,基于语言活力模型研究对外贸易驱动汉语国际推广的多轮驱动路径,从对外贸易提升汉语的经济价值、对外贸易增加汉语的国际需求、对外贸易提高汉语的使用频率、对外贸易提升双语人才就业率、文化产品贸易推动汉语国际推广等方面,搭建经济学和语言学的内在联系,从对外贸易的视角探寻中国特色的汉语国际推广路径,为语言传播理论的发展提供新思路。

2. 现实意义

这表现在两方面:一是,以弘扬中华优秀传统文化为主线,研究贸易大国推动语言大国向语言强国转型建设的逻辑规律,预测贸易强国驱动语言强国建设的发展趋势。贸易大国向贸易强国的转型可以提升我国硬实力,语言大国向语言强国的转型则能增强我国的软实力,对外贸易驱动汉语国际推广最终能提升我国综合国力,加快中国式现代化建设的进程,对实现中华民族的伟大复兴具有重要现实意义。二是,研究对外贸易驱动汉语在"一带一路"的国际推广,提升了汉语在"一带一路"国际经贸合作中的使用频率,逐渐使汉语成为沿线贸易的重要通用语言,汉语在"一带一路"的国际推广能增进沿线国家间的理解和信任,加强沿线国家的经贸合作和语言文化交融,加快推动构建人类命运共同体。为实现"一带一路"共建国家的民心相通提供政策建议和决策参考,为"一带一路"建设的发展提供新的现实材料。

（三）结构安排

笔者以语言经济学这门经济学和语言学交叉的新兴学科为理论基础,以对外贸易驱动汉语国际推广为研究对象,遵循分析现象、揭示规律、趋势预测、提出对策的研究思路,围绕对外贸易对汉语国际推广的驱动机制、驱动路径、驱动力测度、趋势预测、驱动策略等系列内容展开,构建对外贸易驱动汉语国际推广的理论框架体系,拓展和完善语言经济学这门新兴交叉学科的理论体系。结构框架见图0-2:第一,梳理我国对外贸易和汉语国际推广的发展历程,总结主要发达国家语言推广的成功经验,对语言的国际推广进行国际比较研究,明确我国贸易大国和语言大国的国际地位。第二,从理论层面科学阐释对外贸易驱动汉语国际推广的机制和路径,构建语言壁垒模型和语言活力模型揭示贸易大国和语言大国之间的内在关系,研究商品"走出去"驱动语言"走出去"的逻辑规律。第三,从实证方面构建拓展的语言引力模型,测度我国对外贸易发展对汉语国际推广的驱动力和驱动潜力,并对汉语国际推广的发展趋势进行预测研究。第四,以"一带一路"为例,实证研究中国对外贸易对汉语在"一带一路"沿线国际推广的驱动作用,分析汉语在"一带"和"一路"沿线国家(地区)国际推广的驱动力差异、亚洲国家和欧洲国家国际推广的驱动力差异等。第五,把汉语国际推广看作一项系统的复杂工程,明确汉语国际推广中需要正确认识的几大关系,探索并初步构建中国特色的汉语国际推广方式,加快推进中国式现代化建设。

二、文 献 回 顾

首先,对国内外学者在语言的基础理论方面的研究进行梳理和总结,明确语言的内涵与外延及其特征;其次,把现有文献关于语言国际推广的原因进行剖析,研究语言国际推广的经济决定因素,进而以汉语国际推广为例梳理相关研究;再次,把国际贸易和语言国际推广方面的研究进行总结,促进汉语国际推广在"一带一路"的快速发展;最后,总结国内外学者在"一带一路"汉语国际推广方面的研究成果。

(一) 语言的概念相关研究

语言基于经济社会中人们的交往需要而产生,并随着人们交流范围的扩大而传播,如果经济社会的交流需求下降则该语言的使用人口减少,当经济社会对某种语言需求下降甚至没有需求时,这种语言将濒临灭绝的境地(Abadie 等,2010;崔萌等,2018)。① 根据现有文献研究资料,人类社会在公元前约有 15 万种语言,到中世纪有一半语言已经消失,仅存 7 万余种语言,在 20 世纪世界上存在的语言种类下降到 6000 余种,在 21 世纪还将会有一半语言消失,语言消亡的速度约为两周 1 种(Bedassa 等,2017;李光勤等,2017)。② 虽然目前世界上语言的种类有 6000 余种,但语言的使用人口相对集中,其中,约 80 种语言的人口使用量占世界人口总量的 80%左右,其他

---

① Abadie,A. et al.,"Synthetic control methods for comparative case studies," *Journal of the Ameri-can Statistical Association*,Vol.105,No.490(2010),pp.493–505;崔萌等:《语言距离、母语差异与汉语习得:基于语言经济学的实证研究》,《世界汉语教学》2018 年第 2 期。

② Bedassa,T.A. et al.,"Does China's trade defy cultural barriers," *International Review of Applied Economics*,Vol.31,No.3(2017),pp.155–176;李光勤等:《语言多样性与中国对外开放的地区差异》,《世界经济》2017 年第 3 期。

语言的使用量很少甚至很多语言没有文字(丁从明等,2018)。①

　　不同学科的学者从不同角度对语言的内涵和外延进行了界定,目前尚未形成统一的标准化定义。有学者从语言学的角度基于语言的构成对语言进行定义,认为语言是由具有一定语法结构的有限或无限句子组成的集合,每个句子遵循一定的语法规则且长度有限,构成语言的结构主要包括音位、语素、词、短语、句子、全文等要素(李宇明和王海兰,2020)。② 也有学者从语言的功能角度进行定义,认为语言与社会交往密切相关,通过语言表达一种思维方式或者生活方式,实现人与人之间的沟通交流(高翔和龙小宁,2016)。③ 从语言的媒介功能角度阐释语言的含义,认为语言需要后天习得而非本能,是表达思想、愿望、情感等的一种载体,强调语言和思维的差异,语言是思维的前提和工具,没有语言则不会产生思维(谢孟军,2019)。④ 语言学家通过把语言和言语进行对比的方式对语言进行定义,把语言区别为广义和狭义两种,广义的语言包括语言和言语,狭义的语言则仅指语言,其中语言是一种说话的规则及框架,通过语法的形式进行结构规范,而言语则是人们口头表达出的话语。虽然不同学者从不同角度对语言进行差异化的阐释,但对语言核心内容的界定具有一致性,即语言是基于社会生活的交流需要而产生,用于表达人们的思想、情感、愿望等一系列通用规则而形成的系统体系(韦森,2019)。⑤

　　语言作为一种通用的标准化规则,具有自身明显的特征,主要包括指向性、描述性、逻辑性、传播性、传承性、民族性等。在社会生活交流中,如果要把自己的思想传递给对方,需要通过语言表达出指代对象,指代对象的信息要具体,让信息接受者能够明白表达者想要表达的意思,从而实现顺畅的沟通与交流(苏剑和黄少安,2015)。⑥ 语言通过设定具有一定编码解码功能的规则,根据指代对象的不同输出不同的编码,从而描述具体指代对象的准确信息,如树/大树/小树/树丛/森林等,不同的编码描述的指代信息不同,如果信息接受者能够正确解码,则能实现正常沟通,否则人们无法进行沟通和交流。语言是用于沟通交流的一系列标准和规则,语言构成中各部分的

① 丁从明等:《方言多样性与市场一体化:基于城市圈的视角》,《经济研究》2018年第11期。
② 李宇明、王海兰:《粤港澳大湾区的四大基本语言建设》,《语言战略研究》2020年第1期。
③ 高翔、龙小宁:《省级行政区划造成的文化分割会影响区域经济吗》,《经济学(季刊)》2016年第2期。
④ 谢孟军:《语言自信能否推进产能合作:HSK数据的实证检验》,《世界经济研究》2019年第3期。
⑤ 韦森:《语言的经济学与经济学的语言》,《东岳论丛》2019年第11期。
⑥ 苏剑、黄少安:《语言距离的测度及其在经济学中的应用》,《江汉论坛》2015年第3期。

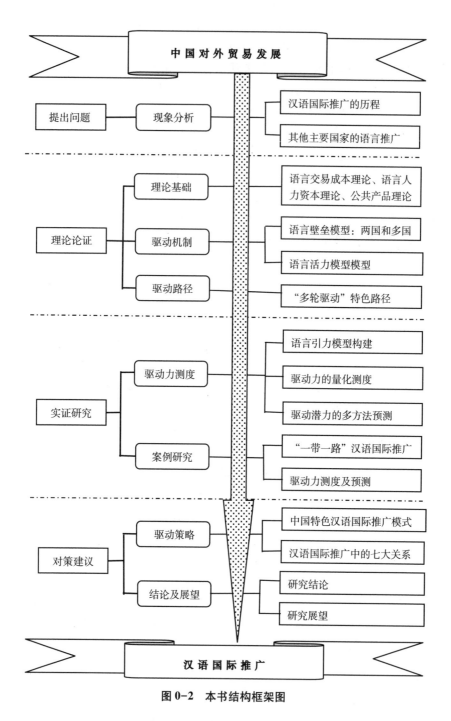

图 0-2　本书结构框架图

组合具有一定逻辑,若逻辑混乱则词不达意,无法实现顺畅的沟通交流。语言的沟通需要通过编码解码等程序完成,编码解码也具有一定规则,这种规则需要后天学习才能掌握,不是人们先天的本能,这种语言学习和使用的过程就是语言的传播过程(袁祖社,2017)。① 语言的编码解码规则随着社会的发展而不断变化,只有掌握这种编码解码规则才能实现语言的代际传承,否则就会出现现代人无法了解古代人思想的现象。语言具有一定的民族性特征,同一民族居住生活在同一区域形成统一的语言编码解码规则,不同民族的语言编码解码规则存在差异甚或差异很大,如北京人听不懂广东话,中国人听不懂西班牙语等,这就需要人们通过语言学习掌握其他语言的编码解码规则方能实现正常的沟通与交流。

由于世界上语言种类繁多,分类标准也存在较大差异。19 世纪时,欧洲比较学派有些学者根据语言编码解码规则的相似性,把世界的语言分为七大语系,分别是印欧语系、汉藏语系、阿尔泰语系、闪含语系、德拉维达语系、高加索语系、乌拉尔语系(Marshall,2017)。② 其中,最大的语系是印欧语系,包括日耳曼、拉丁、斯拉夫、印度、伊朗、波罗的海等语族,英语、德语等属于日耳曼语族,法语、西班牙语、葡萄牙语等隶属于拉丁语族,俄语、波兰语隶属于斯拉夫语族;汉藏语系包括汉语和藏缅、壮侗、苗瑶等语族;阿尔泰语系包括突厥语族、蒙古语族、通古斯语族三个语族;闪含语系又称亚非语系,包括闪米特语族和含语族两大语族;德拉维达语系又称达罗毗荼语系,包括比哈尔语、泰卢固语、泰米尔语、马拉雅兰语等语族;高加索语系主要包括格鲁吉亚语和车臣语等语族;乌拉尔语系包括芬兰语族和乌戈尔语族两大语族。也有学者把世界的语言分为九大语系:印欧语系、汉藏语系、阿尔泰语系、闪含语系、高加索语系、乌拉尔语系、南岛语系、南亚语系、达罗毗荼语系(Kline,2018)。③ 美国麻省理工学院基于语族所处洲际,把全球语言分为亚洲语系、北美语系、南美语系、欧洲语系、非洲语系、澳太语系等。澳大利亚的国家标准分类方法与美国麻省理工学院非常相似,主要包括北欧语系、南欧语系、东欧语系、西南亚和北非语系、南亚语系、东南亚语系、东亚语系、欧洲本土语系、其他语系(Bernard 和 Ben,2017)。④ 我国有学者根据

---

① 袁祖社:《"中国价值"的文化发现及其实践意义》,《中国社会科学》2017 年第 8 期。

② W.Marshall, "Going Out by Going In: Business Model Innovation with Chinese Characteristics," *Thunderbird International Business Review*, Vol.59, No.4(2017), pp.473-482.

③ P.Kline & E.Moretti, "Local Economic Development, Agglomeration Economics and the Big Push: 100 Years of Evidence from the Tennessee Valley Authority," *Quarterly Journal of Economics*, No.129(2018), pp.275-331.

④ Bernard Hoekman, Ben Shepherd, "Services Productivity, Trade Policy and Manufacturing Exports," *The World Economy*, Vol.40, No.3(2017), pp.499-516.

民族起源及发展等因素把世界语言分为 13 个语系,分别是汉藏语系、印欧语系、高加索语系、乌拉尔语系、阿尔泰语系、达罗毗荼语系、南亚语系、南岛语系、闪含语系、尼日—科尔多凡语系、尼罗—撒哈拉语系、科依桑语系、北美印第安语系。英国希蒙大学(Simon)采取遗传学分类法,把世界语言分为四大语系:欧亚语系,包括汉藏语系、印欧语系;太平洋和非洲语系,包括除欧亚语系,南北美洲以外其他各国的语言;北美语系,北美洲土著印第安语言;南美语系,南美洲土著印第安语言(Hutchinson 和 Amanda,2012)。[①]

　　现有文献对语言的研究,主要围绕语言的内涵与外延、特征、分类等几个方面展开,不同学者从不同角度对语言进行差异化的定义,并对语言的内涵与外延进行界定,但目前语言还没有形成统一的标准化定义。关于语言特征的相关研究相对比较成熟,没有太大争议,多数文献从指向性、描述性、逻辑性、传播性、传承性、民族性等方面进行阐释。学者关于语言的分类方法尚未统一,不同国家不同学者的语言分类标准存在较大差异。

　　(二) 语言国际推广相关研究

　　随着经济社会的不断发展进步,国与国之间的交往需求越来越强烈,交往频率越来越高。由于语言具有民族性的特征,这就意味着不同种族可能持有差异化的语言,不同语言的编码解码规则存在一定差异,这就导致持有不同语言的种族之间的沟通交流会出现障碍(Melitz,2008)。[②] 由于语言具有传播性的特征,消除沟通障碍的可行解决方法为一个种族学习并使用另外一个种族的语言,掌握其语言编码解码规则,使用同一种语言进行沟通交流,这种学习和使用其他语言的过程我们称之为语言的传播,如果语言的传播跨越国界,我们称之为语言的国际传播(Brouthers,2017)。[③] 语言的国际传播是一种历史现象,基于经济社会国际交往的需要而产生,国际交往愿望较为强烈的一方会主动学习并使用另一方的语言(王立非和金钰珏,2018)。[④] 因此,语言的国际传播不是一种自然而然的现象,而受到国际社会经济、政治、文化等诸多因素的影响。如果一种语言的使用人口较多、使

---

① Hutchinson,D.Amanda," Improving nutrition and physical activity in the workplace: a meta-analysis of intervention studies," *Health Promotion International*, Vol. 27, No. 2 (2012), pp.238-244.

② Melitz, J., " Language and Foreign Trade," *European Economic Review*, No. 52 (2008), pp.667-699.

③ Brouthers,K.D.,"Institutional,Cultural and Transaction Cost Influences on Entry Mode Choice and Performance," *Journal of International Business Studies*,No.33(2002),pp.203-221.

④ 王立非、金钰珏:《我国对外贸易中语言障碍度测量及影响:引力模型分析》,《外语教学》2018 年第 1 期。

用频率较高,这种语言的活力就较强,属于热门语言或强势语言,这种语言的推广传播速度也会较快,否则这种语言的活力较弱,就是冷门语言或弱势语言,这种语言的使用人数就会越来越少(Beugelsdijk,2017)。① 语言的国际竞争导致弱势语言的灭绝,语言的种类从公元前的 15 万种,到现在仅存 6000 余种,而且现存的 6000 余种中有约 80 种活力较强的强势语言被世界 80%左右的人口使用,其他活力较弱的弱势语言的使用人数很少甚至没有文字,久而久之弱势语言将濒临灭绝的境地。据统计,每两周就会有一种语言从这个世界消失。

语言的国际传播决定于语言的活力大小,具有客观性而非由人的主观意志所决定,我们把活力较强的语言称为强势语言,活力较弱的语言称为弱势语言。语言的活力或语言的强弱程度受到以下因素的影响:语言的价值、语源国的经济实力、语言的使用人口数量、语言国际推广的政策支持等,其中语言的价值是根本,语源国的经济实力是源泉,语言的使用人口数量是基础,语言国际推广的政策支持是保障,任何一种语言如果在这四个方面具有优势,则是强势语言,强势语言的国际传播是一个自然而然的过程(刘国辉和张卫国,2020)。② 任何人都不愿意去学习一种没有价值的语言,除非是强烈的个人研究兴趣或者为了保护某种语言免于灭绝。语言的价值取决于该种语言在国际社会中的使用价值,且随着语言使用密度和广度的加深而增大(马洪超和郭存海,2014)。③ 如果这种语言在国际社会中的使用频率较高、使用人数较多,其他民族或个人学习并使用该种语言可以从国际交往中获取额外的经济收益,则这种语言具有较强的语言魅力,能吸引更多的学习者。语言国的经济实力较强意味着参与国际事务的机会较多,在国际社会中发挥的作用较大,国际地位也较高(张西平和柳若梅,2016)。④ 经济大国生产的产品种类较多且数量较大,其他国家为了能够与其交换到满足本国需求的商品,需要主动学习并使用该国语言从而消除沟通障碍(Ngai 和

①　S. Beugelsdijk,T. Kostova & K. Roth,"An overview of Hofstede-inspired country-level culture research in international business since 2006," *Journal of International Business Studies*,Vol.48,No.1(2017),pp.30-47.
②　刘国辉、张卫国:《西方语言经济学研究的新进展:趋势与评价》,《武汉大学学报(人文科学版)》2020 年第 2 期。
③　马洪超、郭存海:《中国在拉美的软实力:汉语传播视角》,《拉丁美洲研究》2014 年第 6 期。
④　张西平、柳若梅:《研究国外语言推广政策,做好汉语的对外传播》,《语言文字应用》2016 年第 1 期。

Pissarides,2019)。① 地处僻壤的小国生产的产品仅够自给自足之用,不具备与国际社会进行商品交换的能力和愿望,其他国家与其交往无法获取额外经济收益,也就不会主动学习该种语言,更不愿使用这种语言。语言使用人口的数量是保持语言活力的基础,如果持该种语言的人口很少,则很难产生较大的国际影响并发展成为国际通用语言(洪永淼,2017)。② 相关的政策支持是语言得以国际推广的保障,可以为语言的国际传播提供重要条件。

语言的国际推广能削弱语言之间的差异,消除沟通障碍,推进国家间的交流。早在 15 世纪欧洲人发现新大陆时就把语言作为立国强国的工具,随着崛起国家在国际社会中参与国际事务的频率越来越高,其语言的使用范围也越来越广,语言应用度随之提高,葡萄牙语、西班牙语、法语、英语、德语等曾先后成为当时国际社会的通用语言(Onatski,2009)。③ 通过梳理这些国家的语言国际推广历程,发现主要有以下因素推动了语源国的语言推广:社会现代化因素、地缘和殖民化因素、文化和宗教因素等。西方国家的语言国际推广经验主要有,首先,把语言国际推广纳入本国强国战略(赵龙凯等,2014)。④ 从语言学的角度来讲,语言的国际推广是语言习得模式和使用模式的再塑造,民族内部和民族之间的交往需求是推动语言传播的根本因素,国家之间的交流主要表现为商品的国际交换等经济领域的交往。英语作为当前的国际通用语言,从语言学上来讲与其他语言相比并无显著特别之处,随着英国经济实力的增强及海外殖民扩张的发展,英语语言扩张成为其强国战略的重要组成部分。其次,拥有专门的语言推广机构和充足的推广资金支持。如英国的英国文化委员会、法国的法语联盟、西班牙的塞万提斯学院、德国的歌德学院、俄罗斯的国际俄罗斯语言和文学教师协会、日本的日本国际交流基金以及韩国的韩国国际交流财团等都是专门的国家级语言推广机构。在语言国际推广的前期阶段,推广资金主要来自政府的财政拨款,后期阶段则是政府资金和民间基金共同支撑。再次,语言的国际推

① Ngai, L. R. & Pissarides, C. A., "Structure Change in a Multi-sector Model of Growth," *American Economic Review*, Vol.97, No.1(2019), pp.429-443.

② 洪永淼:《站在中国人的立场上,用现代方法研究中国问题,用国际语言讲述中国故事》,《经济研究》2017 年第 5 期。

③ Onatski, A., "Testing hypotheses about the number of factors in large factor models," *Econometrica*, Vol.77, No.5(2009), pp.1447-1479.

④ 赵龙凯、岳衡、矫堃:《出资国文化特征与合资企业风险关系探究》,《经济研究》2014 年第 1 期

广和文化的国际推广相辅相成(Siggel,2018)。① 语言作为文化的一种载体,学习一种语言同时也意味着学习和接受一国的文化。从某种意义上来讲,语言的推广也是文化的推广,英国向世界推广英语的同时也在推广其价值观念、生活方式等,法语在很大程度上代表了法国的一种"生活品位"和"修养"。

通过梳理现有文献发现,学界主要关注发达国家的语言国际推广,学者们的研究成果基本形成一致意见,认为语言的国际推广绝不仅仅是单纯的语言现象,而是受到经济社会中诸多因素特别是经济因素的影响,语言的活力与语言的经济价值及语源国的经济实力密切相关,语言的国际竞争导致活力较强的强势语言使用范围越来越广,而活力较弱甚至没有活力的弱势语言使用人数越来越少,最终将会被淘汰,直到这种语言从这个世界消失。

（三）汉语国际推广相关研究

中国作为四大文明古国之一,拥有 5000 多年的璀璨文明史。中华文化具有悠久的文明传播历史,为世界文明特别是亚洲文明的发展作出巨大贡献,历史上很多国家曾受中华文化的影响,学习并使用汉语并形成历史上著名的"汉字文化圈"（陈永莉,2019）。② "汉字文化圈"又称为"儒家文化圈",是指以儒家文化为思想基础,深受中华政治和中华文化影响的国家及区域。这些区域曾经或现在仍然以汉语作为口头交流语言,书面语也以汉语文言文为基础,风俗习惯和生活习惯与中国相近。"汉字文化圈"的范围主要包括东亚的日本、韩国、朝鲜等国家和地区以及东南亚的部分国家。"汉字文化圈"可分为内圈、中圈和外圈三个区域,其中,内圈是指中国大陆及港澳台等地区,中圈是指移民海外但依然使用汉语且保持中华文化传统的海外华人社群,外圈是指以汉语作为第二语言或学习并使用汉语的海外非华人社群。

汉语作为中华民族的通用语言,学界对其有不同的称呼,主要称呼有汉语、国语、华语、华文和中文等,这些称呼含义相同但有一些细微差别,中国大陆一般称为汉语,港澳台地区一般把汉语称作国语,海外的华人华侨大多以华语和华文作为称呼,中文则是一种比较中性的称呼。中国大陆高校把汉语言文学系称为中文系,海外华人华侨把教授汉语的学校称为中文学校、华文学校或华语学校。学界关于汉语国际推广也有不同名称,主要有汉语

---

① E.Siggel,"International Competitiveness and Comparative Advantage:A Survey and a Proposal for Measurement," *Journal of Industry Competition & Trade*,Vol.6,No.6(2018),pp.137−159.

② 陈永莉:《汉语国际传播的制度建设问题》,《暨南学报(哲学社会科学版)》2019 年第 1 期。

国际传播、汉语国际化、对外汉语教学等(许琳,2016)。① 如果从传播学的角度对汉语国际推广进行定义,可以认为汉语国际推广是汉语从母语使用区向非母语使用区推广和传播的过程,主要表现为汉语被非母语使用区学习和使用的一种现象,推广形式主要包括语言教学、语言政策、语言标准、语言师资、语言教材,以及相关的政治、经济和文化等系列内容。汉语国际推广的"需求决定论"认为国际社会对汉语的需求是汉语国际推广的直接决定因素。汉语的国际推广是文化层面的国际传播,可以分为国内传播和跨国传播,汉语的国内传播主要指汉语普通话在中国的推广和普及,汉语的跨国传播则是通过对外汉语教学让外国人接纳、学习和使用汉语,从而增加汉语的使用人数,提高汉语在国际社会的使用频率,扩大汉语的使用范围,提升汉语的使用价值。

新中国成立后特别是进入 21 世纪以来,国际社会对汉语学习的需求逐年提升,20 世纪 80 年代世界曾掀起一股"汉语热"的浪潮,汉语国际推广的速度加快(谢孟军等,2017)。② 1987 年 7 月,我国成立国家对外汉语教学领导小组,1991 年,我国开始在国外设立汉语水平考试(HSK)考点,目的是考查母语非汉语的汉语学习者的汉语应用能力及对中华文化的了解程度。1992 年,中国把汉语水平考试定位为国家级标准化考试。此后,汉语水平考试得到长足发展。③ 为了推动中华文化的世界传播和汉语的国际推广,2002 年国家汉办举行首届世界大学生"汉语桥"中文大赛,2004 年中国在韩国首尔建立世界首个孔子学院,2005 年在北京召开首届世界汉语大会,来自全球 60 多个国家和地区的专家学者共同探讨"多元文化架构下的汉语发展"问题。孔子学院作为中华文化世界传播及汉语国际推广的最典型代表,为参加汉语水平考试的考生提供了极其便捷的学习条件和考试支持(张卫国和陈贝,2014)。④ 截至 2020 年底,中国已在海外设立汉语水平考试考点 1300 余个,年度考试人数达 750 余万人,中国已在海外建立孔子学院(包括孔子课堂)1722 所,其中孔子学院 550 所,孔子课堂 1172 个。⑤

---

① 许琳:《汉语加快走向世界是件大好事》,《语言文字应用》2016 年第 6 期。

② 谢孟军、汪同三、崔日明:《中国的文化输出能推动对外直接投资吗——基于孔子学院发展的实证检验》,《经济学(季刊)》2017 年第 4 期。

③ Donald, L., & Melody, L., "Economic impacts of cultural institutes," *The Quarterly Review of Economics and Finance*, No.64(2017), pp.12-21.

④ 张卫国、陈贝:《引力模型与国际贸易问题中的语言因素:一个文献评述》,《制度经济学研究》2014 年第 1 期。

⑤ 孔子学院总部:《全球孔院》,2021 年 1 月 15 日,见 https://www.ci.cn/#/site/Global-Confucius。

习近平总书记指出,沟通交流的重要工具就是语言,掌握一种语言就是掌握了通往一国文化的钥匙,孔子学院是中外语言文化交流的窗口和桥梁。党的十九大把"文化自信"定位为"四个自信"中更基础、更广泛、更深厚的自信,强调坚定文化自信,增强中华文化的国际传播能力和汉语的国际推广能力,努力讲好中国故事,向世界充分展现真实、立体、全面的中国,强调实现"两个一百年"奋斗目标、实现中华民族伟大复兴的中国梦。陈永莉(2018)通过研究国外语言国际推广的成功案例总结推广经验,从法律保障、资助体系、管理体制等方面提出加快汉语国际推广的策略,认为通过立法形式确立汉语国际推广的国策地位,为汉语的国际推广提供制度保障,加大政府资金投入的同时鼓励和支持民间资金的投入。① 王祖嫘和吴应辉(2018)把汉语的国际推广看作公共外交的重要组成部分,孔子学院是我国汉语国际推广的重要载体,也是我国对外文化交流的重要窗口,对推动中华文化的世界传播提升我国软实力具有重要作用。②

现有文献把汉语的国际推广主要分为两个阶段进行研究,一是我国古代的汉语国际传播及"汉字文化圈"的形成阶段,二是改革开放后汉语的国际推广阶段。改革开放后汉语国际推广的研究,主要集中在孔子学院、汉语水平考试、"汉语桥"工程、孔子新汉语计划等方面。研究者借鉴发达国家语言国际传播的成功经验,提出加快汉语国际推广的对策与建议。但目前学界对我国汉语的国际推广主要从语言学的视角进行研究,以数量扩张型的外延式发展模式研究为主,而对以质量提升为主的内涵式汉语国际推广模式的研究相对较少。

(四)　国际贸易与语言国际推广相关研究

国际贸易和语言国际推广看似是两件不相关的事情,实际上却存在极为密切的联系,二者之间的密切联系由来已久但却往往被学者们忽略。对外贸易的发展形成对双语人才的需求,双语人才数量的增加意味着语言的国际推广。社会交往的需要推动语言的形成,社会交往范围的扩大促进语言的传播。由于语言具有民族性的特征,不同国家不同民族持有不同语言,语言差异导致国际交往的沟通障碍,国家间无法进行正常的沟通与交流,更谈不上进行商品交换活动。语言相通是国际交往的前提,要想实现语言相通一国必须学习并使用另一国语言,因此国际社会交往的需要驱使一国学

---

① 陈永莉:《汉语国际传播的制度建设问题》,《暨南学报(哲学社会科学版)》2019 年第1 期。
② 王祖嫘、吴应辉:《汉语国际传播发展报告(2011—2014)》,《新疆师范大学学报(哲学社会科学版)》2015 年第4 期。

习并使用另一国语言,从而推动语言的国际传播(包群等,2017)。① 商品的国际交换是国与国之间最重要的交往活动,国际贸易中的经济收益是国家间进出口贸易的根本驱动因素,如果两国语言不通则无法进行商品的国际交换,更无法获取国际贸易中的收益,因此国际贸易的发展是语言国际传播的直接推动力(赵子乐和林建浩,2017)。② 贸易大国的商品供给量和需求量都很大,在国际贸易中处于主导地位,贸易大国的语言在国际经贸合作中的使用频率较高,从而使其具有更大的使用价值。贸易小国对国际市场的影响较小,贸易小国希望与贸易大国开展贸易的愿望更为强烈,出于获取贸易收益的动因,贸易小国会主动学习并使用经济价值较高的贸易大国语言,通过语言学习贸易大国和贸易小国就可以消除沟通障碍,顺畅地进行商品的国际交换,且均可以从国际贸易中获取经济收益(李树等,2020)。③

　　语言相通是国际贸易的必要而非充分条件,国际贸易是语言相通的充分而非必要条件。国际贸易是不同国家或地区间的商品交换活动,不同的国家和民族持有不同的语言,不同语言的编码解码规则不同,因此不同国家和民族之间在交流时就会出现沟通障碍(Diego 等,2012),④如果两国语言不通则无法实现顺畅的沟通交流,更谈不上进行商品的国际交换。解决语言沟通障碍的办法为一国学习并使用另一国的语言,或者都学习并使用第三国语言,从而实现语言编码解码规则的相通,这样能够削弱甚至消除国家间的沟通交流障碍,从而为商品的国际交换提供重要前提。由于贸易大国提供的商品数量较大、种类较多,贸易小国对贸易大国商品的需求欲望更为强烈,希望从贸易中获取经济利益的愿望也更为迫切,一般贸易小国会主动学习贸易大国的语言。为了实现语言编码解码规则的一致,两国也可能共同学习并使用第三国语言,此种情况下两国一般选择学习使用价值较大且应用较为广泛的贸易大国语言,这样两国就可以实现语言相通并进行商品的国际交换,而且两国由于学习并使用贸易大国的语言还可以直接和贸易大国开展贸易,同时两国还可以与其他学习并使用贸易大国语言的国家进行商品的国际交换,学习贸易大国的语言是贸易小国的理性选择,并可以从

----

① 包群、谢红军、陈佳妮:《文化相近、合作信任与外商合资关系的持久性》,《管理世界》2017年第3期。

② 赵子乐、林建浩:《经济发展差距的文化假说:从基因到语言》,《管理世界》2017年第1期。

③ 李树、邓睿、陈刚:《文化经济学的理论维度与实践进路》,《经济研究》2020年第1期。

④ Diego Quer et al., "Political Risk, Cultural Distance and Outward Foreign Direct Investment: Empirical Evidence from Large Chinese Firms," *Asia Pacific Journal of Management*, Vol.29, No.4(2012), pp.1089-1104.

语言学习中获取大量潜在经济收益。如果很多国家都学习该贸易大国的语言，则这种语言的使用人数就会大幅增加，在国际社会中的使用频率也会大大提高，此种语言则有可能发展成为国际通用语言（黄少安和张卫国，2017）。①

　　从国际贸易的具体交易环节来看，参与国际贸易的双方需要发布商品信息、搜寻客户、询价谈判等，如果双方语言不通则会造成信息不对称，不仅无法进行市场调研，更不可能达成市场交易。随着信息化时代的深入发展，国际市场的商机瞬息万变，有效抓住国际市场的发展机遇是获取国际贸易收益的关键所在，如果语言不通则不知道商机在哪，更不可能抓住商机，也就无法获取贸易收益。因此，参与国际贸易的国家特别是贸易小国要想获取贸易收益必须学习并使用国际市场中的主流语言，国际市场中的主流语言在国际经贸合作中使用的频率较高，也具有更高的经济价值，一般来讲贸易大国的语言才有机会发展成为国际市场的主流语言。学习并使用国际市场的主流语言不仅可以和持主流语言的贸易大国直接进行商品的国际交换，而且可以和使用国际市场主流语言的众多国家开展贸易，大大减少语言学习的种类，也降低了语言学习的成本，因此国际贸易的发展直接推动了语言的国际推广。"强势相对论"认为人的思维方式受语言的制约、限制和决定，不同语言的编码解码规则不同，持不同语言的人的思维逻辑也存在较大差异，如汉语和英语的语法结构不同直接决定了中国人和英国人的思维方式存在明显差异，中国人主要是意性思维而英国人则是直线思维，这种思维方式的不同也会造成贸易沟通的障碍（曲如晓等，2015）。② 通过语言的学习和交流，持不同语言的人可以相互了解对方的思维方式，从而有利于商品的国际交换。语言的差异还会带来价值观念的不同，从而导致在国际贸易中的交易方式、时间观念、决策方式、处理冲突的态度等方面存在较大差异，不利于贸易过程中的沟通与交流（李宝贵和于芳，2019）。③ 国际贸易的发展能够推动不同国家的语言趋同、文化趋近、消费偏好趋于相似等，语言的国际推广与传播也为国际贸易的顺利开展创造更好条件。

　　有些学者从交易成本的角度研究国际贸易与语言国际推广之间的关

---

① 黄少安、张卫国：《反殖民主义与语言通用度变化》，《语言政策与规划研究》2017 年第 1 期。

② 曲如晓、杨修、刘杨：《文化差异、贸易成本与中国文化产品出口》，《世界经济》2015 年第 9 期。

③ 李宝贵、于芳：《俄罗斯汉语传播与中俄经贸合作相关性研究》，《辽宁大学学报（哲学社会科学版）》2019 年第 3 期。

系,经济利益驱使贸易小国主动学习并使用贸易大国的语言,语言相同或相近则国家间沟通顺畅且能够降低国际贸易中的交易成本,提高国际贸易中的经济利润,进一步推动语言的国际传播(Helpman,2004)。[1] 语言作为国际贸易中的沟通交流工具和文化传播的载体,在国际社会交往中具有极其重要的地位和作用。如果参与贸易的双方语言相通则不需学习对方的语言,也就无须支付语言交易成本,但如果两国语言存在较大差异,一国必须学习并使用另一国语言,相关研究结果认为语言交易成本约占国际贸易总成本的7%,语言相通国家之间的贸易量大概是语言不通国家之间贸易量的1.5倍。使用国际通用语英语的国家能大大降低国际贸易中的语言交易成本,该国与美国的进出口贸易量显著增加,且能提高本国的国家收入,比例约为12%—13%(Tibor等,2017)。[2] 语言距离是阻碍国际贸易的重要因素。语言的国际推广能缩小语言距离,并推动国际贸易的发展,国际贸易的发展也能缩小语言距离,语言距离指数每增加10个百分点,国际贸易量下降约7—10个百分点。语言是一种人力资本,国际贸易的顺利开展需要大量掌握外语的双语人才,双语人才不仅可以获取和本国其他人一样的工资,而且能够胜任国际贸易中的双语岗位,从而获取更多的就业机会和更高工资。贸易中的经济利益驱使人们学习并掌握其他国家的语言,成为双语人才,因此语言学习的过程也是人力资本形成的过程。国内学者关于国际贸易和语言国际推广的研究起步相对较晚,语言是一种制度,在国际贸易中因语言的差异会产生语言交易成本,不利于国际贸易的发展。国际贸易的发展促使更多人学习国际社会的主流语言,有利于语言的国际推广和传播。语言具有非排他性和非竞争性等特征,属于公共产品的范畴。官方语言在国内的推广和普及属于纯公共产品,这种推广由政府唯一供给并由政府承担全部推广费用。语言的国际推广和传播属于准公共产品,其推广对象主要为非本国居民,是以政府为主导的多种推广方式相结合的供给模式。彭卉和蒋涌(2012)基于引力模型研究国际贸易和语言差异之间的关系,实证研究结果认为使用英语作为第二语言的国家人口数量占总人口数量的比例增加10个百分点,和加拿大的进出口贸易额会提高2.4个百分点。[3]

---

[1]　Helpman,Elhanan,Melitz,J.Marc,Yeaple,R.Stephen,"Export versus FDI with Heterogeneous Firms," *The American Economic Review*,Vol.91,No.1(2004),pp.300–316.

[2]　Tibor Besede,Matthew T.Cole,"Distorted Trade Barriers:A Dissection of Trade Costs in a 'Distorted Gravity' Model," *Review of International Economics*,Vol.25,No.2(2017),pp.148–164.

[3]　彭卉、蒋涌:《语言趋同与国际贸易——基于修正重力模型的实证》,《广东外语外贸大学学报》2012年第3期。

国内外现有文献主要从定性和定量两个方面对国际贸易和语言国际推广之间关系进行研究,所得研究结论基本一致,均认为国际贸易和语言国际推广二者密切相关。国际贸易是驱动语言国际推广的重要因素,语言的国际推广能促进国际贸易的发展,提高贸易参与国的贸易收益。从交易成本来讲,语言是一种制度,也会产生交易成本,语言交易成本是阻碍国际贸易的重要因素,国际贸易中的经济利益驱使贸易小国学习并使用贸易大国的语言,进而消除语言沟通障碍,语言国际推广能降低语言交易成本,对国际贸易的发展有反向推动作用。语言距离是衡量语言差异的重要指标,语言距离和进出口贸易额呈负相关关系。国际贸易的发展能推动语言的国际推广,语言的国际推广能够缩小语言距离,也可以反过来促进国际贸易的进一步发展。语言是一种人力资本,只有双语人才才能胜任国际贸易中的语言岗位,国际贸易也为双语人才提供更高的薪酬待遇,吸引更多的人成为双语人才,客观上促进了语言的国际推广。语言是一种公共产品,包括官方语言推广和普及的纯公共产品与语言国际推广和传播的准公共产品两大类,不同类型的语言公共产品的供给方式也存在一定差异。

(五)"一带一路"汉语国际推广相关研究

目前,学界关于"一带一路"汉语国际推广的研究,主要集中在古丝绸之路的汉语国际传播及当代的"一带一路"汉语国际推广。古丝绸之路始于2000多年前的西汉,不仅是一条连接欧亚大陆的重要商道,而且是沿线国家和地区语言文化交融的重要渠道(陈涛涛等,2019)。[①]"一带一路"倡议是中国于2013年提出的,旨在通过加强与亚欧非国家的经贸合作与交流,促进区域经济增长,加快汉语的国际推广,实现民心相通,推动构建人类命运共同体。

古丝绸之路简称"丝路",主要指陆上丝绸之路,广义上也包括海上丝绸之路,在先秦时就已存在,形成于西汉时的张骞出使西域,至今已有2000多年的历史。1877年德国地质地理学家李希霍芬把西汉时中国与中亚、印度等国家和地区间丝绸贸易的西域通道称为"丝绸之路",该命名得到学界的一致认可并被广泛使用(万筱铭,2017)。[②] 丝绸之路不仅是一条连接欧亚大陆丝绸贸易的重要商道,为沿线国家带来贸易的繁荣,而且沿线地区的

---

① 陈涛涛、金莹、吴敏等:《"一带一路"倡议的合作体系构建与舆论挑战——基于国际直接投资视角的研究》,《经济研究》2019年第2期。
② 万筱铭:《"一带一路"进程中汉语国际推广问题探究》,《江西社会科学》2017年第4期。

语言文化交融极大地推动了世界文明的发展（范子英等，2016）。① 通过梳理现有研究成果，发现汉语在古丝绸之路的推广方式主要包括驿站式、宗教伴随式、文化吸引式、贸易拉动式等传播模式（王建勤，2016）。②

　　西汉时丝绸之路的汉语国际传播主要是驿站式，由于沿线地区的商人来自亚欧不同国家和地区，西汉政府在主要道路设置驿站，供沿途商人休息与交流之用，中国的丝绸通过这条商道源源不断地输向亚欧等国家，沿线的众多商人和庞大的翻译队伍为不同文明的交流作出重大贡献，也推动了汉语的国际传播（闫雪凌和林建浩，2019）。③ 东汉至魏晋南北朝时汉语国际传播模式主要是宗教伴随式，这一时期推动汉语传播的主要对象是来华僧人，他们把来自印度的佛经翻译成汉语，西域各民族又把佛经汉译本翻译成其他语言。此时在敦煌、凉州等地的寺庙设有汉语培训班，主要用于教授汉语，传播中华文化。此阶段，僧人学习汉语的主要目的是传播宗教，但客观上也促进了汉语的国际推广。隋唐时的汉语国际传播模式是文化吸引式。隋唐是当时世界的发达国家，经济繁荣程度为世界之最，此阶段汉语的国际传播也达到鼎盛，很多外国人来华定居学习并使用汉语，成为双语人才，为中华文化的世界传播和汉语的国际推广作出重要贡献。汉字也在此阶段传入日本、朝鲜、越南等东亚和东南亚国家，并形成历史上著名的"汉字文化圈"。宋元时期的汉语国际传播模式为贸易拉动式，宋元政府通过政策扶持商人拓展海外贸易，此阶段陆上丝绸之路的优势开始变弱，海上丝绸之路逐渐发展起来，汉语通过海上贸易传播到其他国家。明朝时期由于实行限制海上贸易的政策，汉语的国际推广速度趋于放缓。古丝绸之路的汉语传播模式虽然在不同时期存在一定差异，但也具有很大相似之处，即汉语的国际传播不是单纯的语言现象，而是与贸易往来、文化交流、宗教传播等因素密切相关（刘志彪和吴福象，2018）。④ 从传播区域来看，汉语的国际传播以东亚地区为主，属于区域性语言国际传播。

　　新中国成立后特别是改革开放以来，汉语的国际推广重新提上日程。随着经济全球化和区域经济一体化的纵深发展，国与国之间的联系越来越

---

①　范子英、彭飞、刘冲：《政治关联与经济增长——基于卫星灯光数据的研究》，《经济研究》2016 年第 1 期。

②　王建勤：《"一带一路"与汉语传播：历史思考、现实机遇与战略规划》，《语言战略研究》2016 年第 2 期。

③　闫雪凌、林建浩：《领导人访问与中国对外直接投资》，《世界经济》2019 年第 4 期。

④　刘志彪、吴福象：《"一带一路"倡议下全球价值链的双重嵌入》，《中国社会科学》2018 年第 8 期。

密切。为了应对复杂的国际政治经济形势,习近平总书记于 2013 年 9 月和 10 月分别提出建设"丝绸之路经济带"和"21 世纪海上丝绸之路"的伟大构想(简称"一带一路"),旨在通过优势互补加强我国与"一带一路"共建国家(地区)的经贸合作,实现"政策沟通、设施联通、贸易畅通、资金融通、民心相通"(简称"五通"),推动构建人类命运共同体。2015 年 3 月,我国出台《推动共建丝绸之路经济带和 21 世纪海上丝绸之路的愿景与行动》,详细部署"一带一路"发展规划和布局。根据国家信息中心的统计资料,"一带一路"目前主要包括 65 个国家,分为东亚、东南亚、南亚、中亚、西亚北非、独联体和中东欧七大区,人口数量占世界人口总量的三分之二,经济总量为世界经济总量的三分之一,"一带一路"倡议有望成为加快我国新旧动能转换、实现经济高质量发展的重要驱动因素(蒋冠宏和蒋殿春,2014)。[①] "一带一路,语言铺路","一带一路"沿线一头为经济发展活跃的东亚经济圈,一头为发达的欧洲经济圈,区域内国家之间的优势互补性很强(黄少安,2019)。[②] "一带一路"不仅是加快经贸合作的重要区域,更为汉语的国际推广提供重要历史机遇。东南亚地区属于"汉字文化圈"的范畴,自古以来就深受中华文化的影响,据不完全统计东南亚有 4000 余万人华人华侨,很多华人华侨就读于当地的华语学校接受华文教育(吕越等,2019)。[③] 目前,我国已在"一带一路"共建国家(地区)建立孔子学院 200 余所,东南亚的来华留学生数量很大,这为汉语的国际推广提供重要基础。我国一直以来是以陆权为主的国家,"21 世纪海上丝绸之路"的规划部署为我国发展海权拓展海上贸易提供全新思路,同时也为汉语的南下推广和传播奠定坚实的基础。

古丝绸之路曾是欧亚国家商品交换的重要商道,为汉语的国际传播和世界文明的发展作出重大贡献,颇受国内外学者的关注(刘毓芸等,2015)。[④] 多数研究认为虽然在不同时期汉语国际传播的模式存在较大差异,但推动汉语国际推广的内在动因具有一致性,即汉语的国际传播绝不是单纯的语言现象,而是和中国的贸易发达程度及经济实力密切相关,且伴随着文化、宗教等因素。无论是驿站式、宗教伴随式、文化吸引式、贸易拉动式

---

① 蒋冠宏、蒋殿春:《中国企业对外直接投资的"出口效应"》,《经济研究》2014 年第 5 期。
② 黄少安:《中国改革开放以来主要的经济理论创新》,《学术月刊》2019 年第 3 期。
③ 吕越、陆毅、吴嵩博等:《"一带一路"倡议的对外投资促进效应——基于 2005—2016 年中国企业绿地投资的双重差分检验》,《经济研究》2019 年第 9 期。
④ 刘毓芸、徐现祥、肖泽凯:《劳动力跨方言流动的倒 U 型模式》,《经济研究》2015 年第 10 期。

的汉语国际推广,均未能让汉语成为国际通用语言。华商在贸易过程中移居海外最终使汉语在异域落地生根,华人华侨的汉语社区使汉语在海外得以传承和发展,进而形成区域内的语言共同体(刘国辉和张卫国,2016)。①"一带一路"倡议提出后引起国内外学者的高度关注,研究内容较为繁杂,研究范围较为广泛(谢孟军,2016)。②"一带一路"是对古丝绸之路的继承更是发展,丝绸之路的汉语传播为"一带一路"的汉语国际推广提供重要历史借鉴。"一带一路"倡议不仅为我国有效应对当前复杂的国际政治经济形势提供全新思路,而且为我国经贸合作的全球化拓展提供重要条件,同时还为汉语的国际推广提供重要机遇。"丝绸之路经济带"的经贸合作,可加快汉语西向传播,"21世纪海上丝绸之路"则可驱动汉语的南下推广。

（六）文献评析

1. 现有研究的借鉴作用

国内外现有文献为笔者的研究提供重要借鉴。学界已明确语言的基本含义,并界定其内涵和外延;明晰语言国际推广绝非单纯的语言现象,而是受诸多因素的共同影响;明确国际贸易和语言国际推广之间的内在联系,认为国际贸易是驱动语言国际推广的重要因素,语言的国际推广也能促进国际贸易的发展,并能提高贸易参与国的经济收益;明确语言是一种制度,也会产生交易成本,认为语言距离是衡量语言差异的重要指标,语言交易成本和语言距离是阻碍国际贸易的重要因素。现有研究成果为汉语的国际推广及"一带一路"沿线汉语的国际传播,提供重要历史资料和理论基础。

2. 现有研究的局限性

国内外现有文献为笔者的研究提供重要借鉴,但还需进一步拓展研究,如关于语言的内涵尚没有统一的定义,关于语言的分类方法也不统一;大多学者把语言推广当作语言学现象进行研究,对对外贸易驱动汉语国际推广方面的研究尚浅,且研究国际贸易和语言国际推广的文献以定性研究为主,定量分析很少,尚未发现有学者量化测度对外贸易对汉语国际推广的驱动力及驱动潜力;少量的定量研究文献主要使用拓展的贸易引力模型,大多把语言作为虚拟变量嵌入模型,还没有学者把语言量化处理构建拓展的语言引力模型;学界主要关注发达国家的语言国际推广,对新兴经济体及发展中国家的语言国际传播研究很少,关于语言距离的衡量标准目前还没有形成

---

① 刘国辉、张卫国:《中国城市劳动力市场中的"语言经济学":外语能力的工资效应研究》,《山东大学学报(哲学社会科学版)》2016年第2期。

② 谢孟军:《文化能否引致出口:一带一路的经验数据》,《国际贸易问题》2016年第1期。

一致意见,需要进一步深入研究;"一带一路"沿线汉语的国际推广,出现理论研究严重滞后于现实发展的现象,大多文献局限于单一学科视野,跨学科研究成果非常罕见。现有研究成果的局限性,为笔者提供了广阔的研究空间。

三、语言国际推广的理论基础

本书以语言交易成本理论、语言人力资本理论和语言公共产品理论为理论基础,研究语言的国际推广。首先,我们基于语言交易成本理论分析国际贸易中的语言国际推广问题。语言沟通障碍产生语言交易成本阻碍国际经贸合作,国际贸易的发展促使贸易小国主动学习和使用贸易大国的语言,消除贸易中的沟通障碍。其次,我们基于语言人力资本理论研究国际贸易推动语言人力资本形成的逻辑。语言是一种人力资本,双语人才不仅可以胜任单语人才的工作,而且还有获取更多就业岗位和更高工资的机会。再次,我们基于语言公共产品理论研究国际贸易与语言供给的关系。语言属于公共产品的一种,作为纯公共产品的语言应该由政府供给,作为准公共产品的语言应由政府供给和私人供给相结合。

（一）语言交易成本理论

传统经济学理论主要关注商品的生产成本,新制度经济学则强调商品交换过程中的交易成本。国与国之间的语言差异产生国际贸易中的沟通障碍,由于贸易小国对贸易大国商品的需求愿望更为强烈,贸易小国倾向于主动学习和使用贸易大国的语言并承担语言交易成本。语言相通则语言沟通障碍消除,两国可以高效便捷地开展国际贸易,均可从贸易中获取经济利益。

1. 交易成本理论概述

西方传统经济学理论的主流观点认为,市场可以通过价格机制自动实现资源的有效配置,市场中"看不见的手"能够推动实现生产者的利润最大化和消费者的效用最大化。这一观点强调了市场机制的积极作用,但忽略了市场机制运行的代价。交易成本理论主要关注市场机制运行的成本,认为经济活动中各个环节的运行均需支付一定的成本,这种成本统一称为交易成本。交易成本理论可以追溯到20世纪30年代,经济学、法学和组织理论等均为交易成本理论的产生与发展作出重要贡献。最早从经济学的角度研究交易成本的学者,把交易作为基本的分析单位,强调契约在交易中的重要性,认为通过制度设计可以协调交易过程中可能发生的冲突。研究企业和市场中的交易成本,认为技术不是划分企业边界的关键所在,主要分析交易成本节约对企业的重要性。从法学的角度分析交易中契约的作用，认为契约可以有效避免违约行为的发生，不应只关注法律规则，组织理论学家侧重于分析组织内部交易成本的降低。由于交易成本在操作性方面欠佳等原因，此后30年的时间交易成本理论并未受到经济学家的充分重视。20世纪60年代，交易成本重新引起学者们的关注，并产生一系列研究成果。此后，交易成本作为一种理论逐渐形成并发展起来。学者把交易成本看作"经济系统运行的费用"，并把交易成本和新古典主义者的生产成本区别开来，认为经济系统运行中的交易成本与物理系统中的摩擦非常类似，这种摩擦普遍存在，要想消除这些摩擦必须付出一定代价。首先，交易达成前需要起草、拟定合同，交易双方需对交易的价格条款等进行谈判协商；其次，交易进行过程中要根据合同的实际执行情况对合同条款进行修改、补充，从而更好地促进交易的顺利完成；最后，交易过程中经济行为主体可能会出现违反合同的行为，这就需要采取措施维护和确保合同的正常履行。这一系列活动均会产生费用，这些费用属于交易成本的重要组成部分。

交易主要表现为人与人之间的交换活动，交易成本则是在人与人之间交换活动中发生的成本，交易成本理论与其他经济学理论一样有特定的假设前提。交易成本的主要假设前提包括有限理性、机会主义和资产专用性。经济活动主体"理性人"的重要假设认为，参与经济活动的主体知晓整个交易过程的过去、现在和将来的所有信息，经济活动主体是完全理性的，据此在交易活动中可以实现帕累托最优。但是，现实中经济活动主体无法实现完全理性，只能是有限理性，掌握的信息也只能是部分信息，不可能是完全信息，有限理性是交易成本理论的重要假设前提。经济活动主体的行为是为了追求自我利益的实现，交易中自我利益的追求是机会主义的一种表现。如果没有契约的约束，机会主义可能会导致出现交易中的一方损害另一方利益的行为，这对维持市场均衡非常不利。契约可以通过事后治理的方式对交易进行规范，并对经济活动主体的利益起到保护作用。资产从一种投资用途向另一种投资用途转换的能力也存在差异，即资产具有专用性的特征，这就对经济活动主体的身份进行了界定。资产专用性主要包括：地点专用性、物质资产专用性、人力资本专用性、特殊资产等。例如，便利的交通条件可以降低运输费用，这种地点专用性很难向其他用途转换。有些资产只能用于生产某种特殊组件而不具备其他用途，这种专用性较强的物质资产用途，需要交易双方通过协商来决定。工人的经验和能力与工作岗位的适应性，是人力资本专用性的表现，企业需要根据需求雇用适合企业岗位要求的员工。交易中的一方可能对交易物品提出特殊要求，需要通过特殊投资来实现。由于经济活动主体受有限理性的制约,而经济活动主体又存在机会主义的倾向,同时资产又具有专用性的特征,交易双方需要通过签订契约的方式来约束经济活动主体的行为,从而保护经济活动主体的经济利益,促进交易的顺利实现。

交易成本理论相对于传统的主流西方经济学理论更加细致、微观,传统的主流西方经济学理论主要研究理想的抽象问题,而交易成本理论侧重于分析具体的现实经济活动,其研究对象与具体的经济活动更加贴近。交易成本理论的发展,使经济学的研究内容得以丰富和拓展,是对建立在"零交易成本"基础上的西方传统经济学理论的一次"革命"。但是,交易成本理论对具体和现实经济问题的研究也使其面临一定的局限。由于具体的经济问题比较繁杂和琐碎,这就致使交易成本理论很难抽象出经济运行的一般规律。交易成本理论的前提假设与传统经济学理论从本质上来讲是一致的,均是对所有经济行为主体的统一假定,没有考虑不同经济行为个体会因不同的社会制度、风俗习惯、道德准则等的不同而存在差异。交易成本理论认为市场和企业是相互替代的关系,但实际上市场和企业之间是一种不完全替代关系,如企业的生产行为无法由市场完成,企业也无法完全替代市场价格机制的作用,同时,交易成本的量化测度也是一个难题,这为交易成本理论的发展带来阻碍。

2. 国际贸易中的交易成本

国际贸易是产权在不同经济活动主体间的跨国(或地区)转移和让渡,相较于国内贸易而言面临的交易环境更为复杂,交易环节涉及不同的国家和民族,国际贸易中的交易成本更是不容忽视,但传统贸易理论主要关注贸易中的生产成本,并未给予贸易中的交易成本以足够的重视。古典国际贸易理论主要包括绝对优势理论和比较优势理论,从生产率的绝对优势或相对优势角度解释贸易现象。绝对优势理论认为一国(或地区)如果生产并出口本国(或地区)具有绝对优势的商品可以从贸易中获取利益,比较优势理论强调一国(或地区)如果按照"两优取长,两劣取短"的原则进行生产和贸易,就可以从贸易中获取收益。新古典贸易理论延续了古典贸易理论中优势理论的分析方法,把资源禀赋作为比较优势的来源,认为如果一国(或地区)某种资源的拥有量较为丰裕,则意味着这种资源的供给可能大于需求,资源的国内价格就会相对较低,使用这种价格较低的资源生产的产品成本也会较低,这种商品就可以形成基于较低价格的国际竞争优势。古典贸易理论和新古典贸易理论主要研究完全竞争市场条件下的商品生产和出口,新贸易理论则把研究视角转向不完全竞争市场,发现规模报酬递增的生产规律。对于固定成本较高的企业而言，随着生产规模的扩大，企业的生产成本呈递减趋势，企业的利润呈递增趋势，能够形成基于生产规模的企业竞争优势。前述国际贸易理论以分析产业间贸易为主，新新贸易理论则研究不完全竞争市场下的产业内贸易，从企业异质性的角度阐释国际贸易的原因。传统贸易理论以制度不变和交易成本为零作为前提假设，从供给的角度分析企业因生产成本差异而形成的竞争优势，而对企业在交易过程中产生的费用没有给予足够的关注。

新制度经济学利用传统经济学的理论方法分析制度对交易的影响，重点关注交易中人与人之间的关系。由于资源具有稀缺性的特征，交易活动同样也是稀缺的，市场的不确定性将导致交易具有一定的风险，从而影响资源的配置效率。好的制度可以降低市场的不确定性，保护经济行为主体的利益，提高资源的配置效率。交易是产权在不同经济行为主体间的转移和让渡，国际贸易则是产权的跨国（或地区）转移和让渡，产权的跨国（或地区）转移和让渡会产生更大的交易成本。交易双方由于来自不同的国家（或地区），双方的语言可能存在较大差异。语言差异直接导致沟通交流障碍，进而阻碍交易的达成，语言相通是促使交易顺利达成的重要前提。要实现语言相通，交易的一方需学习并使用另一方的语言或共同学习并使用第三方的语言。这种因语言差异而在跨国交易中形成的沟通交流障碍，我们称为语言壁垒。语言壁垒的作用类似于关税和非关税贸易壁垒，我们把为了消除语言壁垒而投入的时间、精力和金钱等各类成本称为语言交易成本。在合同的洽谈、签订和执行过程中同样要支付一定的费用，商品的跨国运输也会产生很大成本。这些交易成本，如同商品在跨国交换过程中的自然损耗。基于传统贸易理论模型预测的贸易量与实际发生的贸易量之间有很大差距，这个贸易差额被称为"丢失的贸易量"，非零交易成本是出现"丢失贸易量"的重要原因。因此，产权跨国转移过程中不仅要考虑人与物之间相互作用而形成的生产成本，而且要研究人与人之间沟通交流而产生的交易成本。商品的总成本为生产成本和交易成本之和，在生产成本不变的情况下，交易成本的降低能提升出口商品的国际竞争力。

学界关于交易成本的分类，也存在不同的观点。新兴古典贸易理论认为，交易成本是影响国际贸易的异常重要因素，并将交易成本分为外生交易成本和内生交易成本，其中，外生交易成本指在经济行为主体作出决策之前就能感知到的交易成本，比如运输成本、语言交易成本、合同执行成本等；那些在经济行为主体作出决策之后才出现的交易成本，称为内生交易成本。还可以根据合同签订的时间，把交易成本分为合同签订前的交易成本和合同签订后的交易成本,把合同签订之前发生的所有交易成本分为一类,合同签订之后发生的交易成本分为另一类。现有文献关于交易成本的测度,主要包括直接测度法和间接测度法两种方法。我们可以基于宏观统计数据,对各交易部门的交易成本进行直接测度,所得结论认为交易成本和国民生产总值呈正相关关系。这种方法是对交易成本测度的重要探索,但由于该测度法只能对具有市场价值的资源进行计算,而对非市场化的交易无法统计,这就导致测度的交易成本大大低于实际的交易成本。交易成本的间接测度法主要通过分析国际贸易中的"阻力项",使用引力模型对贸易流量进行测算,主要包括贸易法和价格法两种方法。由于引力模型缺乏微观基础,这种测度方法也未取得令人满意的效果。基于替代弹性函数可以使用出口贸易额和国内生产总值对交易成本进行测算,其测算公式可以表述为:

$$\tau_{ij} = \tau_{ji} = 1 - \left[\frac{EXP_{ij}EXP_{ji}}{(GDP_i - EXP_i)(GDP_j - EXP_j)S^2} \right]^{\frac{1}{2\rho - 2}} \qquad (0-1)$$

其中,τ_{ij} 和 τ_{ji} 分别表示 i 国(或地区)向 j 国(或地区)出口时形成的交易成本及 j 国(或地区)向 i 国(或地区)出口时形成的交易成本,且二者相等,EXP_{ij} 和 EXP_{ji} 分别表示 i 国(或地区)向 j 国(或地区)的出口贸易额及 j 国(或地区)向 i 国(或地区)的出口贸易额,GDP_i 和 EXP_i 分别表示 i 国(或地区)的国内生产总值和出口贸易总额,GDP_j 和 EXP_j 分别表示 j 国(或地区)的国内生产总值和出口贸易总额,ρ 为替代弹性。该公式克服了引力模型缺乏微观基础的缺陷,并且公式中的数据较易获取,具有较强的现实操作性。我们可以对公式(0-1)进行改进如下:

$$\tau_{ij} = \left(\frac{x_{ii}x_{jj}}{x_{ij}x_{ji}} \right)^{\frac{1}{2(\sigma - 1)}} - 1 \qquad (0-2)$$

其中,τ_{ij} 的含义同上,x_{ii} 和 x_{jj} 分别表示 i 国(或地区)和 j 国(或地区)的国内贸易额,x_{ij} 为 i 国(或地区)向 j 国(或地区)的出口贸易额,x_{ji} 为 j 国(或地区)向 i 国(或地区)的出口贸易额,σ 为替代弹性。改进后的交易成本测度公式不仅可以对同一国家(或地区)不同年份的交易成本进行纵向比较,而且可以对不同国家(或地区)的交易成本进行横向比较。

交易成本是国际贸易中普遍存在的现象,会对国际贸易产生重要影响。第一,交易成本减少了国际贸易量。商品的总成本是生产成本与交易成本之和,在生产成本一定的情况下,交易成本是决定商品价格的关键所在。交易成本降低促使商品总成本下降,能提升商品的国际竞争力。交易成本增加导致商品总成本上升,将削弱商品的国际竞争力,过高的交易成本将使贸易品变为非贸易品。第二,交易成本导致商品国内外价格的差异。相同商品的生产成本相等,国际贸易的交易成本一般要高于国内贸易的交易成本,因此,相同商品在国内市场和国际市场上的价格会存在差异,商品和要素价格均等化只有在零交易成本条件下才能成立。第三,交易成本改变了国际贸易的交易方式。由于交易成本是商品总成本的重要组成部分,交易成本的降低能提升出口商品的竞争力,交易双方更倾向于使用较低交易成本的贸易方式,交易成本较高的国际贸易方式很少被使用甚至被淘汰。第四,交易成本提高了经济活动主体的自律性。经济活动主体的机会主义行为增加了市场的不确定性,契约是保护经济活动主体经济利益、降低市场不确定性的重要手段。交易双方会在契约的约束下,提高自我约束和自我控制的能力。

3. 国际贸易中的语言交易成本

国际贸易是产权的跨国(或地区)转移和让渡,交易双方来自不同的国家或民族,不同的国家或民族持有不同的语言,即交易双方的语言存在差异,无法实现直接的沟通与交流。随着经济全球化和区域经济一体化的深入发展,国家之间商品交换的愿望越来越强烈。强烈的国际商品需求激发了国际交往的愿望,强烈的国际交换需要促使交易双方主动消除语言障碍。要消除语言障碍,交易一方必须学习并使用另一方语言或者共同学习并使用第三方的语言。商品的国际交换越频繁,经济活动主体对他国语言学习的愿望越强烈,即国际贸易是促进语言国际推广的重要因素。

这里通过构建数理模型,诠释国际贸易中语言交易成本的作用,分析对外贸易促使交易方主动消除语言壁垒、降低语言交易成本的动因。为了分析方便,我们假设世界上有本国和外国两个国家(当然也可以推广到多个国家),本国和外国均存在多种要素,且具有差异化的要素禀赋,本国的要素禀赋为 $\omega = (L,K,N)^T$,其中,L 为本国的劳动力拥有量,K 为本国的资本拥有量,N 为本国其他要素拥有量,外国所有变量我们统一在相应字母上加上标"*"表示,本国和外国均生产多种商品,每种商品均需要多种投入要素,其中,商品 x 的要素投入函数可以表述为 $a(x) = [a_L(x), a_K(x), a_N(x)]^T$,两国按照国际市场价格进行交易,本国资源价格为 $P_\omega = (p_L, p_K, p_N)^T$,本国商品 x 的生产成本可以表述为 $p(x) = a(x)^T \cdot P_\omega$,商品跨国交换的语言交易成本为 T。我们将所有商品进行指数化处理为 X,$X = (0,1)$,$x \in X$,根据本国和外国要素禀赋差异化的假设,设定本国商品 x 品的价格 $p(x)$ 是非降函数,其导数 $p'(x) \geq 0$,外国商品 x 的价格 $p^*(x)$ 是非升函数,其导数 $p^*{}'(x) \leq 0$,假定商品 x 的国内价格和国外价格存在如下关系：

$$p(x) = C \cdot p^*(1-x) \qquad (0-3)$$

其中 C 是常数，当 C 等于 1 时，上述公式变为：

$$p(x) = p^*(1-x) \qquad (0-4)$$

在语言交易成本为零的情况下，国际贸易会导致商品 x 的国内价格和国外价格相等，此时存在：

$$p(x) = p^*(x) \qquad (0-5)$$

我们可以把国际贸易中商品的交换用图形表述（见图 0-3），当商品 x 的国际供给和国际需求达到均衡时，交易的临界点为 X_0，本国商品 x 的出口量为 $(0, X_0)$，商品 x 的进口量为 $(X_0, 1)$。

如果两国语言存在差异，交易方为了达成贸易需支付的语言交易成本为 T，为便于计算，我们令：

$$G = \frac{1}{1+T} \qquad (0-6)$$

当语言交易成本非零时（见图 0-4），可得如下公式：

$$p(x) = p^*(x) \cdot G \text{ 及 } p(x) = p^*(x) / G \qquad (0-7)$$

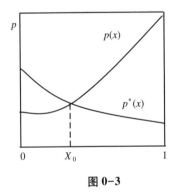

图 0-3

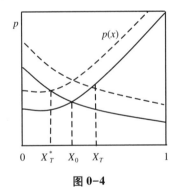

图 0-4

此时，我们可以得到语言交易成本非零情况下的贸易临界点 X_T^* 和 X_T，本国商品 x 的出口量为 $(0, X_T^*)$，商品 x 的进口量为 $(X_T, 1)$，外国商品 x 的进出口情况正好与本国相反，(X_T^*, X^T) 是由于语言交易成本的存在而使原来的贸易品变为非贸易品。这里我们令：

$$D = D(p, p^*, T) = X_T - X_T^* \qquad (0-8)$$

在商品 x 的国内价格和国外价格既定的情况下，进出口贸易量和语言交易成本呈负相关关系，当语言交易成本 T 趋向于 0 时，G 趋向于 1，消失的国际贸易量趋向于 0，此时即为传统贸易理论中阐述的零交易成本时的完全自由贸易。当语言交易成本 T 趋向于无穷大时，G 趋向于 0，进出口贸易量趋向于 0，此时，语言交易成本完全阻断国际贸易。现实中语言交易成本一般介于 0 和无穷大之间，此时，语言交易成本对国际贸易有阻碍作用，但不是完全阻断。

人类社会的早期阶段不存在物品的跨国交换，在世界经济发展到一定阶段后，生产的产品除了满足本国需求外还有剩余，国与国之间开始出现跨国交换物品的欲望，而语言差异给物品跨国交换时的沟通交流造成障碍。由于国家之间通过物品的跨国交换可以互通有无，使交易双方消费的物品种类和数量均有所增加，进而能够提升整个世界的福利水平，交易双方都有跨国交换物品的动机。只有消除语言沟通障碍，才能顺利实现物品的跨国交换。这就促使交换的一方或双方产生学习对方语言的意愿，跨国交换的愿望越强烈，学习对方语言的意愿也越强烈，即对外贸易是驱动语言国际推广的重要因素，对外贸易的发展将促进语言在更广的范围内传播和使用。

（二）语言人力资本理论

语言是一种非常重要的人力资本，国与国之间语言不通则无法交流，更谈不上经贸合作。语言相通是经贸合作的前提和基础，掌握一国的语言才能与该国的居民无障碍地沟通与交流。双语人才不仅可以承担单语人才的工作，而且还能胜任对语言有特殊要求的工作岗位。这就意味着双语人才不仅可以获取与单语人才一样的工资，而且还可能拥有更多的就业岗位及获取更高工资的机会。

1. 人力资本理论概述

人力资本是指劳动者自身所拥有的知识、技能以及在生产生活过程中表现出的各种能力。我国在 2000 多年前就有了人力资本的萌芽思想，战国时期的思想家就曾提出"十年树木，百年树人"的重要观点，其中的"百年树人"就是强调对人投资的重要性。18 世纪，西方古典经济学家开始对人力资本有了初步认识，把人力资本看作一种固定资本，认为这种固定资本可以通过教育和学习形成。但劳动者在学习阶段要付出一定的时间、精力和物质投入等，一旦这种固定资本凝聚在劳动者身上就可以获取工资性补偿赚取更高的收入。新古典经济学派对人力资本概念的形成作出重要贡献，该学派提出更为广泛的资本含义，认为资本不仅表现为实物等方面的物质资本，而且知识、组织和产权也是资本的重要表现形式。对人投资的价值远高于对物投资的价值，劳动者通过教育和培训掌握知识和技能并提升生产能力，可以人人提高劳动生产率。

第二次世界大战后，随着世界经济的恢复与发展各国工人的工资逐步增长,与此同时,工人之间的工资差距也变得越来越大。从宏观层面来看,有些国家经济发展速度很快,有些国家经济发展缓慢甚至停滞,国家之间的经济差距也表现出扩大的趋势。这引起经济学家的高度关注。传统的经济增长理论主要考虑实物资本和劳动力数量对经济增长的作用,没有关注劳动力质量提升对经济增长的促进作用。教育和培训是提升劳动力质量的重要手段,高质量的劳动力可以创造更高的价值,现实中表现为高学历劳动者的工资收入也普遍较高,高质量人力资本资源丰裕的国家经济增长速度也往往较快(见图 0-5)。人力资本可以通过教育和培训的方式获取,教育和培训包括普通知识和技能的一般培训和特定知识和技能的专门培训。一般培训主要提升劳动者在普通劳动部门的工作技能,属于通用知识和技能的培训,培训后劳动者能力能够得到提升,收入也会相应提高,但培训后劳动者跳槽的概率也大大增加。专门培训主要提升劳动者在特定部门的工作技能,企业单位是培训的主要受益者。无论是一般培训还是专门培训,都会使劳动者的收入得到一定程度的提升,能够带来工资的二次增长。根据统计资料,拥有大学文化程度的劳动者工资是小学文化程度劳动者工资的约 2倍,是中学文化程度劳动者工资的约 1.5 倍。教育和培训还能使劳动者有更多的就业机会,经合组织成员国的调研统计数据显示,受过高等教育劳动者的失业率约为 3.8%,高等教育水平以下的劳动者的失业率约为10.5%。① 早期的人力资本理论主要关注认知能力的研究,20 世纪末期,学者们开始关注偏好、动机等非认知能力的作用,此后,众多学者把认知能力和非认知能力结合起来研究,并取得大量有价值的研究成果,进一步发展和完善了人力资本理论。

图 0-5　人力资本投资逻辑图

　　人力资本理论的主要观点我们可以概括如下:(1)人力资本依附于人自身,人力资本一旦形成便与人不可分割,伴随着人的整个生命周期,并且在整个生命周期内可以累积。(2)对个人而言,人力资本投资可以提升劳动者的劳动能力,提高生产过程中的劳动生产率,是劳动力质量提升的重要

---

① 李实、张钰丹:《人力资本理论与教育收益率研究》,《北京大学教育评论》2020 年第 1 期。

表现,高质量的劳动力可以获取较高的劳动报酬,人力资本具有经济价值。
(3)对社会而言,一般来说社会对人力资本的投资与社会人力资本的积累
成正比,社会对人力资本的投资能提升整个社会劳动力的质量,是推动经济
增长的重要因素。(4)对企业而言,人力资本投资可以提升企业家的能力,
企业家能力的提升意味着能够更优地配置企业内部资源,更好地利用社会
资源,对社会风险的防范能力增加,推动企业的快速发展。(5)与实物资本
相比,人力资本的投资收益具有递增的特征,而大多实物资本的投资具有收
益递减的规律,人力资本的投资会使人力资本存量增加质量提升。(6)人
力资本具有外部性和溢出效应,人力资本的投资可以更新劳动者的知识,提
升劳动者的质量,增强劳动者的创新能力,进而推动社会的科技进步,同时
对个人人力资本的投资还能带动相关工作者的劳动质量提升。

(二) 国际贸易中的语言人力资本

商品的国际交换涉及不同的国家和民族,不同的国家和民族持有不同
的语言,国家之间语言的差异是跨国沟通与交流的障碍,语言差异还会导致
双方信息的不对称,出现机会主义的倾向。这种天然的语言壁垒,是阻碍国
际贸易发展的重要因素。要削弱甚至消除贸易中的语言壁垒,一方必须学
习并使用另一方的语言,或者共同学习并使用第三方的语言。语言的学习
需要投入时间、精力和金钱等成本,学习者一旦掌握这种语言,将形成人力
资本成为双语人才,给学习者带来短期收益和长期收益。从短期来看,双语
人才相较于单语人才有更多的就业机会。双语人才与单语人才相比更具稀
缺性,还可以获取更高的工资。从长期来看,语言人力资本与劳动者自身具
有不可分割性,语言人力资本一旦形成,便会长期伴随劳动者自身,给劳动
者带来长期收益。我们把这种因熟练使用其他国家语言而具有的能够与其
他国家沟通交流的能力,称为语言人力资本。

语言学习者的学习行为,由语言学习的成本和收益共同决定。当语言
学习者通过语言学习获取的收益大于语言学习所花费的时间、精力、金钱等
学习成本时,语言学习者具有较大的学习动力,获取的收益与投入的成本差
额越大,语言学习者学习的动力越足。如果语言学习者通过语言学习获取
的收益小于语言学习过程中投入的成本时,语言学习者就会丧失语言学习
的积极性,直至放弃这种语言的学习。语言学习者学习外语的主要目的,是
获取语言学习所能带来的经济收益。当然,掌握一种外语还可以获取某些
附加收益。比如,可以了解语言学习国的历史文化、风俗习惯、名胜古迹等。
语言人力资本可以提升劳动者的就业竞争力,特别是在需要语言技能的工
作岗位更具有独特的竞争优势。对于那些具有特殊语言技能要求的工作岗

位而言,单语人才无法胜任也就意味着将会丧失此类岗位的就业机会。双语人才不仅可以满足普通技能要求的工作岗位,而且在特殊语言技能要求的工作岗位具有绝对优势。国际贸易的发展,提高了对双语人才的需求。随着世界经济的发展,服务贸易在国际贸易中的占比越来越大,相较于货物贸易,服务贸易对具有双语技能的人才的需要量更大。双语人才不仅可以获取和本国其他人同样的收入,而且具有获取更高收入和更多就业机会的可能性。对于那些没有语言技能要求的工作岗位,双语人才也具有一定的就业优势。如果双语人才和单语人才水平相当,企业可能会更倾向于雇用双语人才,因为双语人才在掌握一门非母语的语言过程中需要付出更多的努力。这可能意味着双语人才有更强的自律性及对新鲜事物的更强接受能力,这种自律性和创新性有利于其他技能的学习和掌握。语言人力资本能够提升企业的竞争优势,如果企业缺乏双语人才或双语人才能力不足,在国际贸易中可能会丧失重要商机。商品的跨国交换涉及信息的搜集、商品的讨价还价、协约签订、协约执行等诸多环节,如果双语人才能力不足,则可能会存在交易信息遗漏甚至错误等问题。国际市场瞬息万变,如果是重要信息遗漏或错误,将会给企业造成不可估量的损失。企业家如果具备双语能力,则能更快更准地捕捉到国际商机,对企业的可持续发展具有重要作用。高质量的劳动者能够提升国家的综合竞争力,双语人才接受了比单语人才更多的教育和培训。语言人力资本的积累,也是推动经济增长的重要因素。

语言人力资本的投资方式有很多种,劳动者会在资源稀缺性条件的约束下追求整个生命周期的效用最大化,通过比较语言人力资本投资的成本和收益作出投资决策。语言人力资本投资的时间选择,关乎语言人力资本的获取效率。心理学家认为,人的生命周期存在"关键期"和"敏感期"。"关键期"是指某些知识和技能的获取在生命周期的某个发展阶段非常关键,如果错过了这个发展阶段则以后无法弥补。"敏感期"是指某些知识和技能在生命周期的某个阶段比较容易获取,如果错过了这个阶段后期可以弥补,但需要付出更高的成本。语言人力资本如果能够在生命周期的"关键期"和"敏感期"进行投资,将会取得更高的投资回报率,如果错过了这两个时期,投资回报率可能会降低。自我生产性是语言人力资本的重要特征,语言人力资本的存量对后续语言人力资本的持续增加具有促进作用。家庭是影响语言人力资本投资的重要因素,家庭收入和家庭遗传决定了语言能力获取的难易程度。政府如果为低收入家庭提供政策扶助,将会对其子女的受教育水平和掌握的技能有很大帮助。政府越早采取这种扶助措施,对人力资本的形成越有利。家庭遗传也是影响子女语言学习能力的重要因素，如果父母均为双语人才，那么其子女成为双语人才的概率大大提高，而且家庭的双语环境也为子女的语言人力资本形成提供重要条件。语言人力资本投资的动态补充具有乘数效应，如果早期进行语言人力资本的投资，后期追加的语言人力资本投资回报率将会大大增加。如果早期没有进行语言人力资本投资，后期追加的语言人力资本投资回报率可能会较低。社会投资也是影响语言人力资本形成的重要因素，由于家庭收入的差异，低收入家庭即使有语言学习的强烈愿望，可能不具备语言人力资本投资的支付能力，这部分群体也就无法形成语言人力资本。如果错过语言人力资本投资的"关键期"和"敏感期"，后期的投资回报率可能要大打折扣。此时，政府应该采取措施对低收入家庭进行政策扶持，同时，投资于语言人力资本教育和培训的公共机构，使愿意进行语言人力资本投资的社会成员都能得到相应的教育和培训。如果低收入群体能够享受语言投资的相应教育和培训，意味着整个社会已具备语言人力资本投资的能力，进而推动社会语言人力资本的形成。语言人力资本对国民经济的持续增长，具有重要驱动作用。

（三）语言公共产品理论

语言是一种公共产品，具有非竞争性、非排他性等特征。作为纯公共产品的语言，最好由全体成员消费，由国家统一供给。这就是官方语言在国内的推广和普及。对于作为准公共产品的语言而言，语言国际传播和推广的费用如果让政府完全承担，可能无法满足所有消费者的需求，而且，语言国际传播和推广的对象主要为非本国的语言学习和使用者，因此，现实中语言国际传播和推广属于准公共产品，一般是以政府为主导的多种供给方式。

1. 公共产品理论概述

17世纪时，西方就产生了公共产品的思想萌芽。当时的学者认为，公众把权力赋予国家，国家应为公众提供共享服务。这一观点就体现了公共产品的思想。18世纪中叶，经济学家触及公共产品的核心问题，分析了"搭便车"现象的存在及其影响。两个人可以很容易达成的协议，但在1000人之间则很难达成，诸如军队、城墙修筑、道路修建等需要国家去完成。通过对公共产品的性质和供给进行阐述，认为公共产品对整个社会有益。如果公共产品由个人提供，则所得利润可能无法弥补其成本，公共产品将无法供给，政府应该是公共产品的提供者。20世纪20年代，经济学家首次使用"公共产品"一词。学者们逐渐把公共产品进行理论化，对公共产品进行较为明确的定义，认为公共产品是指任何社会成员对某种产品的消费，不会减少其他社会成员对该种产品的消费。其后，很多学者对公共产品进行更为深入的研究，把公共产品分为纯公共产品和非纯公共产品，把非纯公共产品从公共产品中区分开来,并在其"俱乐部的经济理论"中对非纯公共产品进行分析。20世纪70年代后,经济学家开始探讨公共产品供给机制的设计及供给效率的提高等问题。此后,公共产品理论逐渐成熟和发展。

公共产品具有非排他性、非竞争性、庇古外部性等特征。第一,公共产品具有非排他性的特征,公共产品一旦提供,很难让一个不付费的人不消费这种产品,即一个人不用支付任何成本也可以对这种产品进行消费。公共产品是一种集体消费,这种消费不能分割。如普通道路一旦修成,任何人都可以使用该条道路且均不需要付出任何成本。其次,公共产品的第二个重要特征是非竞争性,是指一个人对某种产品的消费不影响其他人对同种产品的消费。这种产品供给的边际成本为零,增加这种产品的供给不需要额外的成本,如灯塔建成后,灯塔的修建成本与路过的船只数量无关,船只的增加不会影响灯塔的导航作用,且每个船只在受到灯塔导航的指引作用时不影响其他船只使用该灯塔的导航作用。第三,超大规模的群体有时会表现出庇古外部性的特征,如发生群体传染病时的疫苗接种现象。按照公共产品的非竞争性和非排他性程度,公共产品主要指纯公共产品,纯公共产品由政府统一提供。供给和需求完全由市场来决定的产品,称为纯私人产品。纯公共产品和纯私人产品在现实中都较为少见,大多为介于二者之间的准公共产品。也有学者把公共产品分为公益物品、收费物品和公共池塘资源。公益物品类似于前述的纯公共产品,收费物品又被称为俱乐部产品,其特征为可以共同消费但具有明显的排他性。按照公共产品涉及的地域范围,有学者把公共产品分为全球性公共产品、全国性公共产品、区域性公共产品和社区公共产品。经济学界在早期阶段认为政府是公共产品的唯一提供者,如果公共产品由私人提供,私人就会对这种产品的消费收费,私人收费将会把某些消费者排除在外,最后出现资源浪费现象。私人在公共产品供给时如果不能获取经济利益或者获取的经济利益较低就会出现等待别人供给的现象,即会出现所谓的"搭便车"行为,因此,公共产品由政府提供较为合理。20世纪70年代以来,经济学家开始探讨公共产品的多元供给问题。由于公共产品存在不同种类,不同种类的公共产品由于特征差异也可以存在多样化的提供方式,公共产品的供给应该是以政府提供为主体的多元化供给方式。

2.语言的公共产品属性

语言具有非排他性和非竞争性的特征,属于公共产品的一种,任何一个人对某种语言的学习和使用,不会阻碍其他人对该种语言的学习和使用,群体内的所有成员均可以对该语言进行学习及使用。根据语言的非排他性和非竞争性程度,可以把语言分为纯公共产品和准公共产品。本土语言在本国的供给属于纯公共产品的供给,本土语言的国际传播和推广属于准公共产品的供给。作为纯公共产品的语言,应该由政府来统一供给;作为准公共产品的语言,应该是以政府供给为主体的多元化供给模式。

首先,我们分析作为纯公共产品的语言(见图0-6),多语种国家官方语言的确定由语言供给的成本和收益共同决定。假设一国语言的价格为 P,该国存在 L 种语言,国内消费者 A 和消费者 B 对语言的需求曲线分别是 D_A 和 D_B,国内消费者 A 和消费者 B 的语言总需求曲线为 D_{A+B}(当消费者为 n 时可同理分析),总需求曲线为一条折线 MNH,在 N 点之前消费者 A 和消费者 B 对该语言都有消费需求,在 N 点之后只有消费者 A 对该语言有消费需求。MC 为官方语言的供给曲线,官方语言的需求曲线和供给曲线相交于 E 点,官方语言的均衡价格为 P_E,消费者 A 愿意支付的价格为 P_A,消费者 B 愿意支付的价格为 P_B,从理论上来说,政府可以通过让消费者 A 支付价格 P_A 和消费者 B 支付价格 P_B 的方式来供给官方语言。

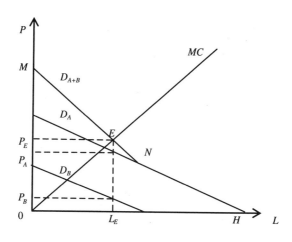

图0-6　官方语言的供求分析

由于消费者从语言消费中获取的边际收益很难测度,作为纯公共产品的语言最好由全体成员消费,由国家统一供给,这就是官方语言在国内的传播和推广。政府作为官方语言的唯一提供者,还可以使国家获得很多隐性收益,比如,国家语言的统一可以更好地促进成员之间的沟通与交流,也有利于民族的团结和生产效率的提高,并能促进国家的经济增长。

其次,我们分析作为准公共产品的语言。语言的国际传播和推广具有局部排他性,属于准公共产品。培训机构为语言培训者提供的培训名额有限,当名额已满时,其他想参加语言培训的人就无法加入,即当期的语言培训者对后来的语言培训者具有一定的排他性。语言的国际传播和推广具有非竞争性的特征,这一点与纯公共产品相同,一个人学习和使用一种语言,对其他人学习和使用同种语言没有影响。对于作为准公共产品的语言而言,语言国际传播和推广的费用如果让政府完全承担,可能无法满足所有消费者的需求。语言国际传播和推广的对象主要为非本国的语言学习和使用者,这些语言学习和使用者的需求层次和需求种类等存在很大差异,如果政府想要满足所有语言消费者的需求,则需对全体需求者进行全方位的系统的语言教育机制设计,在其他国家开展这种全员语言教育是不现实的,同时也会受到其他国家的反对。如果由个人来提供这种准公共产品,可以满足语言消费者的个性化需求,但私人供给主要通过成本收益分析决定是否供给以及供给多少。如果经济收益太低则供给量减少,同时,私人供给只能满足一部分人的语言消费需求。因此,现实中语言的国际传播和推广是以政府为主导的多种供给方式,即公立大学的语言教育和私立大学的语言培训一般同时存在,二者相互补充相得益彰。

语言的传播,包括官方语言在国内的推广和语言的国际推广两大类。作为国内推广的官方语言,属于纯公共产品,语言推广费用由政府承担,政府是官方语言国内推广的唯一供给者。官方语言的国内推广和普及,将能产生极大的潜在收益,一国之内的居民可以无障碍地沟通和交流,顺畅地开展各项活动,对推动本国经济增长具有很大促进作用。语言的国际推广,属于准公共产品的范畴,推广对象为非本国居民,本国居民和非本国居民均可以从语言国际推广中获取利益,语言推广费用由政府和私人共同承担,是政府为主导的多种供给主体的推广模式。

第一章 汉语国际推广的发展历程及经验总结

语言基于经济社会的交往需要而产生，并随着人们交往范围的扩大而传播。不同的民族持有不同的语言，每种语言的编码解码规则存在较大差异，致使民族之间的交往因语言差异出现天然沟通障碍。目前，世界上存在6000余种语言，其中的80种语言被世界约80%的人口使用。这80种语言属于活力较强的强势语言，其他国家基于国际交往的需要会主动接受强势语言的国际传播并学习和使用强势语言。剩余的6000余种语言的使用人口很少甚至很多语言没有文字，这些语言属于活力较弱的弱势语言，往往仅限于本民族使用，随着本民族人口数量的减少，该语言的使用人口也随之下降，有些语言濒临灭绝的境地。语言的国际竞争导致语言的优胜劣汰，统计数据显示，每两周就会有一种语言从这个世界消失。中国作为四大文明古国之一，拥有5000多年的文明史，中华民族的语言汉语的活力很强，2000多年前就开始向世界传播并形成历史上著名的"汉字文化圈"。新中国成立后特别是改革开放以来，汉语的国际推广重新被提上日程，贸易中的经济利益驱使其他国家学习并使用汉语。学习并使用汉语，是理性人实现自身利益最大化的一种理性选择。

第一节　汉语国际推广的发展历程

汉语作为中华民族的通用语言具有极强的生命力，早在先秦时期就出现汉语国际推广的萌芽，西汉时张骞出使西域标志着汉语的国际传播正式开始，后经东汉、魏晋南北朝时期，汉语的国际传播不断发展，在隋唐时期达到鼎盛。汉语的国际传播，为世界文明特别是亚洲文明的发展作出重大贡献。明清时期的闭关锁国政策，致使汉语国际传播的速度逐渐放缓。新中国成立后，汉语重新走向国际社会，逐步成为世界上重要的强势语言，其应用广泛度仅次于英语位居世界第二，是联合国的六种通用语言之一。

一、中国古代的汉语国际传播

中国作为拥有5000多年文明史的四大文明古国之一，汉语在人类历史的发展长河中发挥着异常重要的作用,对亚洲乃至世界产生巨大影响。中国古代的汉语国际传播萌芽于先秦、开始于西汉、发展于东汉至魏晋南北朝、鼎盛于隋唐、成形于宋元、放缓于明清。古汉语传播的主要载体是古丝绸之路,传播的主要模式有驿站式、宗教伴随式、文化吸引式、贸易拉动式等。

（一）先秦时通用语的形成

雅言是我国上古时代最早的通用语言,其作用相当于现在的普通话。雅言又称夏言,是我国夏朝时期的官方语言,主要在洛阳一带的中原地区使用。我国"华夏民族"的称呼与夏言存在一定关系。周朝《诗经》中的语言即当时的雅言,孔子的《论语》使用的语言也为雅言。有声语言受地域和时间的限制,为了把语言记录下来,人类发明了文字。新石器时代陶器上的图案花纹即我国最早的文字,商朝的甲骨文已经是比较成熟的文字。先秦时期我国存在的语言众多,每个诸侯国都有自己的语言,给人们的生产生活带来一定沟通障碍。商鞅变法大大解放了当时的生产力,秦国经济实力快速提升并一举成为"战国七雄"之首,为秦国统一全国奠定了坚实的物质基础。秦国把农业当成"本业"看待,非常重视农业的发展,规定如果生产的粮食或布帛多,可以少交或不交赋税。废除了奴隶社会的井田制,实行土地私有制,并且允许土地自由买卖,极大地提高了人们劳动的积极性,秦国经济得到空前发展,出现"家给人足"的繁荣景象,秦国也成为当时先进富强的国家。

秦朝统一中国后,其他六国的文字依然存在,众多的语言文字不仅给全国的经济交流带来困难,而且六国文字中含有六国的奴化和愚民思想。秦朝统一全国后推行"书同文,车同轨"的政策,废弃六国文字,把秦朝的小篆作为全国统一的文字推广使用。小篆又称秦篆,是通过把大篆进行简化并吸收其他文字的长处而形成的文字。经济上,秦朝统一货币和度量衡,为经济的长远发展提供重要基础,具有重要的历史意义。我国是一个多民族的国家,地大物博、资源丰富,文字的多样化不利于地区间的经济文化交流。文字的统一不仅推动了秦朝的经济发展,而且成为维系中华民族的重要纽带。秦朝时期经济的繁荣与发展,是语言文字得以统一并在全国通用的根本决定因素,对后世产生深远的历史影响。

（二）西汉时驿站式传播

汉朝延续了秦朝时国家统一的局面,使用楚国话作为官方语言,很多楚国人都使用雅言,所以楚国话与雅言比较接近。西汉时期人口增长速度较快,农业、手工业和贸易等都得到快速发展,城市化水平也进一步提高。张骞出使西域是汉朝经济实力提升的重要表现,不仅把中国的丝绸、茶叶等产品带入西域,而且扩大了汉语的使用范围,提升了汉语的经济价值。张骞出使西域,使中原和西域的经济文化往来更加频繁,各国的使节、商人、考察者、僧侣等来到西汉,天山南北和中原地区首次实现常规性联通。西域文化和中原文化相互融合,促进了人类文明的发展。封建社会先进的生产工具促进了西域经济的发展,汉语也在西域很多区域使用,汉语的经济价值得到很大提升。

西汉武帝时中国的丝绸开始传入西方,张骞出使西域推动丝绸之路的形成,自此,西汉与西北诸国之间的贸易往来逐渐频繁。汉武帝设立使者校尉管辖西域的屯田事务,汉宣帝设立西域都护府管辖今新疆一带地区。为了保证丝绸之路这条连接亚欧大陆商道的畅通,西汉还在重要道路设置驿站,供商人休息、交流及商品交易之用。由于丝绸之路沿线国家众多、语言多样,存在严重的语言沟通障碍,对商品的国际交换具有阻碍作用。为了消除语言沟通障碍推动贸易发展,西汉培养了庞大规模的翻译队伍,异族商人和翻译不断穿梭于古丝绸之路,使中国的商品源源不断地输向亚欧各国,亚欧各国的民族产品也大量输入中国。丝绸之路沿线各国通过互通有无,均不同程度地从贸易中获取相应收益,汉语也成为丝绸之路的主要商贸用语。由于这种语言传播方式以驿站为主要载体,故又称为驿站式汉语传播方式。但是,这种语言传播方式没能让汉语在丝绸之路落地生根。

(三) 东汉时宗教伴随式传播

东汉至魏晋南北朝时期我国佛教盛行,此时的汉语国际推广主要跟佛教传播有关,所以,此阶段的汉语国际传播又称为宗教伴随式汉语国际传播。为了推动佛教的传播,印度僧人把佛经翻译成汉语传入中国,丝绸之路的沿线国家又把汉译本的佛经翻译成本民族的语言。据史料记载,几乎所有的佛经均能找到汉译本。西域诸国为了传播佛教,开始学习汉语并在寺庙设有汉语言培训班。培训班的主要任务是教授汉语,客观上也推动了中华文化的世界传播。此阶段,沿线国家学习汉语的主要目的是传播佛教,但从某种程度上也推动了汉语向世界其他国家的推广,故又称为宗教伴随式语言传播。与此同时,丝绸之路在原陆路丝绸之路的基础上也得到进一步拓展。广义的丝绸之路,主要包括西北丝绸之路(又叫"绿洲丝绸之路"或"沙漠丝绸之路")、西南丝绸之路和海上丝绸之路三条。此阶段,汉语在丝绸之路沿线地区虽然也得到快速传播,但汉语并未能在沿线各国落地扎根,除了在宗教领域使用以外,在其他方面的使用较少。

(四) 隋唐时文化吸引式传播

唐朝是我国历史上非常重要的朝代,其综合国力位居当时世界之首。

根据历史统计资料,唐朝的国内生产总值约为 239 亿美元,占世界经济总量的 58%,是当时名副其实的世界强国。[①] 汉语是唐朝的官方通用语,同时汉语还向周边少数民族及周边国家传播。唐朝的经济繁荣,极大地提升了汉语的经济价值。

隋唐时期是我国古代的鼎盛阶段,汉语的国际传播在此阶段也达到一个顶峰,其主要特征是邻国因受中华文化的吸引而主动学习汉语,故又称为文化吸引式汉语国际传播。隋唐时期的中国在当时属于世界发达国家,经济总量占世界经济总量的比重很大,在国际上具有举足轻重的地位。隋唐时期,中国人的富足生活引起世界各国的向往和追求,繁荣的经济、悠久的文化吸引了很多外国人来华定居。这些定居的印度人和西域人等开始接受中华文化并学习汉语,他们还把汉语传授给自己的后代实现代际传承。这些双语人才大大推动了中国与丝绸之路沿线国家之间的文明交流。受中华文化的吸引,很多外国留学生来唐朝留学,学习汉语和中国文化,海外留学生也为中华文化的世界传播作出重要贡献。此阶段,汉语逐渐向日本、朝鲜、越南等国家深度传播,在东亚和东南亚地区很多人开始使用汉语,并逐渐形成历史上著名"汉字文化圈"。

唐朝的繁荣昌盛是推动海上丝绸之路发展的根本原因,极大地提高了汉语的经济价值。强大的经济实力,为唐朝对外开放的政策提供重要保障。据统计,唐朝与 300 多个国家和地区建立了外交关系。唐朝时期由于对商业的重视,商品经济出现萌芽,我国的经济中心开始南移,海上丝绸之路得到快速发展,成为中国与亚欧非国家经济文化交流的重要海上通道。造船技术在唐朝有了进一步发展,可以建造乘坐 700 人的大型海洋船舶。唐朝还是最早掌握密隔船技术的国家,900 多年后欧洲才掌握了该技术。虽然海上航行具有一定的风险,但经济利益的驱使使海上丝绸之路穿梭着大量的商人。中国的瓷器、茶叶、丝绸等,沿着海上丝绸之路源源不断地输往周边国家。丝绸之路不仅是物质产品交换的重要通道,也是科技交流的重要平台,我国的冶金技术、造船技术等也通过海上丝绸之路传入欧洲。海上丝绸之路,使中西方文化得到进一步融合发展。唐文化吸纳了中亚文化、西亚文化、欧洲文化、非洲文化等文化的优势和长处,同时向亚欧非等地区的国家传播唐文化,周边国家的戏曲、音乐、波斯艺术等也传入中国。

(五) 宋元时贸易拉动式传播

宋朝也是我国封建社会的繁荣时期。著名历史学家漆侠认为,宋朝经

---

① [英]麦迪森:《世界经济千年史》,伍晓鹰译,北京大学出版社 2003 年版,第 534 页。

济文化非常发达,是当时世界最为发达、最为文明的国家。根据史料记载,如果把 1990 年的美元作为基准,测算出宋朝的人均国内生产总值约为 600 美元,而此时的欧洲为 422 美元。① 农业和手工业的发展带来宋朝商业的繁荣,两宋时的都城都是当时世界的超级大城市,《清明上河图》描绘了北宋都城开封的繁华景象。现在的商业一条街、连锁店、24 小时便利店等,在宋朝时都能找到它们的雏形。

　　国内商业的繁荣促进了对外贸易的快速发展,宋朝时对外通商的国家达 50 多个。造船技术的发展是推进对外贸易的重要因素。根据出土文物,宋朝建造的船舶载重量在 200 吨以上,几百年后哥伦布使用的船只载重量为 120 吨,年造船量达 3300 多艘,同时还能建造车船、飞虎战船等特殊船舶。宋朝的造船技术为当时世界之最。宋朝重视商业发展,经济重心南移,北方少数民族阻断了陆上丝绸之路,海上贸易发展很快。为此,宋朝政府设立专门的对外贸易管理机构市舶司。中国的瓷器、丝织品等,通过海上丝绸之路大量输向亚欧非等地区的国家,从国外进口象牙、香料、药材等产品,海上丝绸之路又被称为"海上陶瓷之路"。广州、泉州、明州等都是当时非常重要的港口,而且泉州一跃成为当时世界第一大港。

　　由于航海技术的发展,宋元时期陆上丝绸之路的交易量开始下降,海上丝绸之路的重要性逐渐显现,海上贸易的交易量大增。当时的政府对海上贸易也给予很多政策扶持,中国商品沿着海上丝绸之路不断输向东南亚等地区,东南亚的很多民族产品也沿着海上丝绸之路输入中国,很多国家从海上贸易中获取经济收益。此阶段,很多华人华侨通过海上商道移居海外。这些华人华侨移居海外后居住地相对集中,他们的聚集区又称为"华人社区"。华人社区使用汉语作为主要的交流语言,依然保持中国的传统文化习俗,他们的后代也接受汉语教育,传承中华优秀的传统文化。这些华人华侨为汉语在异域的永久扎根作出重大贡献,实现了汉语在其他国家的实质性传播。宋元时期的汉语国际传播,主要受当时海上贸易的驱动。海上丝绸之路为汉语的国际传播提供重要条件,所以,此阶段又称为贸易拉动式汉语国际传播。汉语的国际传播在宋元时期实现了历史性的突破。此前,汉语均未能在其他国家真正落地扎根。华人华侨移居海外后,不仅自己及后代保持中华优良传统,而且影响了当地很大一批人,大大扩大了汉语的使用范围。

---

① [英]麦迪森:《世界经济千年史》,伍晓鹰译,北京大学出版社 2003 年版,第 534 页。

（六）明清时传播几近停滞

明朝时期我国经济持续保持繁荣,资本主义手工业开始出现萌芽,清朝前期也出现"康乾盛世"的局面。但自明朝中后期开始,我国实行闭关自守的政策,限制对外贸易的发展,经济实力呈现衰退的趋势。此时,西方国家经过工业革命,各方面的实力都得到极大提升,经济实力迅速赶上并超过中国。汉语的国际推广处于停滞状态,汉语的经济价值开始下降,中国在"汉字文化圈"的影响力不复存在。

明清时期的中国实行闭关锁国政策,国力开始逐渐衰退,政府颁布禁海令限制甚至禁止海外贸易。此阶段,除了郑和下西洋以外,中国与世界的交往很少。此时,明清政府不与其他国家开展海上交易,中国的物品无法通过海上丝绸之路输向其他国家,其他国家的物品也无法输入中国,海上丝绸之路已没有以前穿梭忙碌的商人身影,中西之间的商品交换表现出极度的衰退迹象,汉语的国际推广失去了传播的载体。在此阶段,汉语的国际传播几近停滞。与此同时,工业革命使很多西方国家的经济迅速发展起来,军事实力也变得强大起来,开始了向世界殖民扩张的进程。西方国家的语言也随着西方国家经济实力的提升向世界传播和推广,有些语言甚至发展成为世界主流语言。

中国沿海地区的居民主要靠海生活,而明清时实行海禁政策,禁止人们与外国人进行贸易往来,沿海居民丧失了谋生之路,国内的矛盾越来越大。为了生计,有些人起来反抗,有些人则移居到南洋地区的国家,出现一股"下南洋"的移民浪潮。东南亚地区主要在英国和荷兰的殖民统治下,这两个国家当时正在进行工业革命,需要大量的劳动力,华人移居海外为东南亚的发展作出重大贡献。华人移居东南亚后开始学习当地语言,适应当地风俗习惯。这一时期,中国逐渐丧失对"汉字文化圈"的影响力,汉语慢慢被排除在使用语言之外。很多国家放弃使用汉语,并开始"去汉语化"的活动,汉语的经济价值持续下降。

二、新中国成立后的汉语国际推广

明清时期实行闭关锁国政策,中国与世界其他国家交往极少,致使国力衰退、对外贸易受阻,汉语的国际推广陷于搁浅。新中国成立以后,经过社会主义改造和社会主义建设,中国经济得到恢复和发展,中国的国力不断增强,汉语国际推广重新提上日程并得到快速发展。改革开放后,我国经济飞速发展,对外贸易成为推动我国经济增长的重要力量,汉语在国际经贸合作中的使用频率逐步提高,汉语的活力不断增强。

（一）新中国成立后推广起步

鸦片战争后，我国长期处于半殖民地半封建社会，国民经济无从发展，对外经济文化交流也处于被动地位，长期的战争更对我国经济造成重大冲击。新中国成立后，我国摆脱被压迫被奴役的局面。经过社会主义改造和社会主义建设，我国经济逐渐恢复和发展，1952年，我国国内生产总值仅为679.1亿元人民币；1978年国内生产总值达3678.7亿元人民币，是1952年的5.42倍，年平均增长率为7.2%，经济总量位居世界第11位。① 此阶段，由于缺乏经济建设的经验等原因，经济增长波动的幅度较大，表现出大起大落的特点。我国当时片面追求经济增长速度，以高投入高产出的粗放型增长方式为主。从人均国内生产总值来看，1952年人均国内生产总值仅为119元人民币，1978年为385元人民币。② 无论是国内生产总值还是人均国内生产总值，虽然均处于较低水平，但增长的总体趋势非常明显，表明新中国成立后我国经济建设取得较大成就。国家经济实力的提升，表明国内的商品交易量扩大，对使用国家通用语的要求提高。国家经济发展为汉语的国际推广提供重要物质条件，从此，汉语的国际传播在停滞100多年后重新被提上日程。

新中国成立后，由于经济基础比较薄弱生产力水平相对较低，再加上受以美国为首的西方资本主义国家的经济封锁，我国只能和社会主义国家开展经贸合作，对外贸易发展比较缓慢。1952年我国进出口贸易总额只有64.6亿元人民币，1978年也仅为355.04亿元人民币。③ 随着国民经济的恢复和发展，我国认识到提升国家软实力的重要性，汉语国际推广重新提上日程。在政府的支持下，国内开始出现对外汉语教学的机构。清华大学建立国内首个专门从事对外汉语教学的机构，并建有"东欧交换生中国语文专修班"。通过与以苏联为首的社会主义国家进行语言文化的沟通与交流，巩固与发展我国和东欧社会主义国家的经贸合作。此时，我国的对外汉语教学尚处于探索阶段，对外汉语教学机构的数量较少，实施的范围较窄，受众不多。对外汉语教学方面主要借鉴苏联的教学模式，尚未形成一定的规模，取得成效也比较有限，汉语还没有形成一定的国际影响力。此阶段，

---

① 国家统计局：《国家数据》，2022年4月20日，见 https://data.stats.gov.cn/easyquery.htm? cn=C01。

② 国家统计局：《国家数据》，2022年4月20日，见 https://data.stats.gov.cn/easyquery.htm? cn=C01。

③ 国家统计局：《国家数据》，2022年4月20日，见 https://data.stats.gov.cn/easyquery.htm? cn=C01。

因我国主要与苏联及东欧社会主义国家开展经贸合作,汉语对外教学的体制也受苏联模式的很大影响,汉语对外教学的对象也以苏联及东欧社会主义国家为主。此时,我国的汉语国际传播尚处于起步阶段,传播的范围相对较窄,所取得的成就也相对较小,汉语的国际影响力也相对较弱。

（二）改革开放后快速发展

1978 年,党的十一届三中全会决定实行对内改革对外开放的政策,把改革开放定位为我国的基本国策,逐渐形成经济特区—沿海开放城市—沿海经济开放区—内地,这样一个全方位、多层次、宽领域的对外开放格局。我国与世界各国广泛开展经济文化往来,对外贸易飞速发展。1979 年 7 月,我国首先在福建和广东两省实行特殊的对外经济政策,在深圳、珠海、厦门、汕头建立经济特区。1984 年 4 月,对外开放了大连、秦皇岛、烟台等 14 个沿海城市,1985 年,开始在长三角、珠三角、闽东南及环渤海地区逐步建立经济开放区。我国逐渐形成全方位、多层次、宽领域的对外开放格局。此阶段,我国经济快速增长。1979 年,我国的国内生产总值为 4100.5 亿元人民币;2000 年,国内生产总值为 200180.1 亿元人民币,是 1979 年的 48.82 倍,年均增长率为 9.52%,创造了世界经济增长的奇迹。从人均国内生产总值来看,1979 年为 423 元人民币,2000 年达 7942 元人民币,人们的物质文化生活水平得到很大提高。此阶段特别是 1992 年后,我国的对外贸易飞速发展。1979 年,我国进出口贸易总额仅为 454.6 亿元人民币,其中,出口贸易额为 211.7 亿元人民币,进口贸易总额为 242.9 亿元人民币。2000年,我国进出口贸易总额达 39273.25 亿元人民币,是 1979 年的 86.39 倍,其中,出口贸易额为 20634.11 亿元人民币,进口贸易总额为 18638.81 亿元人民币,贸易顺差额为 1995.63 亿元人民币。[①]

与此同时,我国对外汉语教学的发展速度也逐步加快。1978 年,北京语言学院(现北京语言大学)开始对来华留学生进行汉语教学,主要招收来自社会主义国家和第三世界国家的留学生。1982 年,来自 20 余所高校的专家学者在北京语言学院探讨对外汉语教学问题。1981 年 7 月,民间性质的对外教育交流机构中国教育国际交流协会成立。1987 年 7 月,我国成立官方对外汉语教育机构国家对外汉语教学领导小组,其常设机构是中国国家汉语国际推广领导小组办公室,简称"国家汉办",隶属于中华人民共和国教育部,主要负责汉语的国际推广。此后,汉语的国际推广得到快速发

---

①　国家统计局:《国家数据》,2022 年 4 月 20 日,见 https://data.stats.gov.cn/easyquery.htm?cn=C01。

展。1991 年,由北京语言学院研制的汉语水平考试(HSK)开始正式推向海外,其目的是测试母语非汉语的汉语学习者的汉语应用能力。当年,有新加坡、秘鲁、南非和澳大利亚等四国的 248 名考生参加汉语水平考试。1992 年,汉语水平考试被列为国家级考试。此后,汉语水平考试得到长足发展,参加考试的考生逐年增多,汉语的国际推广进入一个新阶段。

（三）进入 21 世纪日趋繁荣

进入 21 世纪,我国经济实力迅速提升,生产的商品数量巨大、种类繁多,中国商品出口到世界 200 多个国家和地区。2009 年,中国出口贸易额为 150648.06 亿元人民币,成为世界第一大出口贸易国。2013 年,中国进出口贸易总额为 258168.89 亿元人民币,成为世界第一大进出口货物贸易国。① 2022 年,中国进出口货物贸易总额为 420678.00 亿元人民币,稳居世界第一大进出口货物贸易国的地位,其中,出口货物贸易额为 239654.00 亿元人民币,进口货物贸易额为 181024.00 亿元人民币。② 任何商品都带有一定的民族文化特征,中国的商品同样具有中华文化的特征。世界各国对中国产品的进口和消费,一定程度上也意味着对中华文化的接受和认可。中国的语言文字随着中国的产品向世界各国传播,对外贸易是推动汉语国际推广的直接原因。

21 世纪以来,汉语国际推广的步伐逐年加快并取得巨大成就,世界对中国的了解不断增强,中国融入世界的程度不断加深。2002 年,国家汉办举行首届世界大学生"汉语桥"中文大赛。2004 年,中国在韩国首尔建立世界首个孔子学院。孔子学院是中华文化世界传播和汉语国际推广的重要载体。2005 年,在北京召开首届世界汉语大会,来自全球 60 多个国家的专家学者共同探讨"多元文化架构下的汉语发展"问题,汉语的国际影响力逐步提高。孔子学院通过开展汉语教学和各种丰富多彩的文化活动,吸引了大量的汉语学习者,同时也为汉语水平考试考生提供了极其便捷的学习条件和考试支持。截至 2022 年,中国已在海外建立孔子学院(孔子课堂)1810 所,在海外设立汉语水平考试考点 1470 余个,年度考试人数达 810 余万人。③ 目前,HSK 考试成绩是外国人来华留学、工作的重要语言证明,很多

---

① 国家统计局:《国家数据》,2023 年 4 月 17 日,见 https://data.stats.gov.cn/easyquery.htm?cn=C01。

② 国家统计局:《中华人民共和国 2022 年国民经济和社会发展统计公报》,2023 年 2 月 28 日,见 http://www.stats.gov.cn/sj/zxfb/202302/t20230228_1919011.html。

③ 汉考国际教育科技(北京)有限公司:《汉语考试服务网》,2021 年 2 月 10 日,见 http://www.chinesetest.cn/goKdInfoOrPlan.do。

国家如韩国、新加坡、日本、马来西亚等，都把 HSK 考试成绩作为岗位聘任及职位晋升的重要依据。

目前，世界上会讲汉语的人数约 17 亿，有大概 6000 多万外国人把汉语作为第二语言。汉语是世界上使用人数最多的语言，其应用广泛度仅次于英语。汉语的国际推广绝不仅仅是语言问题，而是根源于中国经济实力的增强及国际社会对汉语的强烈需求，是中国式现代化建设的内在要求。学习并掌握汉语，不仅可以使汉语学习者获取和本国其他人相同的收入，而且还意味着可以拥有更多的就业机会和更高的收入。汉语的学习难度较大，并不是阻碍汉语国际推广的决定性因素。汉语的国际推广和中国对外贸易的发展相生相伴，中国进出口贸易的快速发展，意味着汉语在国际经贸合作中的使用频率逐年提高，国际社会对汉语的需求越来越强烈。

第二节　汉语国际推广的主要形式

随着中国经济实力的不断增强及国际地位的快速提升，汉语在国际经贸合作和交流中的作用逐年提高。为了满足国际社会日益增加的汉语学习需求，我国加快了汉语国际推广的步伐。汉语国际推广的主要形式包括：汉语水平考试、孔子学院、"汉语桥"工程、孔子新汉学计划等。这一系列汉语国际推广措施，极大地提高了汉语的国际影响力。

一、汉语水平考试（HSK）

汉语水平考试主要用于测试母语非汉语的汉语学习者的汉语应用能力，该考试是我国随着汉语国际推广的发展而推出的一种语言水平考试，不同的考试等级在很大程度上表示了汉语学习者的差异化汉语应用能力。参加汉语水平考试也是汉语学习者检验自己汉语应用能力的重要方式，获取汉语水平等级证书对外国人来华留学、在华就业、职务晋升甚至移民中国等都很有帮助。

（一）汉语水平考试的推出

随着经济全球化和区域经济一体化的纵深发展，中国作为世界第一进出口货物贸易大国，在国际社会中的经济地位不断提升，汉语在国际经贸合作中的使用频率也逐年提高，世界各国对汉语学习的愿望与日俱增。为了满足母语非汉语的汉语学习者汉语考试的需求，北京语言学院（现北京语言大学）于 1984 年开始研制汉语水平考试（HSK）。通过调查世界各国汉语学习的现状，借鉴其他国家语言考试的设计规则，经过五年多时间，汉语水平的初中等考试研制成功。1990 年 2 月初,中等考试设计通过国家鉴定。为了使汉语水平考试成为一个系统的完整体系,1989 年 10 月,北京语言学院开始研制高等汉语水平考试,高等汉语水平考试于 1993 年 7 月通过国家鉴定;1995 年 9 月,北京语言学院着手研制基础汉语水平考试,基础汉语水平考试于 1997 年 11 月通过国家鉴定,从而使汉语水平考试形成一个由基础、初等、中等、高等不同等级组成的完整汉语水平测试系统。1990年,汉语水平考试在国内正式推广。1991 年,汉语水平考试开始向海外推广。当年,有来自新加坡、秘鲁、南非和澳大利亚等四国的 248 名考生参加了这个考试。1992 年,我国把汉语水平考试列为国家级考试,在世界各地推广应用并受到众多汉语学习者的欢迎,参加汉语水平考试的人数逐年增多。

（二）汉语水平考试简介

汉语水平考试的目的,是测试母语非汉语的汉语学习者在生活、学习、工作中的汉语应用能力,共包括六个等级:HSK（一级）、HSK（二级）、HSK（三级）、HSK（四级）、HSK（五级）和 HSK（六级）。考试对象主要为外国人、华侨、华裔、中国少数民族等。该考试的命题、测试、阅卷及解析等实现标准化,并可以通过计算机对考试进行统计预测、等值分析、成绩报告等;考试每月举行一次,定期在世界各地的考点进行,考生可登录国家汉办官网报名参加考试;考试合格由国家汉语水平考试委员会颁发相应等级的《汉语水平证书》,考试成绩有效期为两年。汉语水平考试的基本原则为"考教结合,以考促教",考试内容的设计以国家汉语教学的内容和使用的教材为基础,注重考查汉语学习者的汉语应用能力,考核标准客观公正准确。目前,汉语水平考试成绩主要应用于以下几个方面:第一,汉语水平考试成绩是高等院校招生、分班授课、课程免修及学分授予的重要依据。第二,汉语水平考试成绩还在企业的应聘、录用、考核、晋升等方面具有重要作用。第三,从个人语言能力发展来说,汉语学习者还可以通过汉语水平考试成绩检验自己的汉语应用能力。第四,汉语水平考试成绩用于检验汉语培训机构及汉语教学单位的教学质量与效果。此外,汉语学习者如果想要申请"孔子学院奖学金"以及来华参加"汉语夏令营"等,汉语水平考试成绩也是必备材料。

不同语言的测试具有不同的考试结构和设计规则,我们无法用测试成绩直接比较考生的语言能力。欧洲语言共同框架（Common European Framework of Reference for Language,CEFR）是通过测度语言学习者的进步程度把各类语言考试进行无量纲化处理的一个标准化体系。目前,该标准被广泛应用于不同语言考试的比较研究,如欧洲语言共同框架与汉语水平考试、欧洲语言共同框架与雅思考试等的比较对应。欧洲语言共同框架包括六个等级,分别是 A1、A2、B1、B2、C1、C2。汉语水平考试与欧洲语言共同框架接轨,可以实现不同等级的对应(见表1-1)。其中,HSK 一级与 CEFR 的 A1 级相对应,学习汉语时长约为一个学期或半学年,需要掌握约 150 个词汇,学习要求为掌握一些简单词语和句子,可以进一步学习更高层次的汉语。HSK 二级与 CEFR 的 A2 级对应,学习时长约为两个学期或一学年,需要掌握约 300 个词汇,学习要求为可以使用一些简单的词句能够进行日常生活的简单交流。HSK 三级与 CEFR 的 B1级对应,学习时长约为三个学期或一个半学年,需要掌握约 600 词汇,学习要求为能够在日常生活、学习、工作中进行基本的交流,可以在中国旅游时较为顺畅地沟通。HSK 四级与 CEFR 的 B2 级对应,学习时长为四个学期或两个学年,需要掌握约 1200 个词汇,学习要求为能够与母语为汉语者就一些话题进行讨论和交流。HSK 五级与 CEFR 的 C1 级对应,学习时长约为两个学年以上,需要掌握约 2500 个词汇,学习要求为能够使用汉语进行演讲,可以正常阅读中文报纸杂志及欣赏影视节目等。HSK 六级与 CEFR 的 C2 级相对应,需要掌握 5000 个以上词汇,学习要求为学习者能够轻松地理解听到或读到的中文信息,可以使用口头语或书面语表达自己的意见。

表1-1　汉语水平考试与欧洲语言共同框架对应关系

汉语水平考试 (HSK)	词汇量	国际汉语 能力标准	欧洲语言共同参考 框架(CEFR)
HSK(六级)	5000 及以上	五级	C2
HSK(五级)	2500		C1
HSK(四级)	1200	四级	B2
HSK(三级)	600	三级	B1
HSK(二级)	300	二级	A2
HSK(一级)	150	一级	A1

资料来源:汉考国际教育科技(北京)有限公司。

此外,除了汉语水平考试 HSK 以外,为了满足汉语学习者在不同领域的不同需求,测试汉语学习者汉语水平的考试还有汉语水平口语考试(HS-KK)、中小学生汉语考试(YCT)、商务汉语考试(BCT)、医学汉语水平考试

（MCT）、ACTFL 外语考试、认证海外汉语考试等针对性较强的汉语考试，为不同领域的汉语学习群体提供更为便捷的沟通与交流。

表 1-2   雅思考试与欧洲语言共同框架对应关系

雅思考试（IELTS）	学习时长（小时）	欧洲语言共同参考框架（CEFR）
8.5—9.0	约 1000—1200	C2
7.0—8.0	约 700—800	C1
5.5—6.5	约 500—600	B2
4.0—5.0	约 350—400	B1
4.0 以下	约 180—200	A2
		A1

资料来源：剑桥考试中心。

（三）汉语水平考试的发展

汉语水平考试（HSK）自 1991 年向海外推广以来，得到众多汉语学习者和考生的欢迎，参加考试的人数逐年递增，从 1991 年的 248 人增加到 2022 年的百万余人，汉语国际推广的发展速度很快。借鉴学界现有研究成果，这里把汉语水平考试的发展划分为三个阶段：起始阶段（1991—2000 年）、波动发展阶段（2001—2009 年）、快速发展阶段（2010 年至今）（见图 1-1）。

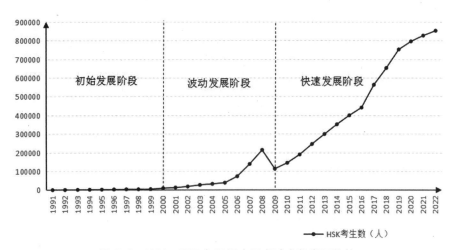

图 1-1   1991—2022 年汉语水平考试人数发展趋势

1991—2000 年间，由于汉语水平考试刚推出不久，考试权威性和国际认可度还不是很高,而且参加汉语水平考试之前需要进行一定时间的汉语学习,所以,此阶段汉语水平考试人数的增长速度比较缓慢,属于汉语水平考试的初始发展阶段。进入 21 世纪以后,随着中国经济实力的提升特别是我国进出口贸易的快速发展,汉语在国际经贸合作中的使用频率逐渐提高,汉语的使用价值得到很大提高,汉语的国际地位也得到一定程度的提升。这一时期,汉语水平考试得到一定程度的发展,但考生人数的增长速度相对较慢。2008 年国际金融危机给世界经济造成重大冲击,同时也给汉语国际推广带来很大影响,参加汉语水平考试的考试人数在 2009 年出现较大幅度下滑。2009 年之后,国际金融危机的影响逐渐降低,世界经济开始恢复发展,为汉语的国际推广创造了客观条件。此后,参加汉语水平考试的人数呈逐年快速递增趋势,属于汉语水平考试的快速发展阶段。2022 年,参加汉语水平考试及其他汉语考试的人数达 800 余万人,汉语学习者和汉语水平考试考生广泛分布在全球约 170 个国家和地区,汉语水平考试的认可度得到大大提高,汉语的国际影响力也得到很大提升。

当代的汉语国际推广是古汉语国际传播的继承与进一步发展,古汉语曾以丝绸之路为载体传播到世界各地。早期的古汉语国际传播以陆上丝绸之路为主,后期则以海上丝绸之路为主。汉语曾是丝绸之路的主要商贸用语,丝绸之路沿线国家均从物品的国际交换中获取很大收益。宋元时期,随着海上对外贸易的发展,一些华人华侨开始移居海外,华人华侨聚集的地区又被称为华人社区。华人华侨移居海外后,依然保持中华文化的传统风俗并使用汉语,逐渐在东亚和东南亚等地区形成著名的"汉字文化圈"。这里对参加汉语水平考试的数据进行国别分布统计:2022 年,海外参加汉语水平考试考生人数前 20 位的国家见表 1-3;1991—2022 年,海外参加汉语水平考试累计人数前 20 位的国家见表 1-4。从汉语水平考试的国别分布来看,2022 年,HSK 考生人数前五位的国家分别是韩国、泰国、日本、菲律宾、印度尼西亚;自 1991 年以来,HSK 考生累计人数前五位的国家分别是韩国、泰国、日本、新加坡、印度尼西亚。由于中华文化自古以来就对亚洲文明产生深远影响,我国与亚洲很多国家和地区的风俗习惯、生活方式、生活习惯等比较相似。因此,亚洲国家和地区学习汉语的人数也较多。随着中国经济实力的提升和对外贸易的发展,汉语在其他大洲的应用广泛度也呈逐年提升的趋势。

表1-3　2022年海外参加HSK人数前20的国家

排名	国家	HSK人数	排名	国家	HSK人数
1	韩国	175312	11	新加坡	8126
2	泰国	61531	12	意大利	7431
3	日本	31533	13	英国	6956
4	菲律宾	19734	14	法国	5425
5	印度尼西亚	17352	15	缅甸	4856
6	美国	14341	16	巴基斯坦	3905
7	吉尔吉斯斯坦	9423	17	马达加斯加	3352
8	西班牙	8905	18	德国	3215
9	越南	8254	19	蒙古国	3153
10	俄罗斯	8143	20	哈萨克斯坦	2867

资料来源:汉考国际教育科技(北京)有限公司。

表1-4　1991—2022年海外参加HSK累计人数前20的国家

排名	国家	HSK人数	排名	国家	HSK人数
1	韩国	1256354	11	法国	34534
2	泰国	445534	12	俄罗斯	34243
3	日本	197574	13	缅甸	31534
4	新加坡	167243	14	越南	27645
5	印度尼西亚	97532	15	英国	22645
6	菲律宾	96645	16	德国	19645
7	美国	73686	17	加拿大	18134
8	西班牙	42543	18	蒙古国	17645
9	吉尔吉斯斯坦	39564	19	澳大利亚	16543
10	意大利	36564	20	马达加斯加	14534

资料来源:汉考国际教育科技(北京)有限公司。

　　从地理分布上看,这些国家以亚洲国家和地区为主,主要隶属于东亚和东南亚地区;从历史的角度来看,参加汉语水平考试人数最多的国家也是历史上受中华文化影响较深的国家。同时我们也看到,很多发达国家如美国、英国、法国、德国、意大利、加拿大等,也开始学习并使用汉语。这表明,汉语首先受到与我国文化相近的"汉字文化圈"的国家和地区的认可和学习,同时,西方发达国家也对汉语学习表现出很强的学习兴趣,我国的汉语国际推广表现出以东亚东南亚为核心并向世界各国广泛传播的特征。

习近平总书记指出,沟通交流的重要工具就是语言,掌握一种语言就是掌握了通往一国文化的钥匙。商品的国际交换是国与国之间沟通交流的极其重要的形式,语言在其中扮演了非常重要的角色。2009 年中国成为世界第一货物出口贸易大国,2010 年中国成为世界第二大经济体,2012 年中国成为世界第一货物进出口贸易大国,2022 年中国进出口货物贸易总额达42.06 万亿元人民币,是 2012 年的 1.7 倍,连续 11 年保持世界第一货物进出口贸易大国的地位。① 中国对外贸易的快速发展表明,中国与其他国家之间的交易量增加,中国与其他国家之间的交往增多,汉语被使用的概率也相应提高,汉语的经济价值变大。基于经济利益的驱使,汉语吸引了众多的学习者。美国知名网站宣称"学习汉语将给你带来机会和财富",法国巴黎的一则广告内容为"学习汉语吧,那意味着你未来几十年内的机会和财富"。泰国政府把汉语作为中小学的必修课程,并把汉语教学列入教学大纲,纳入其国民教育系统。为了加快汉语国际推广的步伐,我国政府制定了一系列配套措施,编辑出版汉语水平考试的相关教辅资源,推进教材的本土化和当地化,开发日语版 HSK 真题集、汉语版 YCT 真题集、越语版 YCT 大纲等,极大地提高了汉语水平考试考生学习汉语的便利性。同时,鼓励留学生来华学习汉语,支持国外汉语教师来华进修。2019 年,我国为 1 万余名来华学习汉语的留学生提供"孔子学院奖学金",支持汉语国际教育、汉语言+中国家庭体验、汉语言文学、中国历史、中国哲学与中医、外国大学汉语师范专业、"汉语桥"比赛奖项等各类项目,为汉语学习者提供丰富多彩的学习内容和全方位的考试服务。

二、孔 子 学 院

(一) 孔子学院的建立

世界上很多经济发达国家都非常注重本国语言的国际传播,并成立专门的语言国际推广机构,如英国的英国文化委员会、法国的法语联盟、西班牙的塞万提斯学院、德国的歌德学院、俄罗斯的国际俄罗斯语言和文学教师协会、日本的日本国际交流基金以及韩国的韩国国际交流财团等。这些语言推广机构在传播本国文化和语言的同时,极大地提升了本国的国际影响力。中华文明为世界文明特别是亚洲文明的发展作出重大贡献,汉语也是

---

① 国家统计局:《中华人民共和国 2021 年国民经济和社会发展统计公报》,2022 年 2 月 28日,见 http://www.stats.gov.cn/tjsj/zxfb/202202/t20220227_1827960.html。

世界上活力很强的语言。2000 多年前,汉语就开始向世界传播。明清时期的闭关锁国政策,曾使我国的汉语国际推广陷入停滞。新中国成立后不久,我国便把汉语的国际推广重新提上日程;改革开放特别是进入 21 世纪后,我国的对外贸易得到飞速发展,一跃成为世界第二大经济体,汉语在国际经贸合作中的使用频率逐年提高,国际社会对汉语的需求逐年增加。1987 年7 月,我国成立了国家对外汉语教学领导小组,负责我国的对外汉语教学和文化传播。2002 年,我国设立国家汉语国际推广领导小组办公室,简称"国家汉办",隶属于中华人民共和国教育部,是我国汉语国际推广的常设办事机构,2002 年,国家汉办举行首届世界大学生"汉语桥"中文大赛。2004 年,国务院实施传播中华文化及推广汉语的汉语桥工程(The Chinese Bridge Project),极大地加深了世界对中国的了解,加快了汉语国际推广的步伐。

　　2004 年 11 月,我国在韩国首尔建立首个中国特色的汉语国际推广机构——孔子学院(Confucius Institute)。国家汉办是孔子学院的管理机构。孔子学院作为中华文化世界传播及汉语国际推广的最典型代表,为汉语水平考试考生提供了极其便捷的学习条件和考试支持。孔子学院的命名,来源于我国著名的思想家和教育家孔子。孔子作为我国儒家学派的创始人、代表人物,开了私人讲学的先河,打破了官府对教育的垄断,把教育的范围扩大到普通百姓。孔子倡导仁义礼智信,把德育教育放在首位,春秋时期曾带领众多弟子周游列国传播儒家思想,他编撰的代表性儒家经典主要有《春秋》《论语》等。400 多年前,意大利传教士把《论语》翻译成拉丁文传到欧洲,自此孔子学说在世界各国广泛传播。孔子思想对中华文明和世界文明的发展作出重大贡献,孔子也被世人尊称为孔圣人、至圣、至圣先师、大成至圣文宣王先师、万世师表等,并被列为"世界十大文化名人"之首。2005年,首届世界汉语大会在北京召开,来自全球 60 多个国家和地区的专家学者共同探讨"多元文化架构下的汉语发展"问题。

　　(二) 孔子学院的发展

　　孔子学院作为中华文化世界传播和汉语国际推广的最典型代表,是中外语言文化交流的窗口和桥梁,在很大程度上满足了世界各国学习汉语的时代需求,为促进中外文化交流提升我国国际影响力作出重大贡献,其发展受到党和国家领导人的高度重视。2004 年 11 月,我国在韩国首尔建立第一所孔子学院。经过 15 年的发展,截至 2022 年底,我国在世界各地共建立孔子学院 1810 所,分布在世界五大洲的约 170 个国家和地区,其中,亚洲281 所、欧洲 557 所、美洲 704 所、非洲 125 所、大洋洲 143 所(见图 1-2)。

汉语国际推广的发展速度,超过任何其他国家的语言推广速度。①

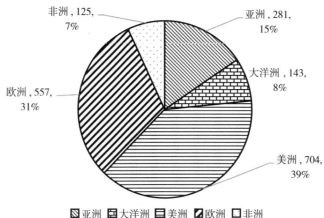

图 1-2　孔子学院在世界五大洲的分布(单位:所)

　　中国对外贸易的发展,提升了汉语在国际经贸合作中的使用频率,提高了汉语的使用价值,吸引了大批的汉语学习者。孔子学院基于世界各国对汉语学习的强烈需求而建立,致力于中华文化的世界传播和汉语的国际推广,属于中外共建的非营利性教育机构,既有语言国际推广机构的一般特征,又具有独特的中国特色。孔子学院的主要工作包括,为世界各国的汉语学习者提供语言教学服务,为汉语水平考试考生提供考试服务,为世界各国的汉语教师提供教师资格培训,开发汉语教学教材及其他教学资源,推进中外文化的交流等。孔子学院提供的是一种特殊的教育产品,具有非物质性、消费的互动性、准公共性等一般教育产品的典型特征。同时,这种教育产品是一种有针对性的特殊语言教学产品,产品的使用过程是语言学习和应用的过程,目的是实现人与人之间的沟通交流。2004—2022 年,全球孔子学院的发展情况及分布国家见图 1-3:2004 年我国有 6 所孔子学院,分布在 6 个国家;2022 年孔子学院发展到 1810 所,分布在 170 个国家或地区。孔子学院的增长速度超过任何其他国家语言推广机构的增长速度,表明进入 21 世纪后汉语国际推广的步伐在逐步加快。

　　孔子学院的主要功能是汉语推广和语言教学,同时还具有多方面的功能。语言作为人与人之间交流的工具,也是不同民族实现沟通的重要媒介。

①　孔子学院总部:《全球孔院》,2023 年 3 月 17 日,见 https://www.ci.cn/#/site/GlobalCon-fuciu。

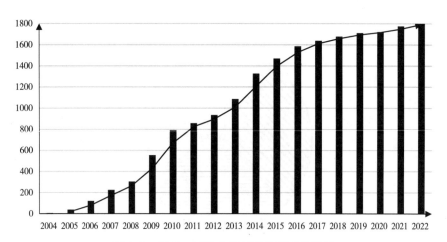

图 1-3　2004—2022 年孔子学院增长趋势图

语言通过传递信息能实现不同民族之间的沟通与交流,增强民族间的理解与信任,是顺利开展国家政治外交的重要推动因素之一,在国家之间的政治交往中发挥着重要作用。合理恰当的语言沟通方式,能化解国家之间的政治矛盾,推动经贸合作;不合理的外交语言可能导致矛盾激化,甚至会成为战争爆发的导火索。从经济层面来讲,孔子学院的快速发展,根源于我国经济实力的增强及汉语在国际经贸合作中使用价值的增加,同时,孔子学院又能发挥服务于我国经济发展的功能。语言推广与经济发展相辅相成,国家经济实力的提升能提高该国语言的使用价值,增强该国语言的魅力,可以吸引更多的语言学习者。我国于 2012 年就已成为世界第一进出口货物贸易大国,中国商品源源不断地输向世界各地。汉语也随着中国商品走向世界各地,在进出口贸易中的使用频次逐年增加。学习并使用汉语意味着掌握了国际社会中活力较强的强势语言,能提高语言学习和使用者的工作机会和收入水平。从文化层面来讲,语言是文化的重要载体,孔子学院的汉语教学,同时也是中华文化的世界推广,属于我国文化自信的重要表现。从社会层面来讲,孔子学院的汉语国际推广和语言教学,能实现持不同语言人群之间的沟通与交流。顺畅的沟通与交流能增进理解加强信任,促进社会和谐进步。语言作为社会交往的基本工具,其主要作用就是实现人与人之间的交流。语言的推广能促进民族之间的沟通,推动整个世界的和谐进步。

　　孔子学院作为一种新生事物,没有现成的发展模式可以套用,只能在借鉴其他国家语言国际推广成功经验的基础上,结合我国发展实际不断探索。

三、汉语国际推广的其他形式

汉语水平考试是旨在测试母语非汉语的汉语学习者汉语应用能力的国家级标准考试,考生通过该考试可以获得《汉语水平考试》等级证书。孔子学院是我国汉语国际推广和语言培训的重要机构,可以为汉语学习者提供重要学习资源,并能为汉语水平考试考生提供便利的考试条件。除此之外,我国的汉语国际推广形式还有孔子新汉学计划、"汉语桥"工程、汉语教师计划、教材开发和推广等。

（一）孔子新汉学计划

孔子新汉学计划旨在促进汉学研究,加强中外文化交流,让世界各国的青年了解中国文化,增强对汉学的研究兴趣,主要包括中外合作培养博士项目、来华攻读博士学位项目、理解中国项目、青年领袖项目、国际会议项目、出版资助项目等。中外合作培养博士项目是通过资助国外高校的注册博士生来华开展学术研究、撰写博士论文等,加强中外的学术交流与合作,要求申请者的汉语水平考试成绩三级以上。来华攻读博士学位项目是用于资助外国学生来华攻读博士学位,要求申请者的汉语水平考试成绩在五级以上。理解中国项目包括访问学者项目、短期来华项目、中国学者赴海外讲学项目等,通过加强中外学者的交流提高外国人对中国的了解程度。青年领袖项目主要用于资助在国外具有一定职位的优秀青年来华考察访问。出版资助项目主要用于资助外国学者出版优秀学位论文或翻译相关著作等,同时对创办学术刊物给予一定支持。国际会议项目主要用于资助举行关于中国研究的国际会议。孔子新汉学计划为世界各国青年提供了良好的了解中国文化的机会,也是推动汉语国际推广的重要方式之一。

（二）"汉语桥"工程

我国还通过实施各种形式的"汉语桥"工程加强汉语的国际推广,把汉语的理论学习和现实应用结合起来,提高汉语学习者的兴趣。开展"汉语桥"系列中文比赛吸引更多的外国人学习并使用汉语,如举行"汉语桥"世界大学生中文比赛、"汉语桥"世界中学生中文比赛、"汉语桥"全球外国人汉语大会等。各类比赛在增进中外友谊的基础上,加强了中外文化的交流。组织举办"孔子学院开放日""孔子学院日"等系列活动,活动中开展各种形式的文化交流及文化巡演等,为外国人了解中国提供重要渠道。我国还非常重视加强与国外中小学之间的合作与交流,对来华人员进行汉语培训,邀请国外中小学校长参加"汉语桥"中小学校长访华之旅,吸引外国学生参加"汉语桥"中学生夏令营。通过让外国人来华亲自体验中华文化、了解中华文明,进而对中华文化产生兴趣并接受和认可中华文化,汉语独特的魅力也能吸引很多的汉语学习者,有利于汉语的国际推广和传播。

第三节　语言国际推广的经验总结

语言的国际推广并不是新鲜事物,汉语自先秦时代就开始走出国门走向世界,西方发达国家也很早就向世界开展语言教学和文化传播。历史上很多国家特别是英国的语言国际推广历程和有益启示,可为我国汉语的国际推广提供一些参考。1600年前,英语还是个名不见经传的小语种;目前,已是世界广泛使用的全球通用语言。世界上约有1/3的人会讲英语,有约70个国家的官方语言是英语,75%的电视节目以英语为播放语言,80%左右的科技发明及信息技术使用英语表述,几乎所有的软件源代码都是用英语撰写。英语在不到2000年的时间,从一个使用人数极少的岛国语言发展成为当今世界的通用语言,其发展历程可谓世界语言发展史上的典范,有一些可供借鉴的语言传播经验。英语经济价值的提升,源于英美两国经济实力的接续增强。可以说,英语经济价值的提升史就是一部英美两国经济的发展史。英国早期的殖民扩张大大拓展了英语的使用范围,为英语发展成为世界通用语言奠定坚实基础;工业革命后英国逐步确立世界霸主地位,英语的经济价值迅速提升,英语国际化的进程不断加快;第二次世界大战后,英国经济实力衰减,美国成为世界最发达的国家,把英语的国际传播推向顶峰,最终确立英语国际通用语言的地位。世界主要国家的语言国际推广,可为我们提供以下可供借鉴的经验:

(一)语言的经济价值是其能够得以快速传播的根本驱动力

语言基于社会交往的需要而产生,并随着社会交往范围的扩大而传播。商品交换是国家间交往的最为重要的交往方式,国家经济实力的提升意味着可以生产更多的商品用于与其他国家交换,致使本国语言在国际经贸关系中的使用频率增加,语言的使用价值随之提高。世界各国的语言推广均以国家强大的经济实力为后盾,国际贸易的发展加速了语言国际传播的速度。

(二)政府在语言国际推广过程中起主导作用

由于语言属于公共产品,私人供给的成本太高,政府必须在语言国际推广过程中起主导作用。国家的国际地位不仅表现在经济、政治、科技、军事实力等硬指标方面,也表现在国际地位、国际影响力等方面的软实力指标上。在国家经济实力提升后,政府将通过制定语言和文化传播战略来扩大本国的国际影响力,同时国际影响力的提升对本国经济增长也会具有反向推动作用,所以各国政府也具有推广本国语言的动力。

（三）语言推广国家都设有专门的语言推广机构

语言的国际推广是一个复杂的系统工程,必须有详细周密的推广规划和部署,否则本国语言无法实现可持续推广,更不可能发展成为世界通用语言。语言推广机构的主要任务是制定对外语言教学和文化传播的规划,如英国的英国文化委员会、法国的法语联盟、西班牙的塞万提斯学院、俄罗斯的国际俄罗斯语言和文学教师协会、日本的日本国际交流基金、韩国的韩国国际交流财团等,都是非常重要的语言国际推广机构。

（四）语言的国际推广必须有一定的资金支持

语言的国际推广需要开发大量的教学资源,开展各种形式的文化交流活动等,必须有一定的资金作为支持。没有国家经济实力的支撑,语言国际推广犹如空中楼阁。语言国际推广机构资金的主要来源是政府的财政拨款,每个国家都毫无例外地投入大量资金支持本国的语言推广。同时,民间资金的筹集也是非常重要的资金来源,但社会资本主要考虑投资的短期经济效益,长期规划相对较少。在语言国际推广的初期阶段政府的资金投入较大,后期的经营阶段以政府投资和民间投资共同支撑。

通过梳理我国汉语国际推广的发展历程,探索构建中国特色汉语国际推广方式。中国作为四大文明古国之一,拥有5000多年的辉煌历史,2000多年前中华文化就开始走出国门走向世界,并形成历史上著名的"汉字文化圈",对世界文明特别是亚洲文明的发展作出巨大贡献。明清时,由于实行闭关锁国政策,禁止海外贸易,汉语在国际经贸合作中的使用频率开始下降,汉语的国际推广陷于搁浅。新中国成立后,汉语的国际推广被重新提上日程。改革开放后,"引进来,走出去"的发展战略极大地推动了中国的经济增长,中国成为世界第一进出口货物贸易大国,汉语在国际社会中的使用频率逐年增加,汉语的经济价值与日俱增,世界各地掀起一股"汉语热"的浪潮。为了满足世界各国汉语学习的需求,我国加快了汉语国际推广的步伐,成立国家汉办,建立孔子学院,推行汉语水平考试等。但孔子学院和汉语水平考试对我国来讲是全新事物,没有现成的模式可以套用,只能在借鉴其他国家语言国际推广成功经验的基础上,结合我国的实际情况,探索中国特色的汉语国际推广方式。

通过梳理主要发达国家语言国际推广的历程,总结其语言国际推广的国际经验。语言国际推广不是什么新鲜事物,随着西方国家的不断崛起和海外殖民扩张的发展,早在15世纪,欧洲一些国家就开始把本国语言向世界推广和普及。葡萄牙语、西班牙语、法语、英语、德语等语言，曾在或长或短的时期内成为世界的通用语言。通过梳理历史上世界主要国家语言国际推广的发展历程，总结出一些共性的可供借鉴的经验，为我国汉语的国际推广提供重要参考。国家经济实力的提升是语言国际推广的基础，国际交往的需要是语言国际推广的根本驱动因素。在语言国际推广的过程中，语言推广国都会成立专门的语言推广机构，负责对外语言教学和文化传播。政府在语言国际推广过程中发挥重要作用。在语言国际推广初期，政府通过财政拨款的形式，对语言国际推广活动提供资金支持。语言的国际推广将吸引越来越多的语言学习者和使用者，语言推广机构也可以获取一定的经营收益，如考试费、培训费、资料费等。同时，社会各界如基金会、企业等基于合作共赢的考虑，也会对语言的国际推广提供资助。这些成功的语言国际推广经验，可为汉语的国际推广和中华文化的世界传播提供重要借鉴，推动孔子学院、汉语水平考试、"汉语桥"工程等的良性健康发展，提升我国的软实力和国际影响力。

第二章　对外贸易驱动汉语国际推广的理论机制

语言基于人类的交往需要而产生,并随着人类交往范围的扩大而传播。经济交往是国家间最重要的交往形式,国家之间的经济交往主要表现在国际经贸合作领域。随着经济全球化和区域经济一体化的纵深发展,国与国之间的经贸联系越来越密切,对国际通用语言及区域通用语言的要求也越来越迫切。中国是世界第一进出口货物贸易大国,中国商品走向世界各地,"中国制造"响彻全球。汉语在国际经贸合作中的使用频率逐年提高,汉语的经济价值与日俱增,汉语学习和使用者的数量大规模扩张,并在世界掀起一股"汉语热"的浪潮。中国对外贸易的快速发展,是汉语国际推广的主要驱动因素。

第一节　中国对外贸易的发展历程

新中国成立后,中国对外贸易经历了一个由小到大、从少到多的发展历程。1950 年中国的进出口贸易总额只有 41.5 亿元人民币,其中,出口贸易额为 20.2 亿元人民币,进口贸易额为 21.3 亿元人民币,贸易逆差额为 1.1 亿元人民币。2022 年我国进出口贸易总额为 420678 亿元人民币,是 1950 年的 10136.8 倍,1978 年的 1184.9 倍,其中,出口贸易额为 239654 亿元人民币,进口贸易额为 181024 亿元人民币,货物进出口贸易顺差额为 58630 亿元人民币,年度增加额为 29669 亿元人民币(见图 2-1),中国对外贸易的发展速度可谓世界罕见。[①] 对外贸易是中国经济增长的重要驱动力,同时也为中国和世界提供了种类繁多数量极大的商品和劳务。

"一带一路"倡议自提出以来取得巨大成效,2022 年我国与"一带一路"共建国家(地区)进出口贸易总额为 138339 亿元人民币,占我国进出口贸易总额的 32.88%,其中,向"一带一路"共建国家(地区)出口的贸易总额为 78877 亿元人民币,占我国出口贸易总额的 32.91%,从"一带一路"共建

---

① 国家统计局:《国家数据》,2023 年 4 月 17 日,见 https://data.stats.gov.cn/easyquery.htm?cn=C01。

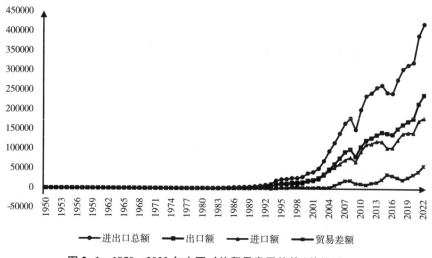

图 2-1　1950—2022 年中国对外贸易发展趋势（单位：亿元）

国家进口的贸易总额为 59461 亿元人民币，占我国进口贸易总额的
32.85%。① 目前，"一带一路"共建国家和地区已是我国非常重要的贸易伙
伴，我国与"一带一路"沿线的贸易额占我国贸易总额的近 1/3。借鉴现有
研究成果，笔者把新中国成立以来我国对外贸易的发展历程划分为如下四
个发展阶段：

一、1949—1977 年

鸦片战争后由于我国长期处于半殖民地半封建社会，在对外贸易中也
长期遭受不平等的被剥削被掠夺的待遇，再加上连年战争的影响，国民经济
几近崩溃。新中国成立后，以美国为首的西方资本主义国家对我国实行贸
易封锁政策，并成立"巴黎统筹委员会"，对社会主义国家实行严厉的全面
禁运，中国亦在禁运名单。中国与西方国家的对外贸易出现大幅下滑，进口
贸易额从 1950 年的 8.2 亿元人民币骤降为 1951 年的 2.1 亿元人民币，出
口贸易额从 1950 年的 6.7 亿元人民币骤降为 1951 年的 0.8 亿元人民币。②
此阶段，我国主要与苏联及东欧社会主义国家开展经贸合作，也取得一定
成就。

---

① 国家统计局：《中华人民共和国 2022 年国民经济和社会发展统计公报》，2023 年 2 月 28
日，见 http://www.stats.gov.cn/sj/zxfb/202302/t20230228_1919011.html。
② 国家统计局：《国家数据》，2022 年 4 月 20 日，见 https://data.stats.gov.cn/easyquery.htm?
cn=C01。

为了打破西方国家对我国的贸易封锁,中国加强与苏联及东欧社会主义国家之间的对外贸易,并积极拓展与亚非拉新独立国家的贸易关系。此阶段,中国与苏联签订《中苏友好同盟互助条约》,从苏联获取大量贷款和技术支持,经济上照搬了其高度集中的计划经济体制,实行国家统制的对外贸易政策,中国的对外贸易逐渐恢复发展。但是这种高度集中的计划经济存在很大弊端,在很大程度上限制了对外贸易的发展,不利于调动微观主体的积极性。此后的一段时间,国家重心曾转移到政治领域忽视了经济发展,对外贸易也处于缓慢发展状态。与此同时,自然灾害、苏联撕毁合作合同撤走专家等,给中国对外贸易的发展带来巨大挑战。因此,此阶段中国对外贸易虽得到一定的恢复和发展,但发展速度很慢,其主要特征是波动式缓慢发展。

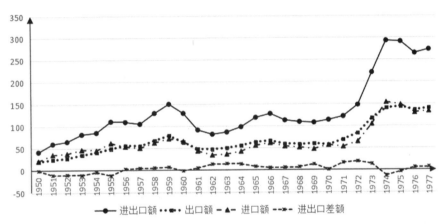

图 2-2　1950—1977 年中国对外贸易发展趋势(单位:亿元)

二、快速发展阶段(1978—1991 年)

1978 年,党的十一届三中全会提出实行对内改革、对外开放的政策。之后,我国对外贸易释放出巨大活力,得到前所未有的快速发展。我国实行全方位的对外经贸合作,对外贸易的发展为我国经济增长作出重大贡献。此阶段外贸体制改革的重点是下放外贸经营权,激发微观经营主体的积极性,由原来的完全指令性计划转变为指令性计划、指导性计划和市场相结合的外贸管理体制。这种体制改革大大提高了企业经营的主动性,加快了对外贸易的发展。建立经济特区实行特殊的外贸扶持政策,鼓励企业出口,同时利用关税和非关税贸易壁垒等措施保护民族企业,实施进口替代型外贸发展战略,避免在体制改革初期因进口商品规模的迅速增加而导致民族企业面临困境。

在总结前期改革开放经验的基础上,1985 年,我国进一步探索所有权与经营权相分离的外贸管理体制。随着企业经营能力的提升,我国开始逐步转变企业经营机制实行自主经营自负盈亏,由进口替代型发展战略向出口导向型发展战略转变,重点开放沿海城市并逐步开放内地城市,形成一个沿海城市—内地城市—边境城市的多方位对外开放格局。所有权和经营权的分离进一步激发了外贸企业的活力,出口导向型发展战略为我国企业的出口提供广阔的发展空间。此阶段,我国进出口贸易得到空前的快速发展,1991 年进出口贸易总额为 7225.75 亿元人民币,其中,出口贸易额为 3827.1 亿元人民币,进口贸易额为 3398.65 亿元人民币,顺差额为 428.45 亿元人民币(见图 2-3)。①

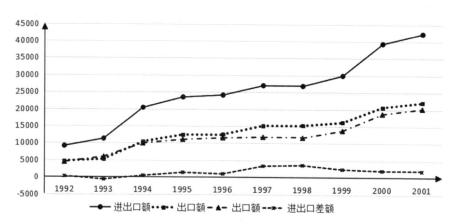

图 2-3　1978—1991 年中国对外贸易发展趋势(单位:亿元)

三、稳步发展阶段(1992—2001 年)

1992 年,邓小平先后到武昌、深圳、珠海、上海等地进行实地考察,通过总结十多年改革开放所取得的成功经验,针对当时改革开放中出现的问题发表了一系列新观点,提出建设有中国特色社会主义的新思想。认为判断改革开放成功与否的标准是"三个有利于",不是姓"社"还是姓"资"的问题,计划和市场都是经济手段,不是区分社会主义和资本主义的标准,社会主义也有市场,资本主义也有计划。邓小平南方谈话大大解放了思想,为我

---

① 国家统计局:《国家数据》,2022 年 4 月 20 日,见 https://data.stats.gov.cn/easyquery.htm? cn＝C01。

国对外开放注入了新的活力。此后,我国逐渐形成从沿海到内地、从沿江到沿边的全方位、多层次、多渠道的对外开放新格局,掀起了我国改革开放的第二次高潮,极大地推动了我国对外贸易的发展。很多城市特别是沿海城市得到快速发展,有些小渔村甚至一跃成为全国重要城市。

此阶段,我国与不同经济发展水平的国家开展贸易,采取灵活多样的贸易方式开拓国际市场,对外贸易规模得到稳步扩大,进出口商品的结构不断优化。2001 年我国进出口贸易总额为 42183.62 亿元人民币,其中,出口贸易额为 22024.44 亿元人民币,进口贸易额为 20159.18 亿元人民币,贸易顺差额为 1865.26 亿元人民币(见图 2-4)。① 这一阶段我国对外贸易发展主要是以数量扩张为主的外延式贸易发展模式,出口商品的规模较大但附加值相对较低,劳动密集型产品所占比重较大,企业的核心竞争力不强,科技水平与发达国家还有很大差距,自有民族品牌相对较少,大量高能耗高污染商品的生产与出口也给我国生态环境保护带来很大压力,亟须转变生产模式调整出口结构。

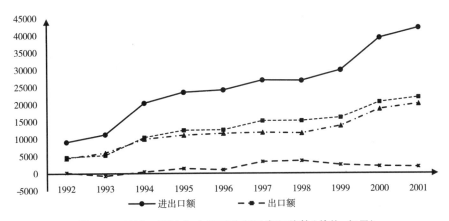

图 2-4　1992—2001 年中国对外贸易发展趋势(单位:亿元)

四、转型发展阶段(2002 年至今)

2001 年 11 月,中国正式加入世界贸易组织,为中国对外贸易的发展提供广阔发展空间。目前,世界贸易组织共有 164 个成员方、24 个观察方,其中,成员方包括发达经济体、发展中经济体、转轨经济体和最不发达经济体

---

① 国家统计局:《国家数据》,2022 年 4 月 20 日,见 https://data.stats.gov.cn/easyquery.htm? cn=C01。

四大类。我国加入世界贸易组织后,国际市场空前扩大,但由于关税和非关税贸易壁垒的降低,民族企业面临的竞争压力也大大增加,这也在很大程度上刺激了民族企业创新的活力。此阶段,我国对外贸易的发展速度相对较快。2012 年,我国的进出口贸易总额为 244160. 21 亿元人民币,首次成为世界第一进出口货物贸易大国。为了有效应对复杂的国际经济形势,推动我国对外贸易的持续快速增长,进一步打造对外开放新高地,2013 年,习近平总书记适时提出"一带一路"倡议,旨在通过加强与"一带一路"共建国家(地区)的优势互补和经贸合作,增进理解加强信任实现合作共赢。

　　2022 年,我国进出口贸易总额为 420678 亿元人民币,是 1950 年的10136. 8 倍,1978 年的 1184. 9 倍,其中,出口贸易额为 239654 亿元人民币,进口贸易额为 181024 亿元人民币,货物进出口贸易顺差额为 58630 亿元人民币,年度增加额为 29669 亿元人民币(见图 2-5)。2022 年,我国与"一带一路"共建国家(地区)进出口贸易总额为 138339 亿元人民币,其中,出口贸易额为 78877 亿元人民币,进口贸易额为 59461 亿元人民币。① 我国的对外贸易发展速度之快可谓世界罕见,为中国经济增长奇迹的出现作出巨大贡献。中国对外贸易的发展,意味着汉语在国际经贸合作中的使用频率提高。汉语的使用价值提升,在很大程度上吸引了更多的人学习并使用汉语。

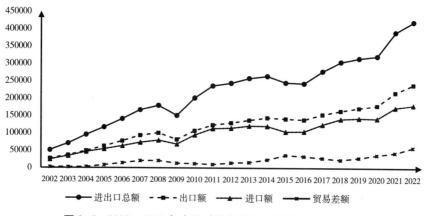

图 2-5　2002—2022 年中国对外贸易发展趋势(单位:亿元)

　　从我国对外贸易的地理分布来看,海关总署数据显示 2022 年东盟为我国第一大贸易伙伴,进出口贸易总额为 65154 亿元人民币,出口贸易增长率

---

① 国家统计局:《国家数据》,2022 年 4 月 20 日,见 https://data.stats.gov.cn/easyquery.htm?cn＝C01。

为 21.7%,进口贸易增长率为 6.8%;欧盟为我国第二大贸易伙伴,进出口贸易总额为 56468 亿元人民币,出口贸易增长率为 11.9%,进口贸易增长率为-4.9%;美国依然保持我国第三大贸易伙伴的地位,进出口贸易总额为 50540 亿元人民币,出口贸易增长率为 4.2%,进口贸易增长率为 1.9%;我国与第四大贸易伙伴国韩国的进出口贸易总额为 24121 亿元人民币,日本作为我国的第五大贸易伙伴,与其进出口贸易总额为 23832 亿元。此外,我国与"一带一路"共建国家进出口贸易总额为 138339 亿元,增长率为 19.4%(见表 2-1)。① 目前,我国对外贸易正处于从数量扩张为主的外延式发展方式向质量提升为主的内涵式发展方式的转型期。今后,应加快推进从"中国制造"向"中国智造"转变,力争早日实现从"贸易大国"向"贸易强国"的过渡。

表 2-1　2022 年我国对外贸易地理分布

国家和地区	出口额(亿元)	比上年增长(%)	占全部出口比重(%)	进口额(亿元)	比上年增长(%)	占全部进口比(%)
东盟	37907	21.7	15.8	27247	6.8	15.1
欧盟	37434	11.9	15.6	19034	-4.9	10.5
美国	38706	4.2	16.2	11834	1.9	6.5
韩国	10843	13.0	4.5	13278	-3.7	7.3
日本	11537	7.7	4.8	12295	-7.5	6.8
中国台湾	5423	7.2	2.3	15840	-1.8	8.8
中国香港	19883	-12.0	8.3	527	-16.0	0.3
俄罗斯	5123	17.5	2.1	7638	48.6	4.2
巴西	4128	19.3	1.7	7294	2.6	4.0
印度	7896	25.5	3.3	1160	-36.2	0.6
南非	1615	18.6	0.7	2173	2.0	1.2

资料来源:《2022 年国民经济与社会发展统计公报》。

第二节　对外贸易的语言壁垒模型分析

由于不同国家不同民族拥有不同的文化、持有不同的语言,这就导致国

---

① 国家统计局:《中华人民共和国 2022 年国民经济和社会发展统计公报》,2023 年 2 月 28 日,见 http://www.stats.gov.cn/sj/zxfb/202302/t20230228_1919011.html。

与国之间在国际经贸合作中会出现沟通交流障碍。解决办法为一国学习并使用另一国语言或两国共同学习并使用第三国语言,只有这样国际经贸合作才能顺利达成。我们把因国际交流需要而学习并使用其他国家语言所花费的时间和费用等,称为"语言交易成本"。语言交易成本在国际经贸合作中的作用类似于关税和非关税贸易壁垒,会阻碍国际贸易的发展。我们把国际贸易中的语言沟通障碍称为"语言壁垒",语言壁垒阻碍了国际贸易的发展。随着经济全球化和区域经济一体化的深入发展,国与国之间交往的愿望越来越强烈,国际贸易中的经济利益驱使贸易中的一方或双方产生主动消除语言沟通障碍的意愿。此时,贸易的一方会主动学习并使用另一方的语言或者共同学习并使用第三方的语言,以便实现语言相通、顺利达成贸易,并最终从贸易中获取经济利益。这里,通过构建两国和多国语言壁垒模型,阐释国际贸易与语言国际推广之间的关系。

一、语言壁垒概念的提出

经济全球化及区域经济一体化的纵深发展使关税和非关税贸易壁垒的保护作用逐渐削弱,现代交通技术的快速发展使运输成本不断下降,企业面临的国际市场竞争越来越激烈。语言作为人类沟通交流的工具,基于人们交往的需要而产生,在国际社会中国家间的交往主要表现为商品的国际交换。不同种族之间因语言的编码解码规则不同而出现沟通障碍,我们把这种因语言差异而形成的国与国之间商品或劳务交换的天然障碍称为语言壁垒。由于国际贸易中的语言壁垒较为隐蔽且难以消除,语言壁垒在国际经贸合作中扮演着越来越重要的角色。本部分通过构建数理模型科学阐释语言壁垒影响国际经贸合作的理论机理,研究对外贸易和语言国际推广之间的关系。

二、语言壁垒模型的构建

本书通过构建两国模型和多国模型,科学阐释国际贸易与语言国际推广之间的数理关系。首先,我们构建两国语言壁垒模型。这里,分两种情况阐释国际贸易和语言壁垒之间的关系。

第一种情况:A 国为出口国,B 国为进口国。为了简化分析,我们假设世界上有两个国家 A 国和 B 国,两个国家均能生产两种产品商品 1 和商品 2,A 国这两种商品的价格分别为 P_1 和 P_2,B 国这两种商品的价格分别为 p_1 和 p_2,A 国和 B 国使用的语言分别为语言 a 和语言 b,两国的人口数量分别为 N 和 n,两国的平均收入水平分别为 W 和 w,除语言交易成本 t 外其他交

易成本为 0（该模型也可以推广到多个国家多种产品）。假设 A 国商品 1 的
国内供求曲线分别为 S_A 和 D_A，国内供求均衡点为 G，国内商品 1 的均衡价
格为 P_1。B 国商品 1 的国内供求曲线分别为 S_B 和 D_B，其国内均衡点为 g，
国内商品 1 的均衡价格为 p_1。假设 A 国具有生产商品 1 的绝对优势，即 A
国生产商品 1 的价格 P_1 小于 B 国生产商品 1 的价格 p_1（见图 2-6）。

　　这里，我们分两种情形阐释国际贸易和语言壁垒的关系：语言相通和语
言不通。情形 1，贸易双方语言相通。如果两国语言相同或相近，则两种语
言的编码解码规则相同或相似，两国的交流不存在沟通障碍，开放经济条件
下两国可以无沟通障碍地开展经贸合作，因此两国均不需学习他国语言，亦
不用支付语言交易成本，在其他交易成本为 0 的假设下，此时两国的总交易
成本也为 0。A 国将成为商品 1 的出口国，B 国则成为商品 1 的进口国，当
价格为 P 时实现世界市场中商品 1 的供求均衡，此时 A 国商品 1 的出口量
为 Q_4-Q_1，B 国商品 1 的进口量为 q_4-q_1。情形 2，贸易双方语言不通。如果
两国持有不同语言，则因两种语言的编码解码规则不同而出现沟通障碍，无
法实现国际经贸合作中的直接交流，一国必须学习另一国语言或共同学习
并使用第三国语言，方能消除国际经贸合作中的沟通障碍，此时存在语言交
易成本 t。由于语言交易成本的存在，开放经济条件下 A 国商品 1 的出口价
格变为 P_t，B 国商品 1 的进口价格变为 p_t，A 国商品 1 的出口量变为 Q_3-Q_2，
B 国商品 1 的进口量变为 q_3-q_2。根据图 2-6，显然 Q_3-Q_2 小于 Q_4-Q_1，
q_3-q_2 也小于 q_4-q_1，即由于语言交易成本 t 的存在而导致商品 1 的出口量和
进口量都下降，语言交易成本 t 是影响国际经贸合作的重要因素。

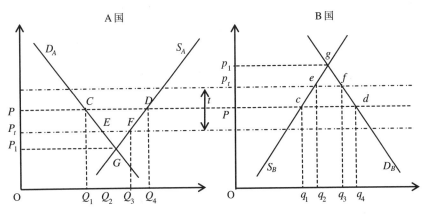

图 2-6　语言壁垒对国际贸易的影响（情形 1）

　　第二种情况：A 国为进口国，B 国为出口国。第一种情况我们分语言相

通和语言不通两种情形,分析了当 A 国在商品 1 的生产上具有绝对优势,B 国在商品 1 的生产上处于绝对劣势时的情况,结论认为 A 国将成为商品 1 的出口国 B 国则为商品 1 的进口国,语言交易成本为 0 时的进出口贸易量大于语言交易成本大于 0 时的进出口贸易量。接下来我们分析另外一种情况,如果 B 国在生产商品 2 上具有绝对优势,A 国在生产商品 2 上处于绝对劣势,则 B 国成为商品 2 的出口国,A 国成为商品 2 的进口国,根据上述逻辑,我们依然使用国际贸易中的关税模型阐释语言壁垒对国际贸易的影响。

假设世界上有两个国家 A 国和 B 国,两个国家均能生产两种产品商品 1 和商品 2,A 国这两种商品的价格分别为 P_1 和 P_2,B 国这两种商品的价格分别为 p_1 和 p_2,A 国和 B 国使用的语言分别为语言 a 和语言 b,两国的人口数量分别为 N 和 n,两国的平均收入水平分别为 W 和 w,除语言交易成本 t 外其他交易成本为 0(该模型也可以推广到多个国家多种产品)。假设 A 国商品 2 的国内供求曲线分别为 S_A 和 D_A,国内供求均衡点为 G,国内商品 2 的均衡价格为 P_2。B 国商品 2 的国内供求曲线分别为 S_B 和 D_B,其国内均衡点为 g,国内商品 2 的均衡价格为 p_2。假设 B 国具有生产商品 2 的绝对优势,即 B 国生产的商品 2 的价格 p_2 小于 A 国生产的商品 2 的价格 P_2(见图 2-7)。

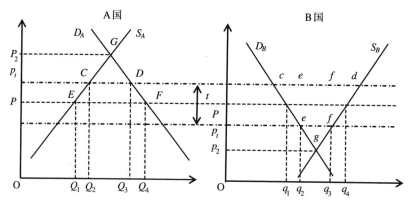

图 2-7   语言壁垒对国际贸易的影响(情形 2)

这里,我们依然分两种情形阐释国际贸易和语言壁垒的数理关系:语言相通和语言不通。首先,语言相通时的两国贸易。如果两国语言相同或相近,则两种语言的编码解码规则相同或相似,两国的沟通交流不存在语言障碍,开放经济条件下两国可以无沟通障碍地开展经贸合作,因此两国均不需学习他国语言,亦不用支付语言交易成本,在其他交易成本为 0 的假设前提下,两国的总交易成本也为 0。B 国将成为商品 2 的出口国,A 国则成为商品 2 的进口国,当价格为 P 时实现世界市场中商品 2 的供求均衡,此时 B 国商品 2 的出口量为 q_4-q_1,A 国商品 1 的进口量为 Q_4-Q_1。其次,语言不通时的两国贸易。如果两国持有不同语言,则因两种语言的编码解码规则不同两国将出现沟通障碍,无法实现国际经贸合作中的正常交流,一国必须学习另一国语言或共同使用第三国语言,方能消除国际经贸合作中的沟通障碍,此时存在语言交易成本 t。由于语言交易成本的存在,开放经济条件下 A 国商品 2 的出口价格变为 P_t,B 国商品 2 的进口价格变为 p_t,B 国商品 2 的出口量变为 q_3-q_2,A 国商品 2 的进口量变为 Q_3-Q_2。我们对语言相通和语言不通两种情况下的国际贸易量进行比较,根据图 2-7,显然 Q_3-Q_2 小于 Q_4-Q_1,q_3-q_2 也小于 q_4-q_1,即由于语言交易成本 t 的存在导致商品 2 的出口量和进口量都下降,语言交易成本 t 阻碍了国际贸易的发展。国际贸易中的经济利益驱使参与贸易的一方或双方主动承担语言交易成本,削弱甚至消除语言壁垒,从而顺利达成交易从而获取贸易中的经济利益。

三、对外贸易驱动语言国际推广的两国模型

(一) 对外贸易中的语言学习模式

目前,世界上存在 6000 余种语言,每种语言的编码解码规则都具有一定差异,持不同语言的人在交流时会出现一定沟通障碍。根据语言活力的大小可以把语言分为强势语言和弱势语言,我们把使用人数较多应用范围较广、活力较强的语言称为强势语言,把使用人数较少应用范围较窄、活力较弱的语言称为弱势语言。贸易中的经济收益驱使弱势语言国家的国民主动学习并使用强势语言国家的语言,据统计全球约有 80% 的人口使用约 80 种语言,其他语言的使用人数很少甚至没有文字。学习并使用其他国家语言的人能够掌握本国语言和他国语言两种语言,我们把这些人称为双语人才。商品的国际交换是国家之间最重要的交往方式,假设国际经贸合作中双语人才的需求量为 I,我们可以使用如下公式表示:

$$I = \alpha E + \beta M \qquad (2-1)$$

其中 E 表示出口贸易额,M 表示进口贸易额,α 表示单位出口贸易额需要的双语人才数量,β 表示单位进口贸易额需要的双语人才数量。

那么,究竟是 A 国学习 B 国语言还是 B 国学习 A 国语言? 这种学习模式是随机选择还是客观决定? 根据前述假设,A 国生产的商品 1 和商品 2 的价格分别为 P_1 和 P_2,B 国生产的商品 1 和商品 2 的价格分别为 p_1 和 p_2,A 国具有生产商品 1 的绝对优势,B 国具有生产商品 2 的绝对优势,如果 A 国

学习 B 国语言,则国际经贸合作中的利润函数 π 可以表述为:

$$\pi_1 = (p_1 - P_1) E + (P_2 - p_2) M - W \times I \qquad (2\text{-}2)$$

其中 W 表示 A 国的平均收入水平,$W \times I$ 表示国际经贸合作中 A 国所需语言交易成本。如果 B 国学习 A 国语言,则国际经贸合作中的利润函数 π 可以表述为:

$$\pi_2 = (p_1 - P_1) E + (P_2 - p_2) M - w \times I \qquad (2\text{-}3)$$

其中 w 表示 B 国的平均收入水平,$w \times I$ 表示国际经贸合作中 B 国所需语言交易成本。假设 A 国为高收入国家 B 国为低收入国家,即 W 大于 w,从而 π_2 大于 π_1,表明低收入的 B 国学习高收入 A 国的语言能够实现利润的更大化,国际经贸合作将促使理性的低收入国家主动学习并使用高收入国家的语言。国际贸易中的经济利益是驱使一国学习他国语言的根本因素,学习国际贸易中使用频率较高的语言能削弱甚至消除语言贸易壁垒,通过国际交换可以获取更多的贸易收益。当这种语言带来的贸易收益大于学习这种语言支付的语言交易成本时,这种语言就具有较强的语言魅力,能吸引更多的语言学习者。对于国际贸易中使用频率较小的语言而言,因在国际经贸合作中很少使用到这种语言,而学习这种语言也需要支付时间、精力、金钱等语言交易成本,如果这种语言在国际贸易中很少使用或根本用不上,则获取的国际贸易收益很少。当所能获取的国际贸易收益小于支付的语言交易成本时,这种语言的吸引力就会下降,学习这种语言的人数也会减少。从长期来看,学习使用频率较低语言的人数会越来越少,使用人数较少的语言的活力将逐渐变弱并可能转变为弱势语言,甚至还可能成为无人使用的语言而濒临灭绝的境地。

(二) 语言国际推广的两国模型分析

国际交往的需要促使一国学习另一国语言,国际贸易中的经济收益是驱使一国学习另一国语言的根本原因。接下来,我们分析参与贸易的国家应该学习哪个国家的语言。双语人才不仅可以使用本国语言,而且通过学习还能掌握另一种语言,实现跨语言的沟通与交流。根据前述分析我们得出经济利益会驱使低收入国家主动学习高收入国家的语言,假设低收入 B 国学习高收入 A 国语言的初始人数为 I_0,由于 B 国学习 A 国语言的双语人才掌握了两种语言,双语人才不仅可以获取和本国其他人相同的收入,而且意味着在双语应用领域还可能得到更多的就业机会和更高工资,甚至可以为移民到高收入国家创造条件。经济利益是驱使双语人才学习其他国家语言的根本动因,因此学习高收入国家的语言是理性人实现自身利益最大化的理性选择。双语人才受到其父母的影响及经济利益的驱使,B 国双语人才的子女也可能会继续学习 A 国语言,实现双语人才的代际传承,同时由于双语人才的示范效应,B 国也可能会出现其他新增双语学习人员,活力较强的强势语言将会吸引越来越多的双语人才。根据生命周期理论,有些人也会因为年龄及其他原因在若干年后退出双语应用领域,双语人才的净增人数等于新增人数减去退出人数。我们借鉴 Choi(2002)的做法,假设双语人才每年的净增人数为原始人数的 δ,①则第 t 年 B 国学习 A 国语言的总人数 I_t 可以表述为:

$$I_t = I_0[1 + (t - 1)\delta] \qquad (2-4)$$

由于 B 国的总人口数量为 n,因此 I_t 小于等于 n,即:

$$I_0[1 + (t - 1)\delta] \leq n \qquad (2-5)$$

根据公式(2-5)我们可以得到时间 t 的表达式:

$$t \leq \frac{n + I_0(\delta - 1)}{I_0\delta} \qquad (2-6)$$

上述公式表明,如果时间 t 小于 $\dfrac{n + I_0(\delta - 1)}{I_0\delta}$,低收入的 B 国有部分人口学习高收入 A 国的语言;如果时间 t 等于 $\dfrac{n + I_0(\delta - 1)}{I_0\delta}$,则低收入 B 国的全部人口都学习高收入 A 国的语言;如果时间 t 大于 $\dfrac{n + I_0(\delta - 1)}{I_0\delta}$,则低收入 B 国的人口将全部学习并进一步强化高收入 A 国语言的学习,高收入 A 国的语言可以在低收入的 B 国通用。

四、对外贸易驱动语言国际推广的多国模型

两国模型的结论认为,国际贸易中的经济收益驱使低收入的 B 国主动学习高收入 A 国的语言,如果低收入 B 国的大部分或全部人口都学习高收入 A 国的语言,则高收入 A 国的语言可以在低收入 B 国通用。即国际贸易推动了 A 国和 B 国两国实现语言相通,A 国的语言有机会发展成为 B 国的通用语言。目前,世界上有 200 多个国家,存在 6000 余种语言,其中约 80% 的人口使用 80 种左右的主要语言,其他语言使用人口很少甚至有些语言没有文字。英语作为当前的国际通用语言,应用广泛度最高活力最强,英语之所以能够发展成为国际通用语言,有其内在的经济决定因素。汉语作为世

---

① E.Kwan Choi,"Trade and the adoption of a universal language," *International Review of Economics and Finance*,No.11(2002),pp.265-275.

界上使用人口最多的语言,其应用广泛度仅次于英语,汉语的国际推广与我国综合国力的提升紧密相关。我们对两国模型进行拓展构建多国模型,研究对外贸易将推进一国语言发展成为国际通用语言的理论机理。

（一）语言小国的多国模型分析

多国模型的构建与论证。是不是所有高收入国家的语言都能发展成为国际通用语言?答案是否定的。这里,借鉴国际贸易中的小国模型理论。首先,构建高收入国家 A 国是小国时的多国模型,研究高收入小国 A 国对外贸易的发展能否推动其语言发展成为国际通用语言。假设世界上有 Z 个国家可以生产商品 1,商品 1 的世界均衡价格为 P。由于小国对世界价格的影响很小,是世界价格的接受者,高收入小国 A 国商品 1 的出口价格即是世界价格 P,低收入大国 B 可以以价格 P 从高收入的小国 A 进口商品 1,同样也可以以相同的价格 P 从其他任何可以生产该商品的国家进口商品 1,低收入大国 B 在和高收入小国 A 进行贸易时不能获取额外利润,高收入小国 A 也不是低收入大国 B 进口商品 1 的唯一供给国,因为低收入大国 B 可以从任何其他国家购买价格为世界价格 P 的商品 1。

低收入大国 B 可以选择与高收入小国 A 进行贸易,从高收入小国 A 进口商品 1,此时需要学习高收入小国 A 的语言。低收入大国 B 也可以选择不与高收入小国 A 进行贸易,而是从其他可以以同样价格提供该商品的国家进口商品 1,此时低收入大国 B 则不需要学习高收入小国 A 的语言,高收入小国 A 的语言在低收入大国的推广具有不确定性。由于低收入大国 B 的市场规模较大,高收入小国 A 希望与低收入大国 B 开展国际经贸合作的愿望更为强烈。根据相互需求理论高收入小国 A 有可能会主动学习低收入大国 B 的语言,当然因国际经贸合作的需要低收入大国 B 也可能会学习高收入小国 A 的语言,此时国际社会中的语言学习模式具有不确定性。因此,即使小国 A 拥有高收入,A 国语言也不一定能发展成为国际通用语言。

（二）语言大国的多国模型分析

接下来,我们基于多国模型分析高收入国家为大国的情形。如果高收入国家 A 为大国,使用的语言为 a,B 国为低收入国家,使用的语言为 b,低收入 B 国进出口商品的标签、广告、包装等可以使用高收入国家 A 的语言 a,也可以使用本国语言 b。假设 B 国使用 A 国语言 a 的进出口产品数量为 M,使用本国语言 b 的进出口商品数量为 m。随着两国语言学习模式的转化,进出口商品使用的语言也可能发生变化,从使用语言 b 向使用语言 a 转变的进出口商品数量为 v(v 是任意实数。v 大于零表示进出口商品从使用语言 b 向使用语言 a 转变,v 小于零表示进出口商品从使用语言 a 向使用语

言 b 转变,v 等于零表示使用两种语言的商品数量保持不变),则变动之后 B
国使用 A 国语言 a 的进出口商品数量变为 $M+v$,使用本国语言 b 的商品数
量为 $m-v$,总成本 C 的公式可以表述为:

$$C_a = C(M + v) + (1 + \gamma) C(m - v) \tag{2-7}$$

其中,C 表示生产所有商品都需支付的语言交易成本,γ 表示从一种语
言转换成另外一种语言所需要的额外语言交易成本。公式(2-7)对 v 求一
阶导数结果为 $-\gamma C$,该值小于 0,表示商品的语言交易成本和使用语言转
换的商品数量 v 呈负相关关系。随着 v 的增加语言交易成本 C_a 会下降,有
利于企业利润最大化的实现。因此使用 A 国语言 a 的产品就会越来越多,
而使用本国语言 b 的产品则会变得越来越少,直到所有产品都使用 A 国语
言 a,此时的总成本转化为:

$$C_a = C(M + m) \tag{2-8}$$

如果商品的最初语言为 b,则总成本的公式可以表述为:

$$C_b = C(m - v) + (1 + \gamma) C(M + v) \tag{2-9}$$

相关符号含义与公式(2-7)相同,同样公式(2-9)对 v 求一阶导数可得
γC,该值大于 0,表示语言交易成本会随着使用语言转换的商品数量 v 的增
加而上升,当 v 等于 0 时成本最低,此时低收入 B 国使用高收入 A 国语言 a
的商品数量为 M,使用本国语言 b 的商品数量为 m,总成本公式转化为:

$$C_b = C \times m + (1 + \gamma) C \times M \tag{2-10}$$

公式(2-8)减去公式(2-10)可得:

$$C_d = C_a - C_b = -\gamma \times C \times M \tag{2-11}$$

公式(2-11)表明,对于低收入国家来说,在国际贸易中该国进出口商
品使用高收入大国语言所产生的语言交易成本要低于使用本国语言产生的
语言交易成本。因此,低收入国家 B 的进出口商品将会越来越多地使用高
收入大国 A 的语言,高收入大国 A 的语言将会发展成为该国的通用语言。
如果考虑多国情形,按照同样理论逻辑推理可得,低收入国家 C 的进出口
商品将会越来越多地使用高收入大国 A 的语言,低收入国家 D 的进出口商
品将会越来越多地使用高收入大国 A 的语言,低收入国家 E 的进出口商品
也会越来越多地使用高收入大国 A 的语言⋯⋯最终,高收入大国 A 的语言
将有机会发展成为国际通用语言。

总之,国际贸易中的经济利益驱使参与贸易的一方或多方产生削弱甚
至消除语言障碍的意愿,由于低收入国家对高收入国家商品的需求欲望较
为强烈,低收入国家将会主动承担语言交易成本学习并使用高收入国家的
语言,从而顺利达成贸易并从贸易中获得利益,相较于贸易前低收入国家通

过消除语言障碍可以获取更多经济利益，国际贸易将可能促使高收入大国的语言发展成为国际通用语言。

第三节　汉语国际推广的语言活力模型分析

前述的理论推理我们论证了高收入大国的语言，最终将有机会发展成为国际通用语言，那么，汉语是否具有发展成为国际通用语言的潜力？汉语是否具备发展成为国际通用语言的基本条件？根据语言活力模型，一国语言要发展成为国际通用语言需要具备以下基本条件：对外贸易量、经济实力、政府支持、人口数量。其中，对外贸易量是驱动语言国际推广的根本因素，较强的经济实力是语言国际推广的源泉，政府的支持力度是语言国际推广的直接推动因素，一定的语言使用人口数量是语言国际推广的重要基础。接下来，我们从以上四个方面分析汉语发展成为国际通用语言的可能性。

一、对外贸易是汉语国际推广的主要驱动因素

中国对外贸易的快速发展，提高了汉语在国际经贸合作中的使用频率，提升了汉语的使用价值。对外贸易的发展增加对双语人才的需求，贸易中的经济利益激励其他国家学习并使用汉语。学习并使用汉语，意味着可以无沟通障碍地和中国进行贸易。中国是贸易大国，向世界提供的商品数量很大种类繁多，贸易小国可以从与中国开展贸易过程中获取经济利益。同时，贸易小国还可以与学习并使用汉语的其他国家无沟通障碍地开展贸易，双方均可以从中获取贸易收益。语言基于人类的交往需要而产生，商品的国际交换是国与国之间最为重要的交往形式。古丝绸之路曾以丝绸、瓷器、珠宝等为交换媒介，推动了中华文化的世界传播和汉语的国际推广，并形成历史上著名的"汉字文化圈"。由于我国明清时期实行闭关锁国政策，经济实力逐年下降。与此相反，工业革命则极大地提升了欧洲国家的经济实力。鸦片战争后，中国长期沦为半殖民地半封建社会，加之战争不断，我国的对外贸易无从发展。新中国成立后，汉语的国际推广重新提上日程。但以美国为首的西方资本主义国家对我国实行贸易封锁，当时，我国只能加强与苏联及东欧社会主义国家的经贸合作，同时积极开拓亚非拉地区新独立国家的市场，我国的对外贸易逐渐恢复发展并取得一定成绩。

改革开放后，我国对外贸易得到飞速发展。进入21世纪，我国加入世界贸易组织，为对外贸易的发展提供广阔发展空间。"一带一路"倡议的提出，更是加快了我国对外贸易的发展步伐。2009年我国成为世界第一出口

货物贸易大国,2012 年我国成为世界第一进出口货物贸易大国。2022 年我国进出口贸易总额为 420678 亿元人民币,是 1950 年的 10136.8 倍,1978 年的 1184.9 倍,其中,出口贸易额为 239654 亿元人民币,进口贸易额为 181024 亿元人民币,货物进出口贸易顺差额为 58630 亿元人民币,年度增加额为 29669 亿元人民币。我国的对外贸易发展速度之快,可谓世界罕见(见图 2-8)。① 此外,我国与"一带一路"沿线国家(地区)进出口贸易总额为 138339 亿元人民币,增长率为 19.4%。②

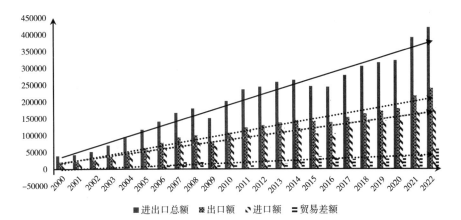

图 2-8　2000—2022 年我国对外贸易发展趋势(亿元)

　　我国商品走向世界 200 多个国家或地区,已是名副其实的贸易大国。中国对外贸易的快速发展,极大地提高了汉语在国际经贸合作中的使用频率,大大提升了汉语的使用价值,学习汉语意味着可以获得更多的就业机会和更高的工资。贸易中的经济利益吸引了大量的汉语学习者,并在世界掀起一股"汉语热"的时代浪潮。当前,学习并使用汉语成为理性人实现利益最大化的理性选择。中国对外贸易的发展,是驱动我国汉语国际推广的根本因素。今后,我国要实现从"中国制造"向"中国智造"的转变,需要进一步优化进出口贸易结构,提高进出口商品的附加值,提升我国对外贸易在全球价值链中的地位,加快实现从"贸易大国"向"贸易强国"的转型。

① 国家统计局:《国家数据》,2023 年 4 月 17 日,见 https://data.stats.gov.cn/easyquery.htm?cn=C01。

② 国家统计局:《中华人民共和国 2022 年国民经济和社会发展统计公报》,2023 年 2 月 28 日,见 http://www.stats.gov.cn/sj/zxfb/202302/t20230228_1919011.html。

二、经济实力是汉语国际推广的源泉

中国经济实力的提升,大大提高了汉语的国际吸引力,是汉语国际推广的源泉。中国作为四大文明古国之一,曾创造了辉煌的发展历史,并为世界经济的发展作出巨大贡献。鸦片战争后,我国长期处于半殖民地半封建社会,再加上连年战乱,新中国成立前中国经济表现出积贫积弱的境况,在世界上处于被动挨打的地位。新中国成立后,经过社会主义改造和社会主义建设,我国经济逐渐恢复和发展。改革开放为我国经济增长提供极大发展动力,国民经济曾以20%左右的速度高速增长,大大提升了我国的经济实力。进入21世纪后,"引进来,走出去"的步伐不断加快。加入世界贸易组织后,我国拥有了极为广阔的国际市场。对外贸易作为拉动经济增长的"三驾马车"之一,为我国经济发展作出巨大贡献。

目前中国已是世界第二大经济体、世界第一货物贸易大国、世界第二资本输出大国,中国在国际社会中的地位和作用均得到极大提升和增强。中国经济的快速增长为世界经济的增长作出重大贡献,中国也为世界提供大量高质量商品,其他国家与中国开展贸易的概率大大提高,汉语在国际经贸合作中的使用频率也大为提升。中国经济实力的增强是汉语国际推广的根本驱动力,中国对外贸易的发展是汉语国际推广的直接驱动力。由于中国是经济大国和贸易大国,经济小国和贸易小国欲与中国开展经贸合作的愿望更为强烈。掌握中国的语言是他们能够与中国正常开展经贸合作的重要前提,这客观上为汉语的国际推广提供重要契机,成为推动汉语国际推广的重要因素。

2000—2022年我国国内生产总值的增长趋势见图2-9,其中,第一产业增加值的增长相对稳定,在整个国民经济中的比重逐年下降,第二产业增加值在整个国民经济中的比重一直保持在40%左右,第三产业增加值的增长速度较快,在国民经济中的比重逐年增大。2010年我国成为世界第二大经济体,并一直保持经济大国的国际地位。尽管新冠疫情对我国经济增长造成重大冲击,2022年我国国内生产总值达1210207.2亿元人民币,在世界绝大多数国家经济增长率为负的情况下,我国依然实现了5.3%经济增长率。其中,第一产业增加值为88345.1亿元人民币,增长率为6.16%;第二产业增加值为483164.5亿元人民币,增长率为7.0%;第三产业增加值为638697.6亿元人民币,增长率为3.94%。第一产业增加值、第二产业增加值和第三产业增加值,在整个国民经济中的比重分别为7.3%、39.9%和52.8%。① 经济的快速增长意味着我国的生产能力不断提高,人们能够消费到的产品数量和种类不断增多,能够出口的商品数量也不断增加。一方面,中国生活水平的提升对其他国家有示范效应,促使外国人对中国的富足美好生活产生向往,提升外国人学习汉语的兴趣。另一方面,中国对外贸易的快速发展,意味着中国商品大量走向世界各国,汉语在国际社会中的使用频率随之提高,汉语的经济价值也会提升,能吸引更多的汉语学习者。

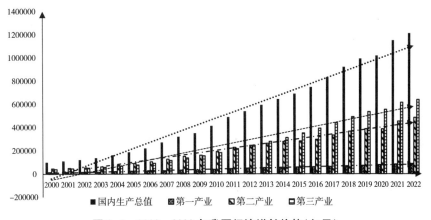

图 2-9　2000—2022 年我国经济增长趋势(亿元)

三、政府支持是汉语国际推广的直接驱动因素

中国政府的高度重视,是汉语国际推广的直接驱动因素。自古以来,中国政府就非常重视汉语的国际推广。中国古代的汉语国际传播萌芽于先秦、开始于西汉、发展于东汉至魏晋南北朝、鼎盛于隋唐、成形于宋元、放缓于明清,传播的主要载体是丝绸之路,传播的主要模式有驿站式、宗教伴随式、文化吸引式、贸易拉动式等。新中国成立后,汉语的国际传播重新提上日程,并得到政府的大力支持。1978年,北京语言学院(现北京语言大学)开始对来华留学生进行汉语教学,主要招收来自社会主义国家和第三世界国家的留学生。1982年2月,来自20余家高校的专家学者在北京语言学院探讨对外汉语教学问题。1981年7月,民间性质的对外教育交流机构中国教育国际交流协会成立。1987年7月,我国成立官方对外汉语教育机构

---

① 国家统计局:《国家数据》,2023年4月17日,见 https://data.stats.gov.cn/easyquery.htm? cn=C01。

国家对外汉语教学领导小组，其常设机构是中国国家汉语国际推广领导小组办公室，简称"国家汉办"，隶属于中华人民共和国教育部，主要负责汉语的国际推广。

1991 年由北京语言学院研制的汉语水平考试（HSK）开始正式推向海外，1992 年汉语水平考试被列为国家级考试，2002 年国家汉办举行首届世界大学生"汉语桥"中文大赛，2004 年中国在韩国首尔建立世界首个孔子学院。2005 年，在北京召开首届世界汉语大会，来自全球 60 多个国家的专家学者共同探讨"多元文化架构下的汉语发展"问题。孔子学院作为中华文化世界传播及汉语国际推广的最典型代表，为汉语水平考试考生提供了极其便捷的学习条件和考试支持。截至 2022 年底，中国已在世界建立孔子学院（孔子课堂）1810 所，在海外设立汉语水平考试考点 1400 余个，年度考试人数达 810 余万人。① 中国政府对汉语国际推广的大力支持，是汉语快速走向世界的重要保障。

四、人口基数是汉语国际推广的基础因素

中国庞大的人口数量是汉语国际推广的基础。根据语言活力模型，一定数量的语言使用人口基数，是该种语言能够延续进而得以推广的重要基础。如果一种语言的使用人口很少，意味着学习并使用该语言只能与较少的人进行交流，因为学习一种外语需要支付一定的学习费用并花费一定学习时间，学习使用价值较小语言的成本会大于收益，理性的人不会选择学习这种语言，除非对这种语言有特殊的兴趣。在人类发展历史上，语言也面临优胜劣汰，使用人数较少、活力较弱的语言易被淘汰，使用人数较多活力较强语言的使用人数会变得越来越多，并可能会发展成为世界主流语言。据不完全统计，目前世界上有 6000 余种语言，其中，约 80% 的人口使用 80 种语言左右，其他语言的使用人口很少甚至没有文字，很多语言濒临灭绝的境地，每两周左右就会有 1 种语言从这个世界上消失。前述构建的多国语言模型所得研究结论，也同样认为人口小国的语言很难发展成为国际通用语言，高收入大国的语言才有机会发展为国际通用语言。

我国是一个人口大国，汉语的使用人数也居世界之首，这在很大程度上保证了我国语言大国的地位。2022 年末中国大陆总人口 141175 万人，与2021 年末基本持平，其中城镇常住人口 92071 万人，占总人口的比重（常住

---

① 孔子学院总部：《全球孔院》，2023 年 3 月 15 日，见 https://www.ci.cn/#/site/Global Confucius。

人口城镇化率）为 65.22%。全年人口出生率为 6.77‰,人口死亡率为
7.37‰,人口自然增长率为-0.60‰。① 母语为汉语的人口数量多,表示我
国是语言大国。通过语言的国际推广,可以让更多母语非汉语的人学习并
使用汉语。只有母语非汉语的人学习并使用汉语的人数占汉语使用人口总
数的比例较大,才表示我国为语言强国。目前,我国通过建立孔子学院、设
立汉语水平考试考点、实施"汉语桥"工程等大力推广汉语,母语非汉语的
人学习并使用汉语的人数逐年增加,我国正处于由"语言大国"向"语言强
国"的过渡阶段。

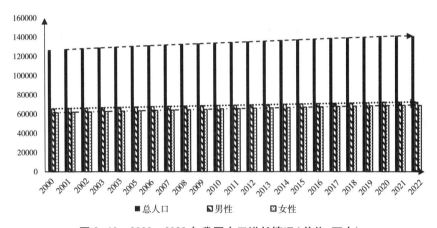

图 2-10　2000—2022 年我国人口增长情况(单位:万人)

第四节　双循环理论中汉语国际推广分析

当前,世界正经历百年未有之大变局,数字技术给我国带来前所未有的
发展契机和挑战。抓住数字时代发展机遇,对我国实现对外贸易高质量发
展、加快构建双循环新发展格局意义重大。党的十九届五中全会提出,要加
快构建以国内大循环为主体、国内国际双循环相互促进的新发展格局。我
国对外贸易的发展可以提高双循环的速度和效率,汉语作为双循环中的重
要交易语言,其使用频率必然随之提升。数字技术推动数字贸易的快速发
展,数字化汉语成为数字贸易的重要交易语言。数字贸易的发展,加快了汉
语的数字化国际推广和传播。双循环新发展格局理论,是马克思主义理论

---

① 国家统计局:《国家数据》,2022 年 4 月 20 日,见 https://data.stats.gov.cn/easyquery.htm?
cn=C01。

与中国特色社会主义实践相结合的最新产物，是中国式现代化建设的重要理论成果。

一、双循环新发展格局理论简介

党的十九届五中全会之前，学界关于双循环新发展格局的科学内涵、理论基础、现实依据等已进行深入研究，并取得丰硕研究成果。党的十九届五中全会之后，学者们更多地关注双循环新发展格局的高质量发展、国内大循环通畅高效的推进策略、双循环对中国式现代化的促进作用等重大现实问题。

（一）双循环新发展格局理论的形成

以国内大循环为主体、国内国际循环相互促进的双循环发展格局，是马克思主义中国化的重要理论成果，是我国在新发展阶段提出的新的战略决策。国内循环是指通过整合国内资源，充分发挥社会主义市场经济的作用，推动我国经济实现稳中求进的高质量发展，逐步满足人民日益增长的美好生活需要。国际循环是指通过扩大对外开放，充分利用国际市场资源，学习并吸收国际先进技术，吸引外商直接投资，扩大商品和资本的输出，加快融入世界经济大循环的速度。国内循环是主体和基础，没有良好的国内循环不可能实现通畅的国际循环，但国内循环和国际循环并不是相互割裂的，而是相互促进互联互通的关系。

双循环新发展格局的关键是实现循环渠道的通畅，循环过程中任何一个环节出现问题，将可能会影响整个循环流程的通畅畅程度，严重时会造成循环的停滞。国内循环主要为了实现国内生产、分配、交换、消费等环节的顺利进行，实现国内产业链和供应链的畅通，可控性相对较强。国际循环以国内循环为基础，同时受到国际社会复杂因素的影响，可控性相对较差。双循环新发展格局的宏观目标是为了推进我国经济高质量发展，实现中华民族的伟大复兴，满足人民群众日益增长的美好生活需要。中观目标是为了加深融入经济全球化的程度，寻找经济增长的新动能，打造国际竞争新优势，增强国民经济对外部冲击的抵御能力。微观目标是生产高质量的商品提供高质量的服务，提升人民的物质文化生活水平。笔者借鉴现有研究成果，把双循环新发展格局理论的形成分成初步萌芽、逐步发展和最终确立三个阶段。

第一阶段是双循环发展格局的初步萌芽阶段，主要特征是国内循环为主、国际循环为辅。新中国成立后我国面临复杂的国内和国际环境，为了改变当时一穷二白的国内形势，我国开展社会主义改造和社会主义建设，提出

"独立自主，自力更生"的发展战略。这一时期，苏联作为社会主义国家与我国经贸关系较为紧密，同时我国与东欧社会主义国家的经贸往来也比较频繁。此阶段，我国的国际循环主要表现为与苏联及东欧社会主义国家之间的商品和劳务交换，具有较为明显的国内国际双循环的发展特征。但后来随着国际环境的变化，我国与苏联及东欧社会主义国家之间的经贸合作出现下降趋势，国际循环的路径变窄，国内循环逐渐成为双循环的主体。

　　第二阶段是双循环发展格局的逐步发展阶段，主要特征是国际循环为主、国内循环为辅。随着我经济实力逐渐恢复和增强，社会主义现代化建设取得巨大成就，而以国内循环为主体的发展格局，限制了我国经济社会的进一步发展。1978年，党的十一届三中全会作出对内改革、对外开放的重大决策，"一个中心、两个基本点"成为我国经济社会发展的核心内容。我国逐步与世界上诸多国家和地区开展经贸合作，国民经济融入世界的程度越来越深，对外贸易迅速发展，对外投资逐步起步，吸引外商直接投资取得重大成就，我国经济更是取得两位数的高速增长，创造了中国的"经济增长奇迹"。外向型的发展战略使国家的综合国力迅速增强，我国的国际地位和国际影响力也随之提高。2001年加入世界贸易组织，更为我国对外贸易的发展提供重要契机。国际循环为主体的发展战略极大地推动了我国经济增长，同时也给我国经济增长带来很大压力，国内的人口红利和制度红利开始下降，对国际社会的依赖性越来越大。2020年，我国把国际循环为主、国内循环为辅的发展战略，调整为国内循环为主、国际循环为辅，国内国外循环协调发展的新战略。

　　第三阶段是双循环新发展格局的最终确立阶段，主要特征是国内循环为主、国内国际双循环相互促进。党的十九大提出，我国的主要矛盾是人民日益增长的美好生活需要和不平衡不充分的发展之间的矛盾。为了满足人民日益增长的美好生活需要，必须大力发展生产力，充分利用国内国际两个市场两种资源。在地区发展差距日益明显的情况下，我国提出中部崛起、东北振兴和西部大开发等重大发展战略。目前我国已是世界第二大经济体、世界第一大进出口货物贸易国、世界第二大对外资本输出国。当前，世界正经历百年未有之大变局，贸易保护主义和逆全球化等现象逐步显现，国际形势日趋复杂。党的十九届五中全会提出构建以国内大循环为主体、国内国际双循环相互促进的新发展格局的重大战略，并把新发展格局列入我国"十四五"发展规划，双循环新发展格局最终确立。

　　双循环新发展格局的根本目的，是进一步解放和发展社会主义生产力，满足人民日益增长的美好生活需要。双循环新发展格局是一项战略性、长

期性、系统性的中国特色发展方案,是一个动态渐进的过程,不是静态不变
的,必须随着国内国际形势的发展变化而适时调整,服务于中国式现代化
建设。

（二）双循环新发展格局理论的解读

双循环新发展格局理论的主要内容,是以国内大循环为主体、国内国际
双循环相互促进,该理论可以从以下三方面进行解读:一是,新发展格局包
括国内循环和国际循环两大循环,二者缺一不可;二是,国内循环和国际循
环有主次之分,国内循环是主体和基础;三是,新发展格局是为了实现两大
循环的畅通和高效。双循环新发展格局理论的核心是循环渠道的畅通和高
效,商品和劳务可以在双循环渠道顺利达成交易。笔者使用国民经济流量
循环的四部门模型对两大循环的流程进行解读（见图2-11）,根据经济流量
循环的主要环节,把国民经济循环的主体分为家庭部门、厂商部门、政府部
门和世界市场四大部门,包括要素市场、产品市场、金融市场和世界市场四
大市场。其中,图2-11中箭头方向为循环方向。

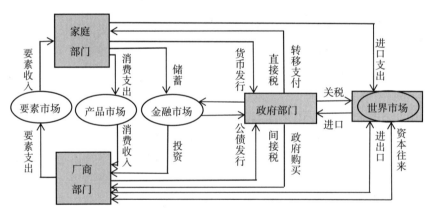

图2-11　国内国际双循环流程图

国内循环主要在封闭经济条件下进行,主要表现为国内生产要素和资
源禀赋的生产和消费。家庭部门、厂商部门和政府部门是国内循环的三大
主体,主要在要素市场、产品与劳务市场、金融市场流通。家庭是生产要素
的所有者,家庭中的个人在要素市场向企业提供劳动、资本、土地等生产要
素,获取工资、利息、地租等收入。家庭为了满足自己生活的需要,使用家庭
收入的一部分在产品市场购买自己需要的商品和劳务,同时向政府部门缴
纳一定的税收。此时,如果家庭收入还有剩余,个人会把剩余货币存入银
行、购买政府发行的债券等,这部分货币流入金融市场。厂商部门是商品和

劳务的提供者,厂商部门中的企业在要素市场向家庭部门购买劳动、资本、土地等生产要素,并向家庭部门支付货币,企业使用购买的劳动、资本、土地等生产要素生产商品或提供相应劳务,家庭通过消费的方式向企业购买商品或劳务,政府部门通过政府购买的方式向企业购买商品和劳务。企业销售商品和劳务获取的收入,一部分用于缴纳政府的税收,另一部分用于从生产要素市场购买生产要素进而扩大再生产,还可用于企业员工的工资和福利,如果还有剩余则可能购买政府发行的公债。家庭部门和厂商部门缴纳的直接税和间接税是政府部门收入,政府部门收入中的一部分通过转移支付的方式转移到收入较低的家庭,或者用于社会公共设施的建设等,另一部分通过政府购买的方式在产品市场购买商品和劳务,如果还有剩余则会向金融市场进行投资。家庭部门、厂商部门和政府部门三个市场主体的活动紧密相关,任何一个部门或环节出现问题则可能影响整个循环流程。

如果考虑开放经济条件下的情况,就是涉及国际市场的国际循环。国际循环除了包括家庭部门、厂商部门和政府部门三部门之外,还包括对外贸易部门,涉及产品市场、要素市场、金融市场和世界市场四个市场,也就是凯恩斯所阐释的四部门国民经济循环模型。开放经济条件下四部门国民经济循环模型中,家庭部门除了在国内市场消费商品及购买劳务外,还通过购买进口商品的方式消费国际市场的商品和劳务。厂商部门与世界市场存在商品进出口及资本往来业务,企业通过进口的方式从世界市场购买商品和劳务,与此同时,企业也向国际市场销售本企业生产的商品和劳务。国内企业通过对外投资的方式可以在其他国家投资建厂,也可以购买国际市场发行的债券等。同时,外国企业可以到我国投资建厂,也可以购买我国政府发行的债券。政府部门收入除了源于国内企业和家庭缴纳的税收以外,还包括国际市场进出口商品的关税。开放经济条件下的循环更为复杂,且面临的风险较大,国内企业的竞争力是其获取国际市场经济收益的重要因素。同时,政府部门对国际市场风险的应对能力,以及国内市场和国际市场的协调发展水平也非常关键。

(三)双循环新发展格局的循环效应分析

如果家庭部门、厂商部门和政府部门在产品市场、要素市场和金融市场实现顺畅的循环,不仅可提高家庭收入、企业利润和政府税收,而且可以实现国民经济的快速增长。乘数效应在经济运行良好情况下,还能充分发挥加速国民经济增长作用。这里使用里昂惕夫的投入产出模型,分析新发展格局下的循环增长效应。如果自发最终消费、自发最终投资或政府购买对某产业部门增加一个单位需求,对其他产业部门的需求不变,则该产业部门需增加一个单位的产出,以满足增加的需求。该产业部门产出增加一个单位,需要本产业部门以及与其相关产业部门的投入有一定数量增加,本产业部门和相关产业部门的产出均会有所增加,产出的增加需要增加投入。这样,循环会持续下去,直到投入产出达到均衡状态。因此,最终需求增加一个单位,通过相关产业部门的循环效应,会使国民经济的增量大于一个单位。假设国民经济中存在 n 个产业部门,每个产业部门生产一种产品,不同产业部门之间的产品不能相互替代,每个产业部门具有固定的投入产出比,n 个产业部门的初始需求增量为 ΔI ,其公式可以表述为:

$$\Delta I = (\Delta I_1, \Delta I_2, \cdots, \Delta I_i, \cdots, \Delta I_n)^T \qquad (2\text{-}12)$$

其中,ΔI_i 为第 i 个产业部门的初始需求增量,i 为从 0 到 N 的任意常数,i 的取值取决于与其相关的产业部门的多少。投入产出均衡时产出的增加值总量为 ΔX ,其公式可以表述为:

$$\Delta X = (\Delta X_1, \Delta X_2, \cdots, \Delta X_i, \cdots, \Delta X_n)^T \qquad (2\text{-}13)$$

其中,ΔX_i 为第 i 个产业部门的产出增量,i 为从 0 到 N 的任意常数,国民经济的价值增量我们记为 ΔN 。第 i 个产业部门对第 j 个产业部门投入的产品和劳务的价值量为 X_{ij} ,第 i 个产业部门的资产折旧为 D_i ,第 i 个产业部门的税收为 T_i 。这里有:

$$\alpha = (\alpha_1, \alpha_2, \cdots, \alpha_i, \cdots, \alpha_n)^T , \ \alpha_i = \frac{N_i}{X_i} \ (i \text{ 为从 0 到 N 的常数}) \qquad (2\text{-}14)$$

$$A = (a_{ij})_{n \times n} , \ a_{ij} = \frac{X_{ij}}{X_j} \ (i \text{ 和 } j \text{ 均为从 0 到 N 的常数}) \qquad (2\text{-}15)$$

$$d = (d_1, d_2, \cdots, d_i, \cdots, d_n)^T , \ d_i = \frac{D_i}{X_i} \ (i \text{ 为从 0 到 N 的常数}) \qquad (2\text{-}16)$$

$$t = (t_1, t_2, \cdots, t_i, \cdots, t_n)^T , \ t_i = \frac{T_i}{X_i} \ (i \text{ 为从 0 到 N 的常数}) \qquad (2\text{-}17)$$

投入产出模型假设 α、A、d、t 的值在经济循环过程中不变,总产出的增加值为中间投入品的增加值与最终需求增加值之和,即:

$$A \cdot \Delta X + \Delta I = \Delta X \qquad (2\text{-}18)$$

因 $\Delta N = \alpha^T \Delta X$,ΔX 和 ΔI 为列向量,ΔN 为标量,这里可得:

$$\Delta X = (E - A)^{-1} \Delta I , \ \Delta N = \alpha^T (E - A)^{-1} \Delta I \qquad (2\text{-}19)$$

令 $\Delta I = e_i$, $e_i = (0, \cdots, \underset{i}{1}, \cdots, 0)$, $\Delta N = k_i$,则:

$$\Delta X = (E - A)^{-1} e_i , \ k_i = \alpha^T (E - A)^{-1} e_i \qquad (2\text{-}20)$$

这里用收敛的幂级数对上述公式展开,可得:

$$(E - A)^{-1} = E + A + A^2 + \cdots + A^m + \cdots \qquad (2\text{-}21)$$

$$\Delta X = (E - A)^{-1}e_i = e_i + Ae_i + A^2e_i + \cdots + A^m e_i + \cdots \tag{2-22}$$

$$k_i = \alpha^T (E - A)^{-1}e_i = \alpha^T e_i + \alpha^T Ae_i + \alpha^T A^2 e_i + \cdots + \alpha^T A^m e_i + \cdots$$
$$\tag{2-23}$$

上述公式表明,如果最终需求增加一个单位,第 i 个产业部门的产出需增加一个单位以满足最终需求,同时,与其相关产业部门的产出必须增加 Ae_i 才能保证向第 i 个产业部门的投入;要使相关产业部门的产出增加 Ae_i ,相关部门的投入增加 $A^2 e_i$;…。如此循环下去,国民经济的产出增加总值 ΔX 为:

$$\Delta X = e_i + Ae_i + A^2 e_i + \cdots + A^m e_i + \cdots = (E - A)^{-1}e_i \tag{2-24}$$

上述推导过程表明,如果国民经济实现良好的国内循环和国际循环,国民经济的增加值会因各相关产业部门产出的循环增加而成倍增加;如果国内循环或国际循环渠道不畅,国民经济的增加值会因各相关产业部门产出的循环减少而成倍减少。因此,双循环新发展格局对我国经济增长意义重大,畅通的国内循环和国际循环将能促进我国经济更快地增长,满足人民日益增长的美好生活需要。

二、双循环中汉语的国际推广剖析

双循环新发展格局的核心,是实现商品和要素在国内和国际市场的通畅循环。语言文字是国内国际循环过程中的沟通交流工具,如果语言不通也就谈不上国民经济的循环,更不可能实现通畅的双循环。高效顺畅的双循环意味着市场交易量增加,市场交易中使用的语言文字使用频率提高,能够加快语言的国内推广和国际传播。

（一）双循环过程中语言相通的重要性

经济活动是人类社会最为重要的活动,经济活动最为重要的表现形式是经济活动主体之间的交易行为,语言是实现市场交易的沟通交流工具。语言基于人们的经济活动需要而产生,具有典型的民族性特征。不同民族持有不同语言,不同语言的编码解码规则不同,不同语言无法实现沟通与交流。多民族国家可能存在多种语言,家庭部门、厂商部门和政府部门中的成员可能来自不同的民族并持有不同的语言,持有不同语言的成员之间无法实现正常的沟通交流,很难在产品市场、要素市场和金融市场进行交易。如果国内语言统一,则三部门在三类市场就可以顺利实现市场交易,要素和资源能够在国内市场进行顺畅的循环。可见,国家通用语言对国民经济发展具有至关重要的作用(见图 2-12)。

语言的重要性在国际循环中表现更为突出,不同国家的居民持有不同

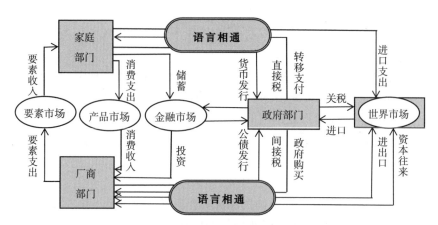

图 2-12　语言在双循环流程中的作用

语言,语言差异会造成沟通交流障碍。如图 2-12 所示,如果存在语言差异,家庭部门直接购买并消费国际市场商品存在一定沟通交流障碍,国内企业很难与国外企业开展进出口贸易及资金往来,国内市场和国际市场将因语言差异处于割裂状态。要消除国与国之间的语言沟通交流障碍,主要有三种解决方式:一是国内经济活动主体可以学习并使用国外经济活动主体所用语言,二是国外经济活动主体也可以学习并使用国内经济活动主体所用语言,三是国内经济活动主体和国外经济活动主体共同学习并使用通用性较高的第三国语言。三种方式均可实现语言相通,语言相通才能实现要素和资源在国际社会的顺畅循环。国内国际循环的协调发展,是实现国民经济快速增长的决定因素。

语言相通的重要性,在国际循环中表现更为明显。这里,我们基于局部均衡理论对国际循环中语言的作用进行重点分析(见图 2-13)。我们把世界分为 A 国和世界其他国家两大类,两类国家都能生产商品 X,世界其他国家在生产商品 X 时具有比较优势。商品 X 的世界市场供给曲线为 S_W,世界市场需求曲线为 D_W,供求曲线相交于 G 点,均衡价格为 P_1,均衡供求量为 Q。A 国市场商品 X 的供给曲线为 S_A,需求曲线为 D_A,供求曲线相交于 g 点,A 国商品 X 的均衡价格为 p_1,均衡供求量为 q。显然,商品 X 在 A 国和世界市场的价格存在差异,世界其他国家生产的商品 X 价格更低,在图 2-13 中表现为 $P_1 < p_1$。

开放经济条件下,A 国会从世界市场进口商品 X,直到商品 X 的世界市场价格和 A 国价格相等。假设价格为 P 时,实现国内外市场的均衡。此时,世界市场向 A 国出口商品 X 的数量为 $EX = Q_4 - Q_1$,世界市场中商品 X

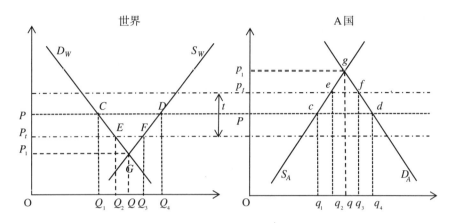

图 2-13　国际循环中语言的作用

的供给量将由 Q 增加到 Q_4，增加量为 $Q_4 - Q$。A 国从世界市场进口商品 X 的数量为 $IM = q_4 - q_1$，A 国商品 X 的消费量由原来的 q 增加到 q_4，增加量为 $q_4 - q$。通过商品的国际交换，A 国和世界其他国家均可以获得更多经济收益。但是，这种额外经济收益的获取是以进出口贸易为前提，要实现顺利的进出口，A 国和世界其他国家语言必须相通，否则无法进行贸易，更不可能获取额外经济收益。因此，畅通的国际循环是经济增长的驱动因素，国际循环畅通意味着国际市场交易量增加。市场交易语言的使用频率提高，有利于语言的国际推广和传播。

我们考虑 A 国和世界其他国家语言不通的情况，在封闭经济条件下，A 国和世界其他国家没有商品交换，世界市场的均衡供求量为 Q，A 国的均衡供求量为 q，均小于开放经济条件下的均衡供求量。因 A 国商品 X 的价格高于世界市场上商品 X 的价格，A 国与世界其他国家进行贸易可以获取更多经济收益。A 国倾向于学习世界其他国家的语言，当然，世界其他国家也可能学习 A 国的语言。这两种情况均能实现 A 国和世界其他国家的语言相通，从而消除商品 X 国际交换的沟通交流障碍。假设语言学习的成本为 t，商品 X 在国际交换时就要考虑语言交易成本 t 的存在。当存在语言交易成本 t 时，世界市场商品 X 的均衡价格会从 P_1 上升到 P_t，供给量从 Q 增加到 Q_3，商品 X 的出口量为 $EX = Q_3 - Q_2$。A 国商品 X 的均衡价格从 p_1 下降到 p_t，消费量从 q 增加到 q_3，商品 X 的进口量为 $IM = q_3 - q_2$。

从上述分析可以得出以下结论，语言不通会阻碍国际贸易，语言完全差异类似于完全的封闭经济条件，此时的经济效益最低；语言相通能促进国际贸易，语言完全相同类似于完全开放经济条件，此时的经济效益最大；如果语言不通但通过支付语言交易成本学习并使用对方语言,也可以达到国际贸易的目的,此时的经济效益居于两者之间。因此,语言是否相通是决定国际循环能否顺利实现的重要因素,也是国际社会中获取双赢甚至多赢的关键因素。

(二) 双循环加速汉语国际推广

我们从前述分析中可知,国际循环首先要求语言相通。那么,国际社会中语言学习的模式是什么? 哪个国家应该是语言的学习者? 哪个国家的语言应该被其他国家学习? 语言学习的模式具有一定的客观规律,经济利益是驱使一个国家学习另一个国家语言的决定因素。

1. 两国情况下的语言学习模式

假设世界上存在中国和 B 国两个国家,中国的语言为汉语,B 国的语言为 b,汉语和语言 b 存在显著差异。如果中国和 B 国进行贸易,中国人可以学习并使用语言 b,B 国人也可以学习并使用汉语,或者中国人和 B 国人都学习并使用第三国语言。我们把这种学习其他国家语言,从而既掌握本国语言又能熟练使用外语的人称为双语人才。双语人才的需求量与中国和 B 国的贸易量存在密切关系,我们用如下公式表示:

$$I = \alpha E + \beta M \tag{2-25}$$

其中,I 表示中国与 B 国进行贸易时对双语人才的总需求量,E 表示出口贸易总额,a 为两国贸易时单位出口商品对双语人才的需求量,M 为进口贸易总额,β 为两国贸易时单位进口商品对双语人才的需求量。

假设中国和 B 国都能生产商品 X 和 Y,中国生产商品 X 和 Y 的价格分别为 P_X 和 P_Y,B 国生产商品 X 和 Y 的价格分别为 p_X 和 p_Y,中国在生产商品 X 上具有绝对优势,即 $P_X < p_X$。B 国在生产商品 Y 上具有绝对优势,即 $P_Y > p_Y$。中国和 B 国双语人才的工资分别为 W 和 w,当中国人学习 B 国语言时国际贸易的利润函数可以表述为:

$$\pi_1 = (p_X - P_X) E + (P_Y - p_Y) M - W \times I \tag{2-26}$$

其中,$W \times I$ 表示中国的语言学习成本,如果 B 国人学习中国语言汉语,则国际贸易中的利润函数可以表述为:

$$\pi_2 = (p_X - P_X) E + (P_Y - p_Y) M - w \times I \tag{2-27}$$

其中,$w \times I$ 为 B 国的语言学习成本。如果中国为高收入国家,B 国为低收入国家,则 $W > w$,此时 $\pi_1 < \pi_2$。这表示中国人学习 B 国语言时国际贸易的利润小于 B 国人学习汉语时国际贸易的利润,B 国人学习汉语是理性人的理性选择。如果 B 国为高收入国家,中国为低收入国家,则 $W < w$,此时 $\pi_1 > \pi_2$。这表示中国人学习 B 国语言时国际贸易的利润大于 B 国人学习汉语时国际贸易的利润,中国人学习 B 国语言是最优选择。

上述推理证明,国家的收入水平是语言学习模式的决定因素,低收入国家学习高收入国家的语言可以获取更高经济利润。这种语言学习模式,也是国际贸易中理性人的理性选择。

改革开放后中国经济得到飞速发展,目前中国是世界第二大经济体。我们假设 B 国的收入水平低于中国,B 国如果主动学习并使用汉语,可以从与中国的进出口贸易中获取更大利润。假设 B 国人学习汉语的初始人数为 I_0,我们称这部分人为双语人才。双语人才的语言学习可能会出现代际传承,即双语人才的子女也可能成为双语人才。随着 B 国与中国进出口贸易额的增加,B 国人学习汉语的人数可能每年都有增加。假设每年双语人才的增加人数为原始人数的 δ,则第 t 年 B 国学习汉语的总人数可以用如下公式表示:

$$I_t = I_0 [1 + (t - 1) \delta] \tag{2-28}$$

假设 B 国的总人口为 N,则 I_t 小于等于 N,所以:

$$I_0 [1 + (t - 1) \delta] \leq N \tag{2-29}$$

基于上述公式求 t 的值,可得:

$$t \leq \frac{n + I_0(\delta - 1)}{I_0 \delta} \tag{2-30}$$

从 t 的表达式,我们可以得到如下结论:当时间 t 小于 $\frac{n + I_0(\delta - 1)}{I_0 \delta}$ 时,低收入的 B 国有一定比例的人学习中国的语言汉语;当时间 t 等于 $\frac{n + I_0(\delta - 1)}{I_0 \delta}$ 时,低收入 B 国所有的人都学习中国的语言汉语;时间 t 大于 $\frac{n + I_0(\delta - 1)}{I_0 \delta}$ 时,低收入 B 国所有的人都学习并进一步强化汉语的学习,最后中国的语言汉语将在低收入的 B 国通用。

2. 多国情况下的语言学习模式

从两国情况下的语言学习模式可知,高收入国家生产的商品和劳务的数量较大,所占国际市场份额较大,其语言的使用频率较高,有利于加快语言的国际传播。那么,是不是经济收入高的国家的语言一定会被经济收入低的国家学习呢? 这里,分经济收入高的国家为小国和大国两种情况进行分析。假设世界上有 Z 个国家,都能生产商品 X,商品 X 的世界均衡价格为 P。如果经济收入高的国家 A 为小国,根据市场理论,小国是世界价格的接受者而不能影响世界价格,A 国商品 X 的价格与世界价格相等。B 国为低收入大国,B 国虽然收入低但需求量大,B 国可以对世界市场价格产生影响。此时,B 国可以选择以价格 P 与 A 国进行贸易,也可以选择以同样的价格 P 与世界上其他国家进行贸易。此时,B 国可以选择学习 A 国语言,也可以选择不学习 A 国语言。贸易模式的不确定性,决定了语言学习模式的不确定性。由于低收入大国 B 的市场较为庞大,A 国为了获取贸易收益也可能主动学习并使用 B 国语言并与 B 国进行贸易。因此,当经济收入较高的国家为小国时,语言学习模式存在不确定性,小国即使经济收入高,该国语言也很难成为大国的通用语言。

如果经济收入高的国家 A 为大国,使用的语言为 a,经济收入低的国家 B 为小国,使用的语言为 b。经济大国 A 由于规模较大的进出口量,从而能对世界市场产生影响。经济收入低的国家 B 从经济收入高的国家 A 进口商品时,商品的宣传广告、标签、包装等可以使用本国语言 b,也可以使用 A 国语言 a。假设 B 国从 A 国进口的商品使用语言 a 的数量为 M,使用语言 b 的数量为 m。随着 A 国和 B 国经济实力及市场规模的扩大,进出口商品使用两种语言的比例也可以发生变化。假设 B 国进口的 A 国商品,从使用语言 a 向语言 b 转化的数量为 v。v 为任意常数,当 v 大于零时,表示 B 国进口的 A 国商品,从使用语言 a 向使用语言 b 转化;当 v 小于零时,表示 B 国进口 A 国的商品,从使用语言 b 向使用语言 a 转化;当 v 等于零时,表示 B 国进口 A 国的商品,使用语言的数量没发生变化。如果考虑语言使用的动态转化,则 B 国进口的 A 国商品使用 A 国语言 a 的数量为 $M+v$,使用本国语言 b 的数量为 $m-v$,我们可以用如下公式表示语言交易成本 C_a:

$$C_a = C(M + v) + (1 + \gamma) C(m - v) \tag{2-31}$$

上述公式中 $C(\cdot)$ 表示所有进口商品都需支付的语言交易成本,即学习母语时需要支付的一定成本,r 为从使用一种语言到使用另一种语言的转换成本。上述公式对转化数量 v 求一阶导数结果为 $-\gamma C$,该一阶导数的值为负,表示语言交易成本 C 和转化数量 v 呈负相关关系。即 B 国进口 A 国的商品从使用语言 a 向使用语言 b 转化的数量越多,语言交易成本越低,B 国进口 A 国的商品使用语言 a 能提高 B 国的经济收益。贸易中经济利益的驱使,会使 B 国越来越多的人使用 A 国的语言 a,最终 B 国所有进口 A 国的商品都会使用语言 a。此时,语言交易成本为:

$$C_a = C(M + m) \tag{2-32}$$

如果 B 国进口的 A 国商品使用的初始语言为 B 国语言 b,语言交易成本的公式可以表述为:

$$C_b = C(m - v) + (1 + \gamma) C(M + v) \tag{2-33}$$

同样,上述公式中对转化数量 v 求一阶导数,结果为 γC。该一阶导数大于零,表示语言交易成本 C 与转化数量 v 呈正相关关系,即语言交易成本会随着语言转化数量的增加而上升。当转化数量 v 为零时语言交易成本取最小值,此时的语言使用与初始状态相同,语言交易成本的公式为:

$$C_b = C \times m + (1 + \gamma) \, C \times M \tag{2-34}$$

对两种情况做差进行对比研究,得到如下公式:

$$C_d = C_a - C_b = -\gamma \times C \times M \tag{2-35}$$

上述公式表示,经济收入高的大国 A 和经济收入低的国家 B 进行贸易时,经济收入低的 B 国使用经济收入高的 A 国语言能够获取更高的经济利益。贸易中的经济利益驱使 B 国越来越多地使用 A 国语言,直到 B 国所有进出口商品均使用 A 国语言。如果考虑多国的情况,根据上述理论推导可知,C 国在与 A 国开展进出口贸易时也会使用 A 国语言,D 国在与 A 国开展进出口贸易时也会使用 A 国语言,E 国在与 A 国开展进出口贸易时也会使用 A 国语言……最后,A 国语言将有可能成为国际社会的经贸通用语言。

综上,改革开放后中国经济飞速发展,现已是世界第二大经济体,经济实力得到空前提升。中国生产的商品和劳务输向世界 200 多个国家和地区,中国进出口贸易总额占世界贸易总额的比例逐年提升,汉语在国际经贸合作中的使用概率和使用频率不断提高,对外贸易是驱动汉语国际推广的重要因素。新一轮科技革命和产业变革把人类社会带入数字时代,互联网、大数据、云计算等数字技术加快了数字贸易的快速发展,数字化汉语成为我国对外贸易的重要交易语言,数字贸易提升了汉语数字化传播的速度。我国正处于经济大国向经济强国的转型期、贸易大国向贸易强国的转型期,汉语作为双循环中的重要交易语言,其应用范围越来越广。同时,汉语是当前世界使用人数最多的语言,汉语具备发展成为世界商业通用语言的巨大潜力。

笔者通过科学阐释语言壁垒影响国际经贸合作的理论机理,构建两国和多国语言模型研究对外贸易和语言国际推广之间的关系,基于双循环新发展格局理论,深度剖析汉语在国内和国际循环中的沟通交流作用。由于不同国家不同民族拥有不同的文化持有不同的语言,这就导致国与国之间在国际经贸合作中出现沟通交流障碍。解决办法为一国学习并使用另一国语言,或两国共同学习并使用第三国语言,只有这样,国际经贸合作才能顺利开展。学习并掌握一门新的语言需要花费一定时间并支付一定学习费用,我们把这种因国际交流需要而学习并使用其他国家语言所花费的时间和费用称为"语言交易成本"。语言交易成本在国际经贸合作中的作用，类似于关税和非关税贸易壁垒，我们把国际贸易中的语言沟通障碍称为"语言贸易壁垒"。

根据语言活力的大小，可以把语言分为强势语言和弱势语言。活力较强的语言使用人数较多应用范围较广，活力较弱的语言使用人数较少应用范围较窄。国际交往的需要，驱使弱势语言国家主动学习并使用强势语言国家的语言。据统计，全球约有80%的人口使用80种左右语言，其他语言的使用人数很少甚至没有文字。学习并使用其他国家语言的人能够掌握本国语言和强势国家语言两种语言，我们把这些人称为"双语人才"。国际贸易中的经济利益，是驱使一国学习其他国家语言的根本因素。学习国际贸易中使用频率较高的语言，能削弱甚至消除国际经贸合作中的语言壁垒。通过国际交换可以获取更多的贸易收益，当这种语言带来的贸易收益大于学习这种语言支付的语言交易成本时，这种语言就具有较大的语言魅力，能吸引更多的语言学习者。在国际贸易中低收入国家使用高收入大国语言所产生的语言交易成本，要低于使用本国语言产生的语言交易成本。低收入国家的进出口产品将会越来越多地使用高收入大国的语言，高收入大国的语言将有机会发展成为低收入国家的通用语言。如果考虑多国情形，按照同样理论逻辑推理可得，高收入大国的语言，最终将有机会发展成为国际通用语言。

根据语言活力模型，一国语言要发展成为国际通用语言，需要具备以下基本条件：庞大的对外贸易量、强大的经济实力、政府的大力支持、一定的人口数量。其中，庞大的对外贸易量是驱动语言国际推广的根本因素，强大的经济实力是语言国际推广的内在动因，政府的支持力度是语言国际推广的直接推动因素，一定的语言使用人口数量是语言国际推广的重要基础。目前，我国是世界第一货物贸易进出口国、世界第二大经济体，政府在教育资源、资金投入等多方面对汉语国际推广给予大力支持，汉语的使用人数也居世界之首，这在很大程度上保证了我国语言大国的地位。母语为汉语的人口数量多，表示我国是语言大国。通过汉语的国际推广让母语非汉语的人更多地学习并使用汉语，我国将能发展成为语言强国。汉语作为双循环中的重要交易语言，在商品和劳务的交换过程中发挥极为重要的沟通交流作用。中国作为世界第一大货物贸易进出口国，生产的商品和劳务输向世界其他国家和地区，汉语在国际经贸合作中的使用频率逐年提高。新一轮科技革命和产业变革加快了数字贸易的发展，数字化汉语成为数字贸易的重要交易语言。我国对外贸易的发展提升了国际社会对汉语的需求，对外贸易成为驱动汉语国际推广的重要因素。我国数字贸易的发展提升了国际社会对数字化汉语的需求,数字贸易成为驱动汉语数字化国际推广的重要力量。我国对外贸易战略的重要目标是通过提升商品和劳务的科技含量,实现从"贸易大国"向"贸易强国"的转型。国家语言战略的主要任务是通过加大汉语国际推广的力度,提高母语非汉语的人使用汉语的人数,实现我国从"语言大国"向"语言强国"的过渡。中国式现代化建设进程中,对外贸易是驱动汉语国际推广的重要因素,"贸易强国"将成为驱动"语言强国"建设的重要力量。

第三章 对外贸易驱动汉语国际推广的作用路径

语言基于人类交往的需要而产生,商品的国际交换是国家之间交往的重要形式。不同的国家持有不同的语言,我们视因语言差异而形成的国际经贸合作中的沟通障碍为语言贸易壁垒。语言贸易壁垒和关税、非关税贸易壁垒的作用相似,会阻碍国际贸易的发展,但语言贸易壁垒过于隐蔽且不易消除。国际贸易中的经济利益驱使一国主动学习并使用另一国语言,从而达到削弱甚至消除语言贸易壁垒的目的,以便实现商品的顺利交换。对外贸易的发展促使活力较强的强势语言得以推广传播,语言的国际竞争推动国际通用语言的形成。我国是世界第一进出口货物贸易大国,在国际经贸合作中具有举足轻重的地位。随着我国商品大量地走向世界各国,汉语在国际社会中的使用频率逐年增加,汉语的使用价值大大提高,母语非汉语的汉语学习和使用者的人数大幅增加,推动了我国从"语言大国"向"语言强国"转型。

第一节 对外贸易提升汉语的经济价值

随着经济全球化和区域经济一体化的纵深发展,国与国之间的交往越来越密切,活力较强的强势语言在国际社会的使用频率越来越高,使用范围也越来越广,语言的国际竞争导致语言的优胜劣汰。随着中国对外贸易的快速发展,中国商品不断走向世界各地,汉语在进出口贸易中的使用频率逐年提高,汉语的使用价值逐年增加,吸引了大量的汉语学习者。

一、对外贸易提升汉语经济价值的理论分析

语言本身并不具有经济价值,世界上语言的种类很多,每种语言的地位都是平等的。由于语言的使用具有选择性,有些语言的使用人数越来越多,活力也就越来越强,而有些语言的使用人数却越来越少,活力变得越来越弱。语言的活力较强表示这种语言的活跃度较高,使用范围较广,学习并使用这种语言就可以与更多的人沟通交流,并在与他人沟通交流中获取自己需要的东西。这种语言就具有较高的使用价值,其生命力也会越来越强,经

济价值变得越来越高。反之亦然。汉语的本土使用人数和非本土使用人数,共同决定了汉语的经济价值。中国是世界上人口最多的国家之一,汉语的本土使用人数居世界之首,汉语的国际推广可以扩大其在非本土的使用范围。当前,世界各地学习并使用汉语的人数逐年增加。中国的汉语国际推广战略和孔子学院,为汉语在世界范围内的传播作出重要贡献。中国经济实力的增强和汉语学习者从汉语学习中获取的经济利益,是驱动汉语国际传播的根本因素。

经济利益是驱使汉语学习者学习汉语的根本动因。2022年我国货物贸易总额为420678亿元人民币,其中出口货物贸易额为239654亿元人民币。[①]中国已是名副其实的贸易大国,在国际经贸合作中的地位和作用逐年提升,融入世界的程度越来越深。虽然汉语是联合国的工作语言之一,但世界上以汉语作为通用语言的国家和地区并不算多,国际性组织使用汉语开展的活动也非常有限,在外交领域汉语的使用频率也相对较低。中国作为拥有5000年璀璨历史的文明古国,汉语也是世界上使用人口最多的语言,但汉语的国际地位与我国贸易大国和经济大国的地位极不对称。随着中国对外贸易的快速发展,中国商品在世界市场上的占比越来越高,其他国家与中国进行商品交换的概率也大为提高。如果能够熟练使用汉语,则可以与中国进行无障碍的沟通和交流。通过与中国进行商品交换,可以消费到更多种类更高质量的商品。根据国际贸易理论,任何国家通过发挥本国优势都可以从贸易中获取利益。由于贸易大国可以为世界市场提供数量更多质量更优的商品,在国际贸易中具有一定的垄断力量,贸易小国通过与贸易大国开展贸易可以获取较大利益,因此,贸易小国希望与贸易大国进行商品交换的愿望更为强烈。

我们基于相互需求理论,分析贸易中的经济利益驱使贸易参与者主动学习汉语的理论逻辑。为了简便,我们分析中国和贸易小国F之间的贸易(见图3-1)。假设中国和F国均能生产商品X和商品Y,中国市场上商品X和商品Y的交换比例为$P_1 = 2:1$,F国市场上商品X和商品Y的交换比例为$P_2 = 1:2$,则中国在商品X的生产上具有比较优势,F国在商品Y的生产上具有比较优势,国际市场上商品X和商品Y等价交换的比例为$P_0 = 1:1$。中国和F国分别生产并出口本国的优势产品X和Y并相互交换,如果中国生产的商品X通过出口能够交换到的商品Y比在本国交换到的商

①　国家统计局:《中华人民共和国2022年国民经济和社会发展统计公报》,2023年2月28日,见http://www.stats.gov.cn/sj/zxfb/202302/t20230228_1919011.html。

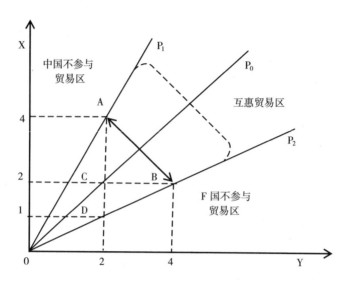

图3-1　对外贸易的相互需求理论分析

品Y的数量多,中国会出口商品X,否则,中国不会出口商品X。价格线P_1向横轴旋转表示中国出口商品X获取的收益大于在本国销售商品X获取的收益,价格线P_1向纵轴旋转则表示中国出口商品X获取的收益小于在本国销售商品X的收益,因此,价格线P_1和纵轴之间的区域是中国的非贸易区。中国该区域出口商品X获取的收益小于商品X的国内销售收益,因此,不会选择出口商品X。价格线P_1和横轴之间的区域是中国的贸易区,该区域中国出口商品X获取的收益大于商品X的国内销售收益,因此,会选择出口商品X。价格线越靠近横轴表示商品X的价格越高,中国获取的贸易收益越高。对于F国而言,如果F国生产的商品Y通过出口能够交换到的商品X比在本国交换到的商品X数量多,F国会出口商品Y,否则,F国不会出口商品Y。即价格线P_2向纵轴旋转表示F国出口商品Y获取的收益大于在本国销售商品Y获取的收益,价格线P_2向横轴旋转则表示F国出口商品Y获取的收益小于在本国销售商品Y的收益,因此,价格线P_2和横轴之间的区域是F国的非贸易区。F国在该区域出口商品Y获取的收益小于商品Y的国内销售收益,因此,不会选择出口商品Y。价格线P_2和纵轴之间的区域是F国的贸易区,该区域F国出口商品Y获取的收益大于商品Y的国内销售收益,因此,会选择出口商品Y,价格线越靠近纵轴表示商品Y的价格越高,F国获取的贸易收益越大。价格线P_1和P_2之间的区域为互惠贸易区,中国和F国均可在互惠贸易区获取贸易收益,交易价格越靠

近价格线 P_2 中国获取的贸易收益越多,交易价格越靠近价格线 P_1 则 F 国获取的贸易收益越多。交易的最终价格受双方对商品需求意愿强烈程度的影响,需求意愿强烈的一方往往会在价格等方面做出妥协。由于中国是贸易大国,能够出口的商品数量和种类较多,在国际市场具有重要的地位,贸易小国对中国商品的需求意愿更为强烈,中国在国际贸易中更占据优势,贸易小国会倾向于做出妥协主动学习并使用中国的语言。贸易小国学习并掌握汉语后,可以与中国更为顺畅地开展贸易,并从贸易中获取大量经济利益,因此,学习并掌握汉语有机会获取更高的经济价值。

中国对外贸易发展提升汉语经济价值的基本逻辑为:中国对外贸易的发展能提升中国进出口贸易额在世界贸易总额中的比例,中国在世界市场上供给商品的绝对数量和相对数量均会增加,其他国家与中国进行贸易的概率也会随之提高。如果其他国家能够学习并使用汉语,则可以无语言障碍地与中国进行贸易,汉语在国际经贸合作中被使用的频率也会有所提高,更多的国家使用汉语意味着汉语的使用价值增加,汉语的活力增强。接下来,主要从国家层面和个人层面两个方面分析汉语的经济价值。从国家层面来讲,学习汉语能从与中国的贸易中获取经济收益,提高整个国家的福利水平;从个人角度来讲,学习汉语能为汉语学习者提供更多就业岗位及获取更高收入的机会。

二、基于国家层面的汉语经济价值

根据国际贸易理论,贸易双方如果能发挥本国的绝对优势或比较优势,均能从贸易中获得经济利益。从国家层面来讲,贸易小国学习汉语并与中国进行贸易能获取更多贸易收益,提高整个国家的福利水平。中国是贸易大国,与世界 200 多个国家和地区具有贸易往来关系,贸易小国希望与中国进行贸易的愿望更为强烈。如果贸易小国的语言和汉语差异很大,则在与中国进行贸易时就会存在较大的沟通障碍,如果该国学习并使用汉语则能削弱甚至消除与中国进行贸易时的语言壁垒,从而推动贸易的发展,获取更多贸易收益。

我们从贸易小国和中国语言相通及语言不通两个层面,分析汉语的经济价值。首先,我们考虑中国和贸易小国 B 国语言相同或相近,不存在语言壁垒的情况。假设中国和 B 国都能生产商品 1,中国商品 1 的供给曲线为 S_A,需求曲线为 D_A,供给曲线 S_A 与需求曲线 D_A 的交点为 G。则在中国,商品 1 的均衡价格为 P_1,均衡产量为 Q_2。B 国商品 1 的供给曲线为 S_B,需求曲线为 D_B,供给曲线 S_B 与需求曲线 D_B 的交点为 g。则在 B 国,商品 1 的

均衡价格为 p_1,均衡产量为 q_5。因为中国是世界第一进出口货物贸易大国,生产的商品在国际市场具有较大竞争优势,所以中国的进出口数量很大。这里,假设中国在商品 1 的生产上具有绝对优势,即中国生产商品 1 的价格小于 B 国生产商品 1 的价格。在完全自由的世界市场,如果不考虑除商品自身成本以外的其他成本,则 B 国可以以 P_1 的价格从中国进口商品 1。从中国进口一个单位的商品 1 比本国生产一个单位的商品 1 增加收益 R,单位收益 R 等于 B 国商品 1 的价格与中国商品 1 的价格之差 p_1-P_1,在中国商品 1 的价格为 P_1 时,B 国的进口量为 q_4-q_1,所以,B 国通过与中国进行商品 1 的贸易可以获取 $R(q_4-q_1)$ 的经济利益(即图 3-2 中的阴影面积)。

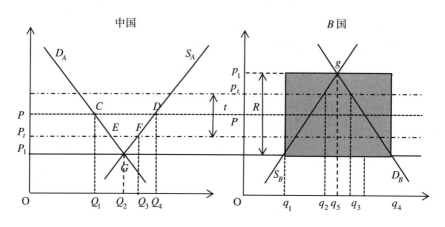

图 3-2　对外贸易中汉语的经济价值

其次,我们分析中国与贸易小国 B 国语言不同,存在语言壁垒的情况。由于中国是贸易大国且在商品 1 的生产上具有绝对优势,B 国通过与中国开展贸易可以获取贸易收益 $R(q_4-q_1)$,B 国希望与中国开展贸易的愿望更为强烈。如果 B 国与中国语言不通,则无法实现商品交换过程中的沟通交流,更不可能获取贸易收益,此时,B 国会主动学习并使用中国的语言汉语。B 国学习汉语需要花费时间、精力和金钱等,假设 B 国投入的语言交易成本为 t,则 B 国从中国进口一单位的商品 1 获取的贸易收益为 p_1-P_1-t,即单位贸易收益为 $R-t$,进口数量为 q_3-q_2 时 B 国的贸易收益为 $(R-t)(q_3-q_2)$。此公式表明,只要 R 大于 t,贸易收益就为正,B 国即使主动承担语言交易成本也能从贸易中获得经济收益,即只要 B 国商品 1 的价格与中国出口的商品 1 的价格之差大于学习汉语的语言交易成本,B 国就能从学习汉语中获得贸易收益。

总之,如果 B 国与中国的语言汉语相通,则不存在语言交易成本,B 国可以从商品 1 的贸易中获取 $R(q_3-q_2)$ 的贸易收益；如果 B 国与中国的语言汉语不通且不学习汉语，B 国无法与中国进行商品 1 的贸易，此时贸易收益为 0；如果 B 国与中国的语言汉语不通但 B 国主动承担语言交易成本学习并使用汉语，B 国依然可以从与中国进行商品 1 的贸易中获取 $(R-t)$ (q_3-q_2) 的贸易收益。这就是汉语的经济价值，中国贸易大国的地位能提高汉语的经济价值。

三、基于个人层面的汉语经济价值

从个人角度来讲，学习汉语能为汉语学习者提供更多就业岗位及获取更高收入的机会。随着经济全球化和区域经济一体化的纵深发展，国与国之间的经济交往越来越频繁。商品的国际交换是国家间经济交往的最重要形式，国际贸易的发展提升了对双语人才的需求。中国作为世界第一进出口货物贸易大国，为世界提供的高质量商品越来越多，中国进出口贸易额占世界贸易额的比重越来越高，其他国家对中国商品的需求欲望也越来越强烈。汉语作为中国的官方语言，其他国家学习并掌握汉语意味着可以与中国进行无障碍的语言沟通与交流。只有掌握汉语的人才能胜任外贸部门的相应工作岗位，此时，学习并使用汉语表现出独特的就业优势。当双语人才和单语人才在其他方面的能力相当时，企业主更倾向于雇用双语人才，因为学习并掌握一门外语不仅表明语言学习者具有较强的语言天赋，而且意味着具有更高的学习自律性，对新鲜事物的接受能力及创新能力也可能较强，今后可能在企业发挥更大的作用。根据国际贸易理论，贸易双方均可以从商品的国际交换中获取利益。中国作为贸易大国，其他国家更愿意与中国开展贸易，因为其他国家不仅能够通过与中国开展贸易，交换到品种更多质量更优的商品，而且可以通过扬长避短，交换本国的劣势产品还能获取大量经济收益。外贸部门收益的增加将为工人提供更高的工资，即学习并使用汉语还有机会获取更高的收入。因此，学习汉语不仅可以获取与本国其他人一样的工资，而且意味着在外贸部门有更多的就业机会及可能获取更高的工资。经济利益是驱使汉语学习者学习汉语的根本动因，学习汉语是理性人实现自己利益最大化的理性选择。

中国工资的持续增长提升了汉语的经济价值，提高了汉语学习者的投资回报率，吸引了更多的汉语学习者。改革开放后，我国经济曾以两位数的速度快速增长，并迅速发展成为世界第一货物贸易大国和世界第二大经济体，国民财富不断增加工人工资持续提高。中国经济的快速增长，极大地提升了汉语的经济价值。中国平均工资的持续提高，在很大程度上提升了汉语的语言魅力,吸引了更多的汉语学习者。具备熟练的汉语应用能力不仅可以胜任本国外贸部门工作岗位的要求,而且意味着可能受公司委派在中国工作甚至有机会移民到中国,这将为汉语学习者提供更为富足的生活条件和更加美好的生活环境。汉语的国际推广绝不仅仅是简单的语言问题,而是受诸多因素共同影响的复杂现象,其中,汉语的经济价值是汉语国际推广根本驱动因素。美国有网站宣称,"学习汉语将给你带来机会和财富";法国巴黎街头有一则广告,内容为"学习汉语吧,那意味着你未来几十年内的机会和财富"。汉语学习者不仅可以凭借熟练的汉语应用能力服务于本国进出口企业,而且可能因公司业务的拓展到中国从事外贸方面的工作。中国工人平均工资水平的连年提高,是汉语经济价值提升的重要因素,也是吸引汉语学习者学习汉语的重要原因。2000年以来,我国就业工人的平均工资增长趋势见图3-3。从图中可以看出,城镇单位就业工人、国有单位就业工人及其他单位就业工人的平均工资,都呈现直线上升的趋势。中国就业工人工资的全面提升,大大增加了汉语的经济价值,推动了汉语的国际推广。

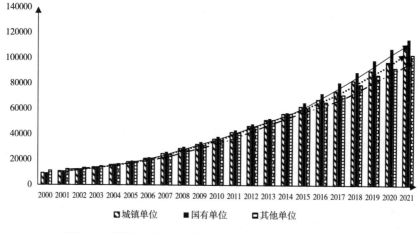

图3-3　2000—2021年中国平均工资增长趋势(单位:元)

第二节　对外贸易增加汉语的国际需求

中国对外贸易量占世界贸易总量的十分之一强,中国是世界第一进出口货物贸易大国,大量带有中华民族文化特征的中国商品,在很大程度上满足了世界上很多国家的需求,大大提高了汉语在国际经贸合作中的使用频率。鉴于中国对外贸易特殊重要的国际地位,其他国家与中国开展进出口贸易的概率相对较高。贸易中的经济利益,驱使其他国家愿意与中国进行贸易。其他国家为了消除在与中国贸易过程中的语言沟通障碍,主动学习并使用汉语的愿望较为强烈。中国对外贸易的快速发展,人人增加了国际社会对汉语的需求。

一、对外贸易形成对双语人才的需求

语言基于人类的交往需要而产生,是人们沟通交流的重要工具。从理论上来讲,所有语言的国际地位都具有平等性,但由于现实中每种语言的使用人口数量不同,使用范围也存在较大差异,导致不同语言在国际社会中发挥的沟通交流作用也不同,语言的使用价值也会存在较为明显差异。使用范围较广、使用频次较高的语言的使用价值较大,持该种语言的人可以跟更多的人沟通交流。商品的国际交换使人们的交往突破了国界,不同的国家持有不同的语言,语言差异会导致商品国际交换过程中出现沟通障碍。要消除沟通障碍,必须实现语言相通。学习使用价值较大的语言,意味着可以和更多的人进行商品交换,并可能从贸易中获取经济收益。因此,对外贸易驱使一国主动学习并使用另一国语言。

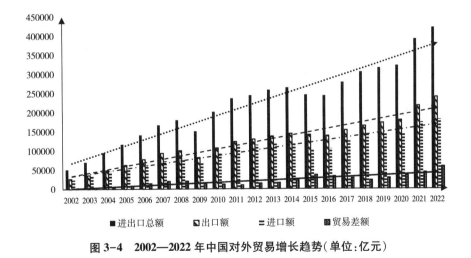

图3-4　2002—2022年中国对外贸易增长趋势(单位:亿元)

改革开放后特别是进入 21 世纪以来,我国对外贸易的发展速度很快,2012 年我国的进出口贸易总额为 244160.21 亿元人民币,首次成为世界第一进出口货物贸易大国。2022 年我国持续保持世界第一进出口货物贸易大国的地位,进出口贸易总额为 420678 亿元人民币,是 1950 年的 10136.8

倍、1978年的1184.9倍,其中,出口贸易额为239654亿元人民币,进口贸易额为181024亿元人民币,货物进出口贸易顺差额为58630亿元人民币,年度增加额为29669亿元人民币。"一带一路"倡议自提出以来取得巨大成效,2022年我国与"一带一路"共建国家(地区)进出口贸易总额为138339亿元人民币,占我国进出口贸易总额的32.88%,其中,向"一带一路"共建国家出口贸易额为78877亿元人民币,占我国出口贸易总额的32.91%,从"一带一路"共建国家(地区)进口贸易额为59461亿元人民币,占我国进口贸易总额的32.85%。① 汉语在国际经贸合作及"一带一路"共建国家(地区)的使用范围越来越大,国际社会对汉语的需求也越来越强烈。基于中国对外贸易在国际社会中的地位和作用,其他国家通过与中国开展进出口贸易可以获取贸易收益,贸易中的经济利益驱使其他国家主动学习并使用汉语。中国对外贸易的发展,增加了汉语的国际需求。

二、汉语水平考试的兴起与发展

新中国成立后不久,我国便把汉语的国际推广提上日程。改革开放后特别是进入21世纪以来,我国对外贸易得到飞速发展,一跃成为世界第一进出口货物贸易大国、世界第二大经济体,汉语在国际经贸合作中的使用频率逐年提高,国际社会对汉语的需求逐年增加。1987年7月,我国成立国家对外汉语教学领导小组,负责我国的对外汉语教学和文化的国际推广。2002年,我国设立国家汉语国际推广领导小组办公室,简称"国家汉办",隶属于中华人民共和国教育部,是我国汉语国际推广的常设办事机构。2002年,国家汉办举办首届世界大学生"汉语桥"中文大赛。2004年,国务院实施传播中华文化及推广汉语的"汉语桥"工程(The Chinese Bridge Project),极大地促进了世界对中国的了解,加快了汉语国际推广的步伐。

为了满足国际社会对汉语的强烈需求,1991年我国研制并向海外推出汉语水平考试,用于测试母语非汉语的汉语学习者的汉语应用能力,1992年我国把汉语水平考试定位为国家级考试,汉语水平考试成绩是外国人来华留学、就业工作、职位晋升的重要依据。学习汉语不仅可以获取跟本国其他人一样的收入,而且意味着在涉外部门有更多的就业机会和更高的工资水平。中国作为世界第一进出口货物贸易大国,可以为世界各国提供更多的就业机会。1991—2022年,世界各地参加汉语水平考试的考生人数增长

---

① 国家统计局:《中华人民共和国2022年国民经济和社会发展统计公报》,2023年2月28日,见 http://www.stats.gov.cn/sj/zxfb/202302/t20230228_1919011.html。

趋势见图3-5。从图中可以看出,自2000年以来,汉语水平考试考生的人数呈逐年快速增长的趋势,这与我国对外贸易在该时间段的增长趋势吻合度很高。我国对外贸易的快速增长,意味着我国与其他国家之间的商品交换量大幅增加,汉语被使用的频次频率提高,国际社会对掌握汉语的双语人才需求量增加,从而吸引了更多的汉语学习者,即我国对外贸易的快速增长提高了国际社会对汉语的需求,吸引了更多的母语非汉语的人学习并使用汉语,很多汉语学习者参加了国家汉办主办的汉语水平考试。

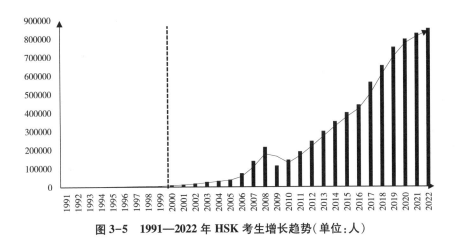

图3-5　1991—2022年HSK考生增长趋势(单位:人)

三、孔子学院的兴起与发展

为了加快汉语的国际推广和中华优秀传统文化的世界传播,2004年11月,我国在韩国首尔建立首个中国特色的汉语国际推广机构孔子学院(Confucius Institute),国家汉办是孔子学院的管理机构。2020年7月起,孔子学院由中国国际中文教育基金会负责运营。作为中华优秀传统文化世界传播及汉语国际推广的最典型代表,孔子学院为汉语水平考试考生提供了极其便捷的学习条件和考试支持,其主要任务是对外汉语教学和中华文化的世界传播。孔子学院之所以能够得以快速发展,是因为世界对汉语的需求在不断增加。

2004—2022年,全球孔子学院的发展情况及国家分布见图3-6。2004年我国有6所孔子学院,分布在6个国家。2020年孔子学院发展到1722所,分布在世界的162个国家和地区。汉语国际推广的发展速度,超过任何其他国家的语言推广速度。从孔子学院的地理分布来看,2004年亚洲建有两所孔子学院,欧洲和美洲分别建有一所,非洲建有两所。到2022年,孔子

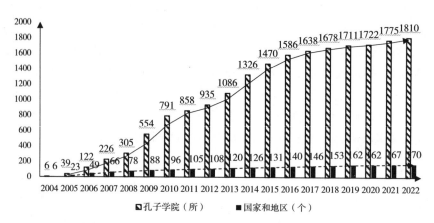

图 3-6　2004—2022 年孔子学院及分布国家增长趋势

学院广泛分布在世界的 170 个国家或地区，其中，亚洲 281 所、欧洲 557 所、美洲 704 所、非洲 125 所、大洋洲 143 所（见图 3-7）。①

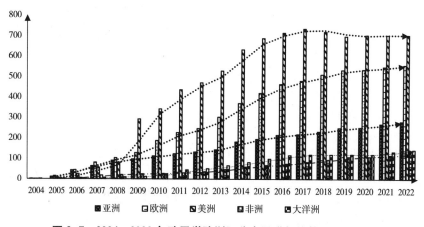

图 3-7　2004—2022 年孔子学院洲际分布及增长趋势（单位：所）

第三节　对外贸易提高汉语的使用频率

语言基于人类的交往需要而产生，并随着人类交往范围的扩大其使用频率增加。商品的国际交换是国与国之间交往的最重要形式，由于不同国

---

① 孔子学院总部：《全球孔院》，2021 年 1 月 15 日，见 https://www.ci.cn/#/site/GlobalConfucius。

家不同民族持有不同的语言,商品国际交换过程中存在一定沟通障碍。中国对外贸易的快速发展,意味着中国与其他国家之间商品的国际交换更为频繁,汉语在国际社会中被使用的概率增加。贸易中的经济收益驱使其他国家学习并使用汉语,提高了汉语在国际经贸合作中的使用频率。

一、对外贸易中汉语的使用频率

语言基于人类交往的需要而产生,并随着人类交往范围的扩大而传播。对外贸易是国际社会最重要的交往形式,语言也将随着对外贸易的发展实现国际传播和应用。活力较强的强势语言,使用范围会变得越来越广,使用频率也会越来越高。中国于 2012 年就已成为世界第一货物贸易进出口大国,直到 2022 年一直保持世界第一货物贸易进出口大国的地位,中国商品输向世界各地,"中国制造"响彻全球,大大提高了汉语在国际社会中的使用概率。根据国际贸易理论中的大国模型,贸易大国进出口商品数量的变动将会对国际市场的均衡价格产生影响。中国是贸易大国,其他国家与中国进行贸易的概率更大,贸易大国的语言在进出口贸易中被使用的频率也较高。汉语作为我国的通用语言,将会随着我国对外贸易量的增加而提高其使用频率。贸易中的经济利益驱使其他国家学习并使用汉语,学习并使用汉语也是理性国家实现本国贸易利益更大化的理性选择。

二、对外贸易中使用汉语的成本收益分析

我们借鉴大国模型,分析语言的交易成本与贸易收益。假设中国的贸易伙伴国 B 国使用的语言为 b,B 国进出口产品的标签、广告、包装等可以使用中国语言汉语也可以使用其本国语言 b。假设 B 国使用中国语言汉语的进出口商品数量为 M,使用本国语言 b 的进出口商品数量为 m。随着两国语言学习模式的转化,进出口商品使用的语言也可能会发生变化,从使用语言 b 向使用汉语转变的进出口商品的数量假设为 v(v 是任意实数,如果 v 大于零表示进出口商品从使用语言 b 向使用汉语转变,如果 v 小于零表示进出口商品从使用汉语向使用语言 b 转变,如果 v 等于零表示使用两种语言的商品数量保持不变),则变动之后 B 国使用中国语言汉语的进出口商品数量变为 $M+v$,使用本国语言 b 的商品数量为 $m-v$,则总成本 C 的公式可以表述为:

$$C_a = C(M + v) + (1 + \gamma) C(m - v) \tag{3-1}$$

其中,C 表示生产所有产品都需支付的语言交易成本,γ 表示从一种语言转换成另外一种语言所需的额外语言交易成本,公式(3-1)对 v 求一

阶导数结果为 $-\gamma C$,该值小于 0,表示商品的语言交易成本和使用语言转换的商品数量 v 呈负相关关系,随着 v 的增加,语言交易成本 C_a 会下降,有利于企业利润最大化的实现。因此,使用中国语言汉语的产品将会越来越多,而使用本国语言 b 的产品则会变得越来越少,直到所有产品都使用中国语言汉语,此时的总成本转化为:

$$C_a = C(M + m) \qquad\qquad (3-2)$$

如果产品的最初语言为 b,则总成本的公式可以表述为:

$$C_b = C(m - v) + (1 + \gamma) C(M + v) \qquad\qquad (3-3)$$

相关符号含义与公式(3-1)相同,同样,公式(3-3)对 v 求一阶导数结果为 γC ,该值大于 0,表示随着使用语言转换的商品数量 v 的增加语言交易成本会上升,当 v 等于 0 时成本最低,此时,B 国使用中国语言汉语的产品数量为 M,使用本国语言 b 的产品数量为 m,总成本公式转化为:

$$C_b = C \times m + (1 + \gamma) C \times M \qquad\qquad (3-4)$$

公式(3-2)减去公式(3-4)可得:

$$C_d = C_a - C_b = -\gamma \times C \times M \qquad\qquad (3-5)$$

公式(3-5)表明,对于 B 国来说,在国际贸易中 B 国进出口商品使用中国语言所产生的语言交易成本,要低于使用本国语言产生的语言交易成本。因此,B 国的进出口产品将会越来越多地使用汉语,中国的语言将有机会发展成为 B 国的通用语言。如果考虑多国情形,按照同样的理论逻辑推理可得,我国的贸易伙伴国 C 国的进出口商品会越来越多地使用汉语,贸易伙伴国 D 国的进出口商品也会越来越多地使用汉语,贸易伙伴 E 国的进出口商品也会越来越多地使用汉语……最终,我国的语言汉语将有机会发展成为国际通用语言。

第四节　对外贸易提升双语人才就业率

商品的国际交换是国家间最重要的交往方式。由于不同的国家持有不同的语言,不同语言的编码解码规则存在很大差异。如果语言不通,则两国无法实现沟通交流,更谈不上进行商品交换。一国必须学习并使用另一国语言或者共同学习并使用第三国语言,才能实现不同民族不同国家之间的沟通交流。双语人才的沟通作用,是国际贸易得以进行的必要条件。国际贸易量越大,需要的双语人才数量越多,越能够吸引更多的人学习世界主流语言。对外贸易不仅可以为双语人才提供更多就业机会,而且可以为双语人才提供更高的工资水平。

一、对外贸易为双语人才提供更多就业机会

对外贸易可以为双语人才提供更多的就业机会。中国作为世界第一进出口货物贸易大国,所生产的商品和劳务服务于世界200多个国家和地区,世界贸易总额中有超过1/10的进出口商品来自中国。对外贸易的发展提高了对双语人才的需求,为双语人才提供大量的就业岗位。双语人才不仅可以在普通行业工作,而且外贸企业还能为双语人才提供很多特有的就业岗位,单语人才则无法胜任这些岗位,双语人才还可能获取更高的工资待遇。汉语是中国的官方语言,如果贸易小国学习并使用汉语能够在国际贸易中获取更多经济利益,贸易大国在与中国进行国际贸易时也可能会学习并使用汉语。庞大的对外贸易量需要大量双语人才,我国对外贸易的发展可以为双语人才创造大量就业岗位。

2000—2021年,我国不同类型企业的就业情况见图3-8。从图中可以看出,2000年以来,我国不同类型企业的就业人数均呈递增趋势,但增长幅度存在一定差异,其中,与外贸业务有紧密联系的有限责任公司、股份有限公司、港澳台投资企业单位、外商投资企业单位等,为国民经济创造的就业岗位较多。近年来,就业人员的递增趋势较为明显。这表明,对外贸易的发展可以创造更多的就业岗位,外贸企业的发展可以吸纳更多的就业人员,并可能为双语人才带来更高的工资待遇。对外贸易是推动经济增长的重要因素,国民经济的增长又意味着生产能力的提升,国家的进出口能力增强,进一步产生对双语人才的需求。

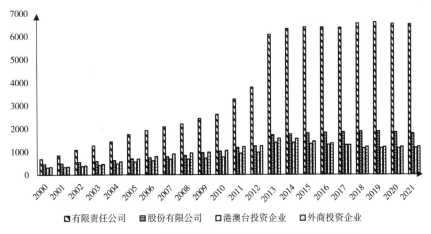

图3-8　2000—2021年我国就业发展趋势(单位:万人)

二、对外贸易提升双语人才的收入

对外贸易可以为双语人才提供更高的工资。双语人才不仅可以在普通行业就业，获取和本国其他人一样的工资，同时，双语人才还可以在外贸行业工作，有机会获取更高的工资。2000—2021 年，我国城镇工人工资的增长趋势见图 3-9。从图中可以看出，2000—2021 年所有年份外商投资企业就业工人的平均工资，均高于城镇单位就业工人的全国平均工资水平。2021 年我国城镇单位就业工人的平均工资为 106837 元，国有单位就业工人的平均工资为 115583 元，集体单位就业工人的平均工资为 74491 元，低于城镇单位全国平均工资水平，港澳台投资企业就业工人的平均工资为 114034 元，外商投资企业就业工人的平均工资为 126019 元，大大高于全国平均工资水平。①

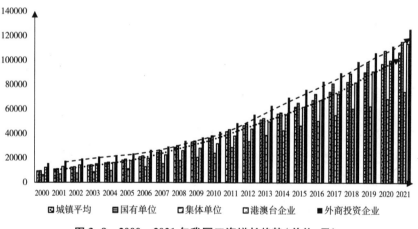

图 3-9　2000—2021 年我国工资增长趋势（单位：元）

对外贸易的发展，为双语人才获取更高工资提供重要机遇。对外贸易是商品的国际交换，只有在国际市场中拥有竞争优势，才能获取贸易中的收益。这就意味着，企业面临的竞争对手不再局限于本国，而是来自世界很多个国家或地区，国际市场的竞争远比国内市场激烈得多。国际市场中竞争对手范围的扩大，意味着竞争压力的增大，能进一步激发企业的创新能力。只有具备较强的竞争力才能在国际市场中占据一席之地，否则将会被国际市场所淘汰。因此，外贸企业面临的国际市场环境更为复杂竞争压力也相

---

① 国家统计局：《国家数据》，2023 年 4 月 17 日，见 https://data.stats.gov.cn/easyquery.htm? cn＝C01。

对较大,获取较高经济收益的可能性更大,为双语人才待遇的提升提供客观条件。

第五节　文化产品贸易推动汉语国际推广

文化产品具有典型的民族文化特征,文化产品的出口也意味着本国民族文化的国际传播。我国文化产品出口的同时,也意味着中华文化的国际传播。其他国家对我国文化产品的进口,在一定程度上表示对中华文化的接受和认可。

一、文化产品包含民族语言文化特征

文化产品是指以传播思想、符号和生活方式为主的消费品,主要包括文化商品和文化服务两大类。不同的国家和不同的民族所生产的产品,都在某种程度上含有本民族文化的特色。文化产品贸易属于服务贸易的一种,包括硬件贸易和软件贸易,其中,硬件贸易包括摄影器材、视听设备、影视器材等产品的贸易,软件贸易包括视听艺术、表演艺术、广播电视节目等产品的贸易。文化产品贸易和普通商品贸易相比,具有高渗透性、外部性、高附加值等特征。电影、电视剧等影视文化产品表达了本民族的生活方式、风俗习惯等,这种差异化的文化特征往往更能引起其他国家消费者的兴趣。其他国家通过消费进口的影视文化产品,也可能会对影视文化产品中的相关系列民族文化产品产生消费偏好,从而可能会带来更多经济收益。影视产品的投资收益率远高于普通产品,如表3-1所示。

表3-1　八部著名电影的投资收益　　　　　单位:美元

电影名称	投资额	收益额	投资收益比
西卡柯七个人的归来	60000	2500000	4167%
灰熊历险记	700000	31000000	4429%
僵尸的黎明	700000	55000000	7857%
本吉:营救大逃亡	550000	45000000	8182%
我的盛大希腊婚礼	1500000	200000000	13233%
月光光心慌慌	320000	75000000	23337%
活死人之夜	114000	40000000	35088%
女巫布莱尔	5000	150000000	300000%
均值	493625	74812500	15156%

二、文化产品贸易推动语言文化交融

文化产品的出口在一定程度上意味着文化的国际传播，文化产品的进口也可能意味着本国对外来文化的接受和认可，文化产品贸易形成本国文化和外来文化并存的局面，不同文化的并存将导致文化的碰撞和交融。民族文化反映了一个民族的风俗习惯、生活习惯、生产方式、价值观念等，不同的民族文化在风俗习惯、生活习惯、生产方式、价值观念等方面存在一定差异，文化的交流可以推动不同文化的互学互鉴，加快文化的融合。文化产品包含本民族使用的语言文字，文化产品的出口也意味着所在民族语言文字的推广，不同的语言文字也会相互交流借鉴，实现不同民族间的沟通交流。语言文化的交融能削弱甚至消除民族间的沟通障碍，进而推动文化产品贸易的发展。

文化产品贸易属于服务贸易的一种。我国货物贸易的国际竞争力很强，但服务贸易在国民经济中所占比重相对较低，服务贸易的国际竞争力相对较弱。由于我国文化产业的起步相对较晚，发展速度也不是很快，文化产品的出口规模较小国际竞争力相对较弱。目前，我国虽是文化贸易大国，但不是文化贸易强国，文化产品的出口地相对集中且出口结构有待优化。我国文化产品的出口以硬件产品为主，软件产品的出口较少，这与我国贸易大国和语言大国的国际地位严重不符，文化产品贸易尚未充分发挥对汉语国际推广的应有推动作用。今后，应该借鉴各国文化贸易强国的发展经验，加大政府对文化产品贸易的支持力度，优化文化产品的出口贸易结构，调整文化产品的出口地区，提升我国文化产品的投资收益率，充分挖掘文化产品贸易对汉语国际推广的推动作用。

三、其他重要路径

中国在与贸易小国进行贸易的过程中，除了产生语言交易成本、运输成本等交易成本以外，还受关税和非关税贸易壁垒的影响，关税和非关税贸易壁垒也产生交易成本。如果中国企业采取对外直接投资而非对外贸易的形式，在进口国直接投资建厂生产并销售产品，这样不仅可以节约运输成本，还能免受关税和非关税贸易壁垒的影响。中国商品的成本会有所下降，商品的销售价格也会降低，中国和贸易小国均能从对外直接投资中获取更多的收益。同时，中国企业对贸易小国的直接投资还能为其带来先进的技术和管理经验，促进贸易小国经济的长期增长。中国员工特别是中高层管理人员,可能会随着中国企业的投资建厂到贸易小国工作。当然,中国企业还会雇用大量的当地员工。中国员工和东道国员工共同工作将能促进两国文化的交融,有利于汉语在东道国的传播和推广。东道国要学习中国企业的先进技术和管理经验,其员工需能够与中国企业的研发人员进行无障碍的沟通与交流,并能阅读中国的相关科技文献,这就需要东道国员工具有较强汉语应用能力。东道国通过吸引中国资本在本国投资建厂,不仅可以消费更多中国企业生产的高质量商品,而且能够获取因中国的技术溢出而带来的本国技术进步,还能丰富本国企业的管理经验。这些利益的获取,都以能与中国进行正常沟通交流为前提。如果东道国与中国存在严重的语言沟通障碍,则中国在东道国的投资无法完成,东道国也不能从中国的投资中获取相应的经济利益,两国均不能享受投资带来的收益。由于贸易小国对中国资本、技术、管理经验等的需求较为强烈,在经济利益的驱使下,东道国会主动学习并使用汉语,从而双方均能从资本的跨国流动中获得收益实现双赢。中国在东道国投资建厂生产的商品可能会带有一定的民族文化特征,商品标签上也可能会印制汉字,商品在东道国的销售也是汉语国际传播的一种方式。因此,汉语会随着中国资本的跨国流动向东道国传播和推广。

　　贸易小国为了获取中国的庞大市场、学习中国先进的技术和管理经验,也可能对中国进行逆向投资。贸易小国的逆向投资将使投资国企业处于中国市场环境中,零距离地与中国企业接触,投资国企业可以第一时间在中国市场接触到中国商品。由于技术的溢出效应,商品一旦面市,这种商品的生产技术便暴露在市场,投资国就可以通过研究中国商品学习商品的生产技术,进而把这种技术用于本国的商品生产,推动本国的技术进步和经济增长。贸易小国在对中国进行逆向投资获得巨大潜在收益的同时,也会面临很高的风险。中国市场相对于贸易小国市场而言,竞争更为激烈,优势企业众多。贸易小国企业要想在中国市场占有一席之地,投资前必须对中国的市场行情、法律法规、风俗习惯、历史文化等进行充分的调研和了解。这就需要贸易小国具备较高的汉语应用能力。如果贸易小国与中国的语言差异较大且不学习汉语,则无法实现对中国的逆向投资。如果贸易小国学习汉语但汉语应用能力较低,则可能会出现语言的误解或者遗漏信息等情况,在激烈的市场竞争中如果重要信息遗漏则会丧失商机,无法在竞争中占据优势。如果贸易小国主动学习并精通汉语,则可实现与中国的无障碍沟通与交流,不仅可以从逆向投资中获取短期经济利益,而且对贸易小国的可持续发展也具有重要意义。因此,无论是中国对贸易小国的直接投资还是贸易小国对中国的逆向投资,这种资本的跨国流动都能驱动汉语的国际推广。

此外,国际贸易规则的制定、国际贸易合同的签订与执行、国际贸易谈判等,也会对语言的国际推广产生重要影响。随着中国对外贸易的发展,中国在国际贸易中的地位逐步提升,中国主导制定的国际贸易规则逐渐增多,并在国际贸易规则的制定过程中发挥重要作用。如果国际贸易规则用中国语言撰写,则其他国家在参与国际贸易前需要学习并使用中国语言,有利于汉语的国际推广和传播。国际贸易合同使用的语言由贸易双方共同确定。如果国际贸易合同以汉语版本为主,也能推动汉语的国际传播。随着中国在国际贸易中发挥的作用越来越大,中国向世界提供的商品种类和商品数量逐年增多,更多的国家会选择在国际贸易谈判中使用汉语,这也是推动汉语国际传播的重要途径。

对外贸易的发展促使活力较强的强势语言得以推广和传播,语言的国际竞争推动国际通用语言的形成。我国是世界第一进出口货物贸易大国,在国际经贸合作中具有举足轻重的地位。随着我国商品大量地走向世界各国,汉语在国际社会中的使用频率逐年增加,汉语的使用价值不断提高,母语非汉语的汉语学习者数量大幅增加,推动我国从"语言大国"向"语言强国"转型。本章从对外贸易提升汉语的经济价值、对外贸易增加汉语的国际需求、对外贸易提高汉语的使用频率、对外贸易提升双语人才就业率、文化产品贸易推动汉语国际推广等方面,研究对外贸易对汉语国际推广的"多轮驱动路径"。

（一）对外贸易提升汉语的经济价值

贸易中的经济利益是语言国际推广的根本驱动力,很少有人愿意去学习没有使用价值或使用价值很小的语言,除非是特殊的研究兴趣或出于保护某种语言免于灭绝等原因。随着中国对外贸易的快速发展,中国商品不断走向世界各地,汉语在进出口贸易中的使用频率逐年提高,汉语的使用价值大大增加,吸引了大量汉语学习者。从国家层面来讲,学习汉语的国家能在国际贸易中获取额外经济收益,提高整个国家的福利水平。从个人角度来说,学习汉语能提高汉语学习者的就业机会和收入水平。

（二）对外贸易增加汉语的国际需求

商品的国际交换使人们的交往突破了国界,是国与国之间最重要的交往方式,进出口贸易额和语言的使用价值密切相关。改革开放后特别是进入21世纪以后,我国对外贸易发展速度很快,汉语在国际社会特别是"一带一路"共建国家(地区)的使用范围越来越大,国际社会对汉语的需求也越来越强烈。基于中国对外贸易在国际社会中的地位和作用,其他国家在与中国进行贸易的过程中可以获取贸易收益,贸易中的经济利益驱使其他国家主动学习并使用汉语。

（三）对外贸易提高汉语的使用频率

语言基于人类交往的需要而产生，并随着人类交往范围的扩大而传播，对外贸易是国际社会最重要的交往形式，语言也将随着对外贸易的发展实现国际推广和应用。中国于2012年就已成为世界第一货物贸易进出口大国，到2022年我国一直保持世界第一货物贸易进出口大国的地位。汉语作为我国的通用语言，将随着我国对外贸易量的增加而提高在国际社会中的使用频率。

（四）对外贸易提升双语人才就业率

双语人才的沟通作用是进出口贸易的必要条件，国际贸易量越大，需要的双语人才数量越多，越能吸引更多的人学习贸易大国的语言。对外贸易的发展增加了对双语人才的需求，为双语人才提供更多的就业机会。双语人才不仅可以在普通行业工作，而且外贸企业还可为双语人才提供很多特有的就业岗位。我国对外贸易的发展，为双语人才创造大量的就业岗位。对外贸易的发展可为双语人才提供更多就业机会和更高收入水平，学习并使用汉语是理性人实现自身利益最大化的理性选择。

（五）文化产品贸易推动汉语国际推广

文化产品的出口具有明显的外部性，文化产品的出口也是本国生活方式、消费习惯、选择偏好等的国际传播，其他国家对中国文化产品的进口，在很大程度上表明了对中国生活方式、消费习惯、选择偏好的认可和接受。我国虽是文化贸易大国，但不是文化贸易强国，文化产品贸易尚未充分发挥对汉语国际推广的推动作用。今后，应提升我国文化产品的投资收益率，充分挖掘文化产品贸易对汉语国际推广的推动作用。

此外，中国对贸易小国的直接投资以及贸易小国对中国的逆向投资，这种资本的跨国流动也能驱动汉语的国际推广。国际贸易规则的制定、国际贸易合同的签订与执行、国际贸易谈判等，也会对语言的国际推广产生重要影响。如果国际贸易规则用中国语言汉语撰写，则其他国家在参与国际贸易前需要学习并使用中国语言，有利于汉语的国际推广和传播。

第四章　对外贸易驱动汉语国际
推广的实证研究

中国对外贸易的发展提高了汉语在国际经贸合作中的使用频率,提升了汉语的使用价值。学习汉语的双语人才不仅可以获得与本国其他人一样的收入,而且意味着在外贸部门可能有更多的就业机会和更高工资。经济利益吸引了越来越多的汉语学习者,汉语在国际社会中的活力越来越强。本章通过为传统引力模型构建微观基础,构建拓展的语言引力模型,以参加汉语水平考试的人数作为汉语国际推广的代理变量,使用面板数据的固定效应和系统 GMM 两种估计方法,实证研究对外贸易对汉语国际推广的驱动力,把汉语使用区分为核心区、内围区、外围区、影响区和潜在区五大区域,使用乐观预测、折中预测、悲观预测三种预测方法,对汉语国际推广的发展趋势进行预测研究。

第一节　模　型　构　建

引力是来自物理学的概念,引力模型最初用于分析物理现象。后来,经济学家把引力模型引入经济学领域用于分析经济现象,但由于传统引力模型缺乏微观基础曾遭到学者们的批评。本部分首先基于替代弹性不变函数(CES)为引力模型构建微观基础,并把引力模型拓展到语言经济学领域构建语言引力模型。

一、引力模型的微观基础构建

引力模型最早源于牛顿的万有引力,主要用来分析事物之间的空间相互作用,基本含义为引力大小和事物的质量成正比,和事物之间的距离成反比。有些学者把引力模型引入经济学领域用于分析经济现象,较为典型的是研究双边贸易流量和国家之间的地理距离的关系。学界通过使用引力模型分析双边贸易流量,结论认为双边贸易引力大小和两国的经济规模正相关,与两国的地理距离负相关。最初的引力模型由于缺乏微观基础经常受到学者们的批评,之后学者开始尝试为引力模型构建微观基础,具有代表性的构建方法包括:以产品的差异性假设为基础对引力模型进行数理论证,从规模经济的角度对引力模型的微观基础进行修正,使用替代弹性不变函数(CES)为引力模型构建微观基础。具有微观基础的引力模型得到学界的普遍认可,此后引力模型在经济学领域得到非常广泛的应用,特别是用于分析双边贸易和对外直接投资等国际经贸合作问题。这里,我们借鉴替代弹性不变函数(CES)的方法,首先,把语言变量嵌入引力模型,并为包含语言变量的拓展引力模型构建微观基础;然后,基于贸易引力模型的基本原理构建语言引力模型。

为了给引力模型构建微观基础,我们需要一些基本的假设:把世界上参与国际贸易的国家分为出口国 A 和进口国 B 两大类,出口国 A 在商品 M 的生产上具有绝对优势,且生产的商品 M 的价格为 P_M。由于进口国和出口国之间在语言、文化、制度等方面存在一定差异,而且商品的国际交换需要支付国际运输成本,还要受到关税和非关税贸易壁垒等因素的影响,这里,我们把除了商品价格以外的其他成本抽象为交易成本 t,每单位的交易成本与商品的价格相关,商品 M 的交易成本总额 T 可以表述为:

$$T = t \cdot P_M \tag{4-1}$$

进口国 B 进口的商品 M 的价格 P_{AB},为出口国 A 的商品 M 的价格加上交易成本 T:

$$P_{AB} = P_M + T = P_M + t \cdot P_M = (1 + t)P_M \tag{4-2}$$

我们使用替代弹性不变函数,表述进口国进口商品后的效用 U_B:

$$U_B = \left(\sum \lambda_B X_{AB}^{\frac{\theta-1}{\theta}} \right)^{\frac{\theta}{\theta-1}}, (\theta > 1) \tag{4-3}$$

上述公式中 X_{AB} 表示,进口国 B 从出口国 A 进口的商品数量,λ 为大于零的系数,θ 为商品的替代弹性。进口国 B 进口的商品数量受到本国收入的约束,进口国 B 的消费预算约束公式可以表述为:

$$\sum P_{AB} X_{AB} = Y_B \tag{4-4}$$

其中,Y_B 为进口国 B 国的国内生产总值。假设进口国 B 国的消费价格指数为 P_B,其公式可以表述为:

$$P_B = \left[\sum \lambda_B ((1 + t) P_M)^{(1-\theta)} \right]^{\frac{1}{1-\theta}} \tag{4-5}$$

根据预算约束,我们可以求出效用最大化条件下均衡进出口商品量 X_{AB}:

$$X_{AB} = \left(\frac{\lambda_B (1 + t) P_M}{P_B} \right)^{(1-\theta)} Y_B \tag{4-6}$$

当国际市场实现供求均衡时可得:

$$Y_A = \sum X_{AB} = \sum \left(\frac{\lambda_B(1+t)P_M}{P_B} \right)^{(1-\theta)} Y_B \tag{4-7}$$

对上述国际市场均衡进行求解可得:

$$\lambda_B P_A P_B = \frac{Y_A^{\frac{1}{1-\theta}}}{Y} \tag{4-8}$$

把公式(4-8)带入公式(4-5)可得:

$$X_{AB} = \frac{Y_A Y_B}{Y} \left(\frac{t}{P_A P_B} \right)^{(1-\theta)} \tag{4-9}$$

公式(4-9)对交易成本 t 求导可得:

$$\frac{\partial X_{AB}}{\partial t} = (1-\theta) \frac{Y_A Y_B}{Y} \left(\frac{t}{P_A P_B} \right)^{(1-\theta)} < 0, (\because \theta > 1) \tag{4-10}$$

公式(4-10)表示,国际社会进出口商品量与交易成本呈负相关关系,国际贸易中的交易成本增加则进出口贸易量减少,交易成本是阻碍国际贸易发展的重要因素。交易成本的产生受诸多因素的影响,首先,国家间的语言差异会产生语言交易成本(L),不同国家语言的编码解码规则存在较大差异,无法直接实现国与国之间的沟通交流,要想消除沟通障碍一国必须学习并使用另一国语言,或共同学习并使用第三国语言,语言的学习需要支付一定的时间、精力、金钱等语言交易成本,语言交易成本的存在增加了商品的总成本,对贸易有阻碍作用。其次,国家的贸易政策(N)也会影响交易成本。如果一国实行自由贸易的政策,将能大大削减交易成本,反之如果一国实行保护贸易政策,则交易成本会提高。再次,国家的制度质量(I)也是影响交易成本的重要因素。良好的制度环境可以为进出口商提供宽松的贸易环境,完善的法制可以保障进出口商的权益,保证合同的顺利执行。同时,传统引力模型认为的地理距离(D)和国际贸易量呈负相关关系。我们可以把交易成本的公式表述为如下形式:

$$t = \exp(L + N + I) \cdot D_{AB} \tag{4-11}$$

我们把式(4-11)代入式(4-9)并取自然对数,可得到如下包含语言交易成本的引力模型:

$$\ln X_{AB} = \ln Y_A + \ln Y_B + (1-\theta)L + (1-\theta)N + (1-\theta)I +$$
$$\ln D_{AB} - (1-\theta)P_A - (1-\theta)P_B \tag{4-12}$$

公式(4-12)表明,双边贸易流量受进出口国的经济规模、语言差异性、国家贸易政策、国家制度质量、进出口国间的地理距离、进出口国的价格指数等诸多因素的影响。至此,我们把语言交易成本等变量嵌入模型,对引力模型进行拓展研究,利用替代弹性不变函数(CES)为传统的贸易引力模型构建了微观基础,同时构建了包含语言交易成本的引力模型。该模型认为,进出口贸易量和交易成本呈负相关关系,进出口贸易量也和语言交易成本呈负相关关系。

二、基准语言引力模型的构建

语言活力模型认为,不同语言因使用频率、使用范围、经济价值等的不同,语言活力存在较大差异,那些使用频率高、适用范围广、经济价值大的语言活力较强,能吸引更多的语言学习者和使用者,属于引力较大的强势语言,反之,则是引力较小的弱势语言。由于语言基于人类的交往需要而产生,而商品的国际交换是国与国之间最重要的交往方式,进出口贸易的发展意味着语言在国际社会中的使用频率增加使用范围扩大,所以,对外贸易是语言活力提升的重要因素。笔者借鉴引力模型的基本原理,把语言引力看作其他变量的函数,构建拓展的语言引力模型,用其他国家对汉语学习和使用的强烈程度表示汉语语言的引力。学习和使用汉语的愿望越强烈,表示汉语语言的引力越大,引力较大的语言汉语使用范围就会不断扩大,使用频率也会逐渐提高,语言国际推广的速度随之加快。反之,引力较小的弱势语言使用人口会越来越少,使用频率也会逐渐下降,这种语言难以实现国际传播,甚至面临灭绝的境地。

根据构建的拓展引力模型,我们可以认为,语言的引力受到诸多因素的共同影响,如语言的引力同国家的经济规模成正比,同文化距离成反比。中国经济实力的增强意味着中国和世界其他国家之间的经贸合作更加频繁,国际经贸合作中使用汉语的频率会提高,因此,中国经济实力的增强可以推动汉语的国际推广和中华文化的世界传播。世界其他国家经济规模的提升,意味着可能会对中国产品产生更大需求。由于中国是世界第一进出口货物贸易大国,学习并使用汉语不仅可以获取和本国其他人相同的收入,而且意味着可能得到更多的就业机会和更高的工资水平,从而成为吸引汉语学习者的主要因素。文化距离越大表示其他国家语言与汉语的编码解码规则差异越大,汉语的学习难度越大,支付的语言交易成本越高,因此,文化距离是阻碍其他国家学习汉语的重要因素。基于这一思路,我们构建如下基本语言引力模型:

$$\ln HSK_{ijt} = \alpha_0 + \alpha_1 \ln CGDP_{it} + \alpha_2 \ln GDP_{jt} + \alpha_3 \ln CD_{ijt} + \varepsilon_{ijt} \qquad (4\text{-}13)$$

其中,i 表示语言推广国中国,j 表示语言学习和使用国 j 国,t 表示时间,HSK_{ijt} 表示 t 期 j 国学习并使用中国语言汉语的人数,$CGDP_{it}$ 表示 t 期中国的经济规模,GDP_{jt} 表示 t 期 j 国的经济规模,CD_{ijt} 表示 t 期 j 国和中国的文化距离，ε 表示随机扰动项，取对数是为了削弱可能的异方差。

三、语言引力模型的拓展

（一）语言引力模型的拓展

根据对外贸易驱动汉语国际推广的理论机理，经济利益是吸引汉语学习者学习汉语的根本动因，中国对外贸易的发展提高了汉语的使用价值，贸易中的经济利益促使更多的国家学习并使用汉语，因此，对外贸易（MX）是驱动汉语国际推广的重要因素。中国收入水平（W）的提升对其他国家的汉语学习者具有很大引力，因此，我们把中国的收入水平嵌入基准语言引力模型。汉语的国际推广和中华文化的世界传播是诸多因素共同推动的结果，我们在模型中加入其他可能影响汉语国际推广的控制变量（X）。当期语言学习者可能会对潜在语言学习者产生示范效应，实现语言学习的代际传承。为了考虑模型的动态影响，我们加入被解释变量的滞后一期。最终，我们构建如下拓展的语言引力模型：

$$\ln HSK_{ijt} = \alpha_0 + \alpha_1 \ln HSK_{ij,t-1} + \alpha_2 \ln CGDP_{it} + \alpha_3 \ln GDP_{jt} +$$
$$\alpha_4 \ln CD_{ijt} + \alpha_5 \ln MX_{it} + \alpha_6 \ln W_{it} + \alpha_7 X_{ijt} + \gamma_j + \eta_t + \varepsilon_{ijt}$$

$$(4-14)$$

其中，MX 表示中国与样本国家的进出口贸易额，W 表示中国的收入水平，X 表示控制变量，γ 表示国别效应，η 表示时间效应，ε 为随机扰动项，其他字母的含义同公式（4-13）。

（二）变量设定及说明

1991 年，中国开始在其他国家设立汉语水平考试考点（HSK）。该考试由国家汉办主办，主要用于测试母语非汉语的汉语学习者的汉语应用能力。汉语水平考试考生数，在很大程度上代表了样本国学习并使用汉语的人数。笔者试图分析进出口贸易对汉语国际推广的推动作用，因此，我们把被解释变量设定为汉语普通话的国际推广（HSK），用样本国年度参加汉语水平考试的考生人数作为代理变量。汉语水平考试考生是世界其他国家主要的汉语学习及使用者，汉语水平考试考生越多，表示汉语的使用范围越广使用频率越高，汉语的国际推广越成功。根据引力模型的基本原理，我们在模型中加入引力模型的三个传统解释变量：中国经济规模和样本国经济规模及距离。中国经济规模和样本国经济规模，分别用中国的国内生产总值和样本国家的国内生产总值代表；距离变量，我们使用样本国和中国的文化距离（CD）代替。中国经济规模的扩大提升中国经济实力，提高汉语的经济价值，对汉语学习者具有引力作用。样本国经济规模扩大，意味着与中国发生经贸关系的概率增加,汉语被使用的概率也相应提高。文化距离越大表示样本国与中国的文化差异越大,语言编码解码的规则可能存在较大不同。样本国学习汉语的难度提高,是阻碍汉语国际推广的重要因素。

表 4-1 变量含义及数据来源

变量	含义	数据来源
汉语国际推广(HSK)	用样本国家 j 在第 t 年参加国家汉办主办的汉语水平考试的考生人数表示	国家汉办
进出口贸易额(XM)	进出口贸易额用中国在第 t 年与样本国家的进出口贸易总额表示	联合国统计署数据库,中国统计年鉴
中国经济规模(CGDP)	中国的经济规模用中国在第 t 年的国内生产总值表示	联合国统计署数据库
样本国经济规模(GDP)	样本国经济规模用样本国在第 t 年的国内生产总值表示	联合国统计署数据库
文化距离(CD)	文化距离用中国和样本国家在第 t 年文化之间的距离表示	https://geerthofstede.com
中国收入水平(W)	中国的收入水平用中国在第 t 年工人的年度可支配收入表示	中国统计年鉴
对外直接投资额(OFDI)	对外直接投资额用中国在第 t 年向样本国家的对外直接投资流量表示	联合国统计署数据库
政府美誉度(GS)	主要包括中国对腐败的控制力度、政策透明度及对犯罪行为的惩处力度等	Worldwide Governance Indicators
经济自由度(EF)	主要包括国家的市场化程度、政府对市场的干预度、企业的自由选择度等	The Heritage Foundation
法治完善度(LP)	国家市场经济体制的完善程度,对违反合约的惩处力度及对交易双方合法权益的保护度	Worldwide Governance Indicators
学生交换协议(XY)	虚拟变量,如果样本国家和中国政府签署学生交换协议其值取1,否则取0	国家汉办

核心解释变量为中国与样本国的进出口贸易总额(MX),由于中国是世界第一进出口货物贸易大国,如果样本国与中国的进出口贸易总额较大,表示在国际经贸合作中使用汉语的概率较高,汉语的使用价值随之增加,将吸引更多的汉语学习者,能推动汉语的国际推广。反之,汉语在国际经贸合作中使用的概率较小,汉语的使用价值降低,对汉语学习者的吸引力下降。

根据对外贸易驱动汉语国际推广的理论机理,我们考虑中国收入水平(W)对汉语国际推广的影响,用中国的年度平均可支配收入代表。随着中国收入水平的提高,样本国家的汉语学习者不仅可以获取和本国其他人相同的收入,而且意味着可能有更多的双语就业机会和更高的收入。因此,中国收入水平的提升,是吸引汉语学习者学习汉语的重要因素。我们在模型中还加入以下可能影响汉语国际推广的控制变量:中国向样本国家的对外直接投资额(OFDI)、政府美誉度(GS)、经济自由度(EF)、法治完善度(LP)、中国是否与样本国家政府签署学生交换协议(XY)等。中国向样本国家对外直接投资额的增加,意味着双边跨国合作扩大,对双语人才的需求量增加。国家的制度质量也可能会成为影响汉语国际推广的因素,如果样本国家具有较高的政府美誉度、经济自由度和法治完善度,意味着对腐败现象的惩处力度较大,实行更为开放包容的对外政策,能够更好地保护合约双方的合法权益,可以为国际经贸合作创造良好的宏观环境,能吸引其他国家更多的汉语学习者。如果中国政府与样本国家政府签署学生交换协议,国家之间的学生交换与学术合作增加,可以为双边语言沟通与交流提供更为便捷的通道。

(三) 数据来源及说明

随着中国经济的持续快速增长,汉语的经济价值不断提升,中国对外贸易的快速发展使国际社会对汉语的需求越来越强烈。汉语的使用价值越来越高,吸引大量汉语学习者,汉语国际推广的步伐逐年加快。为了满足国际社会对汉语的强烈需求,1991 年起中国开始在其他国家陆续设置汉语水平考试(HSK)考点进行汉语水平测试。汉语水平考试主要用于考查母语非汉语的汉语学习者在工作及生活中的汉语应用能力,考试分为六个等级,每月举行一次,包括纸笔考试和网络考试两种形式。目前,我国已在全球设立汉语水平考试考点 1000 余个,年度参加汉语水平考试的考生达 800 余万人。汉语水平考试成绩已经是外国人来华留学、工作的重要语言证明,很多国家的政府机构和跨国企业把它作为单位招聘和职位晋升的重要依据。

笔者使用样本国家年度参加汉语水平考试的考生人数,作为被解释变量汉语国际推广的代理变量,相关数据来自国家汉办和汉考国际教育科技(北京)有限公司。核心解释变量中国与样本国家的进出口贸易总额的数据来自《联合国统计署数据库》和《中国统计年鉴》,中国的年均可支配收入数据来自《中国统计年鉴》,中国 GDP、样本国家 GDP、中国向样本国家年度对外直接投资流量等指标数据来自《联合国统计署数据库》和《中国对外直接投资统计公报》。霍夫斯泰德的文化维度理论具有较高的权威性,并被学者们广泛应用。文化维度的原始数据来源于霍夫斯泰德网站（https://geerthofstede.com），笔者通过计算中国和样本国家的文化维度得分之差的绝对值表示文化距离。世界银行每年公布全球200多个国家的政治治理指标，用来衡量每个国家的制度质量。政府美誉度、法治完善度和经济自由度三个指标的数值范围均是从0到100，数值越大表示制度质量越高。政府之间签订学生交换协议能为两国的文化交流和语言学习提供重要条件，学生交换协议变量为虚拟变量，如果样本国和中国已签署学生交换协议，其值取1，否则取0。数据的分析年限为1991—2022年，变量数据的描述性统计见表4-2。

表 4-2　变量数据描述性统计

变量	均值	标准差	最大值	最小值
HSK	4183.21	1552.17	173927.00	0.00
EX	1997.77	287.37	5176.16	157.33
CGDP	72990.18	5326.11	123513.27	3301.47
GDP	1457.36	309.15	198636.45	27.52
CD	59.37	10.21	83.17	0.18
W	31645.22	2114.27	69534.00	9563.00
OFDI	584.26	37.39	1254.37	78.47
GS	52.14	9.35	99.00	0.00
EF	62.24	7.31	100.00	0.00
LP	50.29	7.27	98.00	0.00
XY	0.37	0.13	1.00	0.00

第二节　驱动力实证检验

为了研究对外贸易和汉语国际推广之间的数量关系，本部分基于构建的拓展语言引力模型实证检验对外贸易对汉语国际推广的驱动力，并从进出口贸易的企业性质差异、商品类别差异、洲际分布差异、广度边际等不同角度进行分样本检验，进而使用乐观预测、折中预测和悲观预测三种方法，对汉语国际推广的发展趋势进行预测研究。

一、驱动力的基准模型检验

实证所用数据为面板数据。面板数据的实证检验,主要包括随机效应、固定效应和混合效应三种估计方法。为了确定较为科学合理的估计方法,我们首先进行豪斯曼检验。豪斯曼检验结果认为,固定效应优于随机效应,其次 F 检验的结果认为固定效应优于混合效应,所以我们选择固定效应进行计量回归。内生性是计量回归中较为常见的现象,如果模型存在内生性,固定效应的估计结果可能是有偏的,系统 GMM 估计方法通过差分的形式在一定程度上可以削弱模型的内生性。为了保证估计结果的可信度,我们把固定效应和系统 GMM 的估计结果同时列于表 4-3。其中,模型 1—3 是固定效应估计结果,模型 4—6 是系统 GMM 方法估计结果,模型 1 和 4 是引力模型传统变量的估计结果,模型 2 和 5 是加入核心解释变量的语言引力模型估计结果,模型 3 和 6 是在模型 2 和 5 的基础上再加入控制变量的估计结果。表 4-3 的估计结果显示,模型中绝大多数变量通过显著性检验,AR 值和 Sargan 值表明估计结果较为理想,OLS 固定效应估计结果和系统 GMM 估计结果没有太大差异,在一定程度上证明了实证结果的稳健性。

表 4-3　基准估计结果

变量	OLS 固定效应			S-GMM		
	模型 1	模型 2	模型 3	模型 4	模型 5	模型 6
L.lnHSK	0.851 (6.47)***	0.840 (6.55)***	0.833 (5.62)***	0.842 (7.51)***	0.831 (7.39)***	0.820 (6.27)***
lnCGDP	1.557 (9.47)***	1.534 (10.21)**	1.496 (8.52)***	1.544 (11.31)**	1.531 (9.20)***	1.483 (10.31)***
lnGDP	0.841 (6.45)**	0.833 (7.33)***	0.772 (5.47)**	0.831 (6.56)**	0.826 (5.49)*	0.741 (6.47)**
lnCD	-0.451 (-5.41)***	-0.432 (-4.37)**	-0.409 (-3.57)**	-0.430 (-3.26)**	-0.414 (-3.36)**	-0.412 (-3.41)***
lnXM		0.653 (5.37)***	0.642 (4.23)**		0.626 (5.16)**	0.576 (4.11)**
lnW			0.614 (5.37)***			0.587 (5.63)**
lnOFDI			0.542 (5.15)***			0.509 (4.87)**

续表

变量	OLS 固定效应			S-GMM		
	模型 1	模型 2	模型 3	模型 4	模型 5	模型 6
GS			0.005 (0.04)			0.078 (0.05)
EF			0.007 (0.01) *			0.009 (0.01) *
LP			0.023 (0.08)			0.003 (0.06)
XY			0.114 (1.41) **			0.120 (1.37) **
C			11.458 (23.15) **			17.315 (30.74) ***
AR(1)				0.002	0.000	0.001
AR(2)				0.154	0.123	0.138
Sargan				1.000	1.000	1.000
Adj.R^2	0.486	0.473	0.457			
N	6557	6557	6557	6557	6557	6557

注:L.表示滞后 1 期,括号内为 t 值,***、**、* 分别代表 1%、5%、10%显著性水平。

我们基于实证结果对影响汉语国际推广的因素进行分析,核心解释变量进出口贸易总额(XM)通过显著性检验,且相关系数为正,表示参加汉语水平考试的人数与中国和样本国家的进出口贸易总额呈正相关关系,即中国和样本国的进出口贸易总额越大,样本国学习并使用汉语的人数越多,表明我国对外贸易发展能够驱动汉语的国际推广。中国的平均收入水平 W通过显著性检验,且相关系数为正,表示中国居民的年均可支配收入和汉语水平考试考生人数呈正相关关系,中国居民收入水平的提升能吸引更多的汉语学习者。HSK 滞后一期的相关系数显著为正,表示汉语普通话的国际推广有一定惯性,当前的汉语学习者对潜在汉语学习者有一定的示范效应,这种示范效应可能会把潜在汉语学习者变为现实汉语学习者。引力模型的三个传统解释变量通过显著性检验,中国经济实力的提升极大地推动了汉语的国际推广,样本国家经济规模的扩大意味着样本国和中国的经贸往来更为频繁,对双语人才的需求量增加,客观上推动了汉语的国际推广,其中,中国经济规模的相关系数大于样本国家经济规模的相关系数,表示在汉语国际推广进程中中国的推力作用大于样本国的引力作用。文化距离的相关系数显著为负,表示样本国家和中国的文化距离是阻碍汉语国际推广的重要因素,文化距离越大,样本国家与中国的语言编码解码规则差别越大,汉语的学习难度也会变大。中国的对外直接投资通过了显著性检验,表示国际投资作为国际经贸合作的重要形式,对双语人才同样具有强劲的需求,在很大程度上推动了汉语的国际推广。三个制度变量在大部分模型中没有通过显著性检验,但相关系数为正,表示中国制度质量的提升是吸引外国人学习汉语的因素之一,但目前尚未表现出强劲的引力作用。政府之间的学生交换协议通过显著性检验,表示两国政府签署学生交换协议为汉语学习者的语言学习提供了重要途径,有利于汉语的国际推广。

二、驱动力的分类检验

(一) 驱动力的企业性质差异检验

基准回归中我们使用了 OLS 固定效应和系统 GMM 两种估计方法进行实证比较研究,两种方法所得估计结果差别不大,证明我们的实证结论具有较强的稳健性。鉴于系统 GMM 可以削弱模型内生性的影响,在以下的回归中我们统一使用系统 GMM 方法进行估计。国家统计局根据企业性质把我国企业分为八种类型:国有单位、城镇集体单位、股份合作单位、联营单位、有限责任公司、股份有限公司、港澳台商投资单位、外商投资单位。为了检验汉语普通话的国际推广是否受企业性质差异的影响,我们对八种不同性质的企业分别进行分样本回归(估计结果见表 4-4)。表 4-4 的估计结果显示绝大多数变量都通过了显著性检验,AR 值和 Sargan 值表明系统 GMM 估计结果较为理想。从核心解释变量中国与样本国进出口贸易总额的估计结果来看,我们可以把八种性质的企业分为三大类:强引力型(外商投资企业、国有单位企业和港澳台商投资企业)、中引力型(股份合作单位、联营单位、有限责任公司和股份有限公司)和弱引力型(城镇集体单位)。强引力型企业主要是经济实力较强且与外国厂商联系较为密切的企业,该类企业由于具有较多的国际业务,对双语人才的需求较大,其进出口贸易额的增加能提高汉语的使用频率对汉语国际推广的驱动作用较大,同时,这些企业工人工资水平的提高具有典型的示范效应,能够大大提升汉语学习者学习汉语普通话的兴趣。中引力型企业主要为市场化机制比较健全,且开展一定国际业务的企业,对汉语的国际推广也有一定助推作用。集体单位企业由于国际业务相对较少,且工人的平均工资水平略低,对汉语国际推广的驱动作用相对较小。其他变量的估计结果和基准估计结果没有显著差异,不再赘述。

表4-4　企业性质差异估计结果

企业性质	国有单位	集体单位	股份合作	联营单位	有限公司	股份公司	港澳台商	外商投资
模型	模型1	模型2	模型3	模型4	模型5	模型6	模型7	模型8
L.lnHSK	0.834 (8.21)***	0.757 (7.41)***	0.823 (8.75)***	0.861 (9.35)***	0.852 (8.20)***	0.823 (9.15)***	0.841 (7.36)***	0.830 (8.47)***
lnCGDP	1.652 (9.25)***	1.547 (8.84)***	1.582 (9.14)***	1.632 (8.42)***	1.497 (9.11)***	1.492 (8.26)***	1.546 (9.63)***	1.652 (9.75)***
lnGDP	0.883 (7.47)**	0.870 (6.85)**	0.849 (7.36)*	0.753 (7.27)**	0.796 (5.30)**	0.732 (5.41)**	0.784 (6.53)**	0.823 (7.09)**
lnCD	−0.417 (−3.25)**	−0.442 (−2.39)**	−0.410 (−3.48)**	−0.407 (−3.49)**	−0.405 (−4.25)**	−0.397 (−3.40)**	−0.406 (−2.82)**	−0.407 (−3.43)**
lnXM	0.713 (8.26)***	0.443 (3.37)*	0.536 (4.16)**	0.515 (5.28)**	0.520 (5.49)**	0.509 (4.33)**	0.631 (6.04)**	0.747 (8.15)***
lnW	0.641 (7.21)***	0.626 (6.42)***	0.617 (5.54)**	0.620 (5.38)***	0.587 (5.41)***	0.598 (5.35)**	0.647 (6.40)***	0.651 (7.17)***
lnOFDI	0.529 (5.15)***	0.520 (6.09)***	0.521 (4.37)**	0.523 (4.42)***	0.487 (5.25)***	0.500 (5.85)***	0.520 (4.46)**	0.538 (6.41)***
GS	0.009 (0.09)	0.014 (0.05)	0.048 (0.07)	0.007 (0.04)	0.039 (0.61)	0.043 (0.23)	0.002 (0.17)	0.049 (0.26)
EF	0.006 (0.01)*	0.027 (0.08)	0.008 (0.05)	0.016 (0.09)	0.007 (0.01)*	0.018 (0.01)	0.030 (0.09)	0.011 (0.01)
LP	0.047 (0.08)	0.028 (0.02)	0.015 (0.01)	0.038 (0.09)	0.016 (0.01)	0.022 (0.09)	0.037 (0.06)	0.016 (0.08)
XY	0.109 (1.44)***	0.105 (2.13)***	0.123 (1.89)**	0.116 (1.25)**	0.137 (2.17)***	0.149 (2.16)**	0.127 (1.86)***	0.135 (1.47)**
C	12.696 (20.26)**	15.342 (27.16)**	13.216 (20.84)**	17.473 (30.15)**	16.386 (27.64)**	18.447 (31.73)**	17.126 (28.29)**	19.415 (35.73)**
AR(1)	0.001	0.000	0.002	0.001	0.008	0.004	0.001	0.000
AR(2)	0.134	0.242	0.265	0.147	0.164	0.174	0.247	0.246
Sargan	1.000	1.000	1.000	1.000	1.000	1.000	1.000	1.000
N	6557	6557	6557	6557	6557	6557	6557	6557

注:L.表示滞后1期,括号内为t值,***、**、*分别代表1%、5%、10%显著性水平。

（二）驱动力的商品类别差异检验

根据国际贸易标准分类（SITC）进出口商品可以划分为11大类:初级产品,工业制成品,化学品及有关产品,机械及运输设备,食品及主要供食用的活动物,饮料及烟类,非食用原料,矿物燃料、润滑油及有关原料,动、植物油脂及蜡,轻纺产品、橡胶制品、矿冶产品及其制品,杂项制品等。为了检验汉语普通话的国际推广是否受进出口商品类别差异的影响,我们使用系统GMM估计方法对11大类进出口商品分别进行分样本回归,估计结果列于表4-5。其中,模型1是初级产品分样本估计结果,模型2是工业制成品分样本估计结果,模型3是化学品及有关产品分样本估计结果,模型4是机械及运输设备分样本估计结果,模型5是食品及主要供食用的活动物分样本估计结果,模型6是饮料及烟类分样本估计结果,模型7是非食用原料分样本估计结果,模型8是矿物燃料、润滑油及有关原料分样本估计结果,模型9是动、植物油脂及蜡分样本估计结果,模型10是轻纺产品、橡胶制品、矿冶产品及其制品分样本估计结果,模型11是杂项制品分样本估计结果。表4-5的估计结果显示,绝大多数变量都通过了显著性检验,AR值和Sargan值表明系统GMM估计结果较为理想。模型1—11的核心解释变量对外贸易均通过显著性检验且为正,表示11大类进出口商品贸易额的增加对汉语的国际推广都有推动作用。

从核心解释变量的相关系数大小来看,模型1—11存在较大差异,其中,工业制成品(模型2),化学品及有关产品(模型3),机械及运输设备(模型4),食品及主要供食用的活动物(模型5),矿物燃料、润滑油及有关原料(模型8)等五大类商品核心解释变量的相关系数较大,表示这五大类商品进出口贸易额的增加对汉语国际推广的推动作用较大,可能是因为这五类商品与语言文化的关联度相对较高,涉及的国际业务较多,对双语人才的需求相对较大,从而能吸引更多的汉语学习和使用者。其他几类商品进出口贸易额的提升,对汉语的国际推广也有一定推动作用,但相对较弱,表明对外贸易对汉语国际推广的驱动作用受进出口商品种类差异的影响。其他变量与基准估计没有太大差异,不再赘述。

(三) 驱动力的洲际差异检验

目前,汉语水平考试考生广泛分布在全球五大洲。为了检验中国对外贸易的发展对汉语国际推广的驱动作用是否会因地理位置的差异而存在不同,接下来,进行分样本的洲际差异检验,检验结果见表4-6。其中,模型1是亚洲分样本的估计结果,模型2是欧洲分样本的估计结果,模型3是美洲分样本的估计结果,模型4是大洋洲分样本的估计结果,模型5是非洲分样本的估计结果。AR值和Sargan值依然表明估计结果较为理想,主要变量在所有模型中都通过了显著性检验,在很大程度上进一步证明我们的研究结论具有较强的稳健性。

表 4-5 汉语国际推广的商品类别差异检验结果

模型	模型 1	模型 2	模型 3	模型 4	模型 5	模型 6	模型 7	模型 8	模型 9	模型 10	模型 11
L.LnHSK	0.811 (7.11)***	0.824 (7.26)***	0.817 (8.26)***	0.819 (7.85)***	0.837 (7.47)***	0.825 (7.16)***	0.810 (7.43)***	0.820 (8.74)***	0.813 (7.24)***	0.825 (8.31)***	0.742 (7.45)***
LnCGDP	1.580 (9.11)***	1.614 (8.47)***	1.582 (9.25)***	1.636 (8.46)***	1.587 (9.26)***	1.590 (9.53)***	1.641 (8.36)***	1.563 (9.42)***	1.579 (9.63)***	1.646 (9.53)***	1.534 (5.15)***
LnGDP	0.798 (5.25)**	0.763 (7.31)***	0.811 (7.47)***	0.789 (8.25)***	0.821 (7.49)***	0.785 (6.65)***	0.750 (7.26)***	0.842 (6.75)***	0.824 (7.47)**	0.813 (6.69)***	0.756 (2.75)**
LnCD	-0.415 (-2.10)***	-0.431 (-3.08)***	-0.400 (-2.54)***	-0.426 (-3.28)***	-0.415 (-3.77)***	-0.440 (-2.54)**	-0.409 (-3.08)**	-0436 (-3.11)***	-0.412 (-2.45)**	-0.436 (-3.41)***	-0.346 (-2.20)***
LnXM	0.512 (4.31)**	0.813 (6.53)***	0.809 (6.11)***	0.764 (5.35)***	0.733 (6.35)***	0.594 (7.14)***	0.487 (4.22)**	0.774 (6.26)***	0.553 (5.31)***	0.646 (4.42)**	0.343 (3.34)**
LnW	0.590 (4.12)***	0.635 (5.34)***	0.556 (5.21)***	0.560 (4.31)**	0.617 (3.23)**	0.612 (4.33)***	0.609 (5.15)**	0.608 (4.46)***	0.636 (5.26)***	0.615 (5.52)**	0.568 (3.87)***
LnOFDI	0.486 (3.18)**	0.463 (4.18)**	0.529 (4.92)***	0.490 (3.75)***	0.515 (4.63)**	0.546 (5.20)**	0.536 (3.27)**	0.414 (4.14)**	0.487 (4.75)***	0.536 (4.38)**	0.467 (3.22)**
GS	0.006 (0.35)	0.047 (0.16)	0.016 (0.26)	0.025 (0.15)	0.009 (0.18)	0.013 (0.56)	0.060 (0.57)	0.001 (0.36)	0.017 (0.16)	0.009 (0.02)	0.026 (0.19)
EF	0.015 (0.06)	0.037 (0.47)	0.002 (0.01)*	0.009 (0.26)	0.006 (0.16)	0.025 (0.26)	0.048 (0.17)	0.048 (0.37)	0.003 (0.01)*	0.037 (0.17)	0.009 (0.36)

续表

模型	模型 1	模型 2	模型 3	模型 4	模型 5	模型 6	模型 7	模型 8	模型 9	模型 10	模型 11
LP	0.052 (0.07)	0.015 (0.09)	0.017 (0.23)	0.047 (0.14)	0.048 (0.36)	0.024 (0.47)	0.008 (0.51)	0.027 (0.23)	0.017 (0.16)	0.008 (0.39)	0.016 (0.47)
XY	0.150 (1.43)**	0.176 (1.15)***	0.130 (1.47)***	0.127 (1.29)**	0.116 (1.38)**	0.140 (1.16)**	0.132 (1.75)***	0.113 (1.84)**	0.085 (0.90)**	0.126 (0.99)**	0.013 (1.42)**
C	2.353 (8.13)***	3.262 (7.26)***	1.509 (6.36)***	2.475 (8.44)***	3.558 (6.25)**	5.275 (9.37)***	4.368 (7.63)***	3.264 (9.74)***	1.970 (5.50)***	4.264 (6.42)	2.453 (8.70)***
AR(1)	0.000	0.001	0.003	0.000	0.002	0.001	0.003	0.005	0.001	0.003	0.001
AR(2)	0.156	0.247	0.248	0.280	0.160	0.173	0.164	0.209	0.236	0.247	0.186
Sargan	1.000	1.000	1.000	1.000	1.000	1.000	1.000	1.000	1.000	1.000	1.000
N	6557	6557	6557	6557	6557	6557	6557	6557	6557	6557	6557

注:L. 表示滞后 1 期;括号内为 t 值, ***、**、* 分别代表 1%、5%、10% 显著性水平。

表 4-6 汉语国际推广的洲际差异检验结果

洲际	亚洲	欧洲	美洲	大洋洲	非洲
模型	模型 1	模型 2	模型 3	模型 4	模型 5
L.lnHSK	0.841 (9.25)***	0.813 (7.36)***	0.817 (7.57)**	0.790 (6.38)**	0.833 (8.62)***
lnCGDP	1.624 (9.14)***	1.547 (9.36)***	1.487 (9.53)***	1.542 (8.41)**	1.613 (11.36)***
lnGDP	0.726 (6.34)***	0.777 (7.14)***	0.736 (6.42)***	0.715 (6.24)**	0.639 (5.31)**
lnCD	−0.423 (−3.34)***	−0.415 (−3.54)***	−0.430 (−4.23)**	−0.387 (−3.51)**	−0.376 (−3.43)***
lnXM	0.863 (7.46)***	0.665 (4.35)**	0.633 (4.47)***	0.441 (2.11)*	0.473 (6.25)***
lnW	0.676 (5.43)***	0.657 (6.47)***	0.700 (6.26)***	0.652 (5.47)**	0.615 (5.33)**
lnOFDI	0.514 (4.13)**	0.476 (4.35)***	0.489 (3.46)**	0.447 (3.62)**	0.486 (4.33)***
GS	0.007 (0.02)	0.035 (0.25)	0.047 (0.14)	0.025 (0.04)	0.041 (0.23)
EF	0.026 (0.05)	0.015 (0.09)	0.041 (0.01)*	0.025 (0.08)	0.009 (0.23)
LP	0.024 (0.05)	0.035 (0.34)	0.040 (0.26)	0.014 (0.37)	0.027 (0.15)
XY	0.145 (1.26)***	0.125 (2.20)***	0.137 (2.15)**	0.129 (1.11)*	0.131 (2.25)***
C	11.452 (20.09)***	19.379 (32.25)***	14.246 (25.49)***	17.352 (30.36)***	13.231 (25.12)***
AR(1)	0.001	0.001	0.004	0.002	0.003
AR(2)	0.153	0.275	0.120	0.180	0.247
Sargan	1.000	1.000	1.000	1.000	1.000
N	1795	1193	1323	467	1529

注:L.表示滞后 1 期,括号内为 t 值,***、**、* 分别代表 1%、5%、10%显著性水平。

核心解释变量中国与样本国进出口贸易总额,在所有模型通过显著性检验且为正,表明中国与不同洲的国家进行贸易都能驱动汉语的国际推广。从五个模型核心解释变量的相关系数大小来看,存在较为明显的洲际差异。亚洲样本国(模型 1)的相关系数较大,表明中国与亚洲国家开展国际贸易更能推动汉语普通话在亚洲地区的国际推广。中国作为四大文明古国之一,对世界文明特别是亚洲文明的发展作出重大贡献,并在东亚和东南亚地区形成历史上著名的"汉字文化圈"。中国与亚洲国家的文化相近、地理距离较近,为汉语在亚洲的国际推广提供了历史和天然条件,所以,中国与亚洲国家对外贸易的发展,对汉语在亚洲国际推广的驱动作用较大。其次是欧洲(模型2)和美洲(模型3)地区。我国与欧洲和美洲的很多发达国家具有巨额的进出口贸易额,庞大的对外贸易量对双语人才的需求很大,客观上为汉语在国际社会提供了更多的使用机会。中欧和中美进出口贸易的增加,对欧洲和美洲的汉语学习者也有很大引力,对外贸易是驱动汉语在欧洲和美洲国际推广的主要因素。大洋洲(模型4)和非洲(模型5)的相关系数相对较小,大洋洲距离中国较远且经济发达程度不高,大洋洲与中国的对外贸易量相对较少,而非洲多为发展中国家,对中国商品的消费能力有限,限制了中非贸易的深入发展,因此,汉语普通话在大洋洲和非洲的推广尚处于发展阶段。其他变量的估计结果和基准估计没有太大差异,这里不再赘述。

三、驱动力的稳健性检验

1991 年,只有新加坡、秘鲁、南非和澳大利亚四国有汉语水平考试考生。2022 年汉语水平考试考生已分布在全球 140 多个国家(地区),也就是说,汉语的国际推广是一个逐步推进的过程。那么,中国对外贸易的发展是否会提高尚未学习汉语的国家学习汉语的可能性,接下来,我们使用 Logit 模型进行广度边际检验。Logit 模型的被解释变量为虚拟变量,这里被解释变量设定为样本国 j 在第 t 年是否有 HSK 考生,如果样本国 j 在第 t 年有 HSK 考生其值取 1,否则取 0。滞后一期 HSK 变量取值方法为若样本国 j 在 $t-1$ 年有 HSK 考生其值取 1,如果没有 HSK 考生其值取 0,其他解释变量和控制变量的含义及数据来源与前述检验相同(见表 4-1)。

Logit 模型检验结果见表 4-7,其中,模型 1—3 是没有加入国别效应和时间效应的估计结果,模型 4—6 是同时加入国别效应和时间效应的估计结果,Pseudo R^2 和 LR 值表明估计结果比较理想。核心解释变量进出口贸易总额(XM)在所有模型中通过显著性检验且为正,表示中国对外贸易的发展能够提高尚未参加汉语水平考试的国家参加汉语水平考试的概率。中国对外贸易的发展,意味着中国与更多的国家更多的企业存在进出口贸易业务。进出口业务需要大量双语人才,国外企业或个人可以通过进出口贸易认识和了解中国,进而意识到汉语的经济价值和使用价值。学习汉语的双语人才可以获取较高的收入,也对其他人具有示范效应,学习汉语能够获取更多经济利益,进而提高尚未学习汉语的人学习汉语的兴趣,吸引更多的人学习汉语并参加汉语水平考试。其他解释变量和前述估计结果非常类似,进一步证明了本研究实证结论的稳健性,即中国对外贸易的发展是汉语国际推广的主要驱动因素。

表4-7 汉语国际推广的稳健性检验结果

模型	模型1	模型2	模型3	模型4	模型5	模型6
L.lnHSK	0.433 (3.24)***	0.425 (3.42)***	0.412 (4.16)***	0.425 (4.47)***	0.412 (3.83)***	0.390 (4.24)**
lnCGDP	0.324 (2.54)***	0.315 (2.21)***	0.289 (2.42)***	0.324 (3.25)**	0.253 (2.53)***	0.242 (2.31)***
lnGDP	0.152 (1.45)**	0.141 (1.23)**	0.136 (1.42)**	0.141 (2.25)**	0.132 (1.51)**	0.112 (1.42)**
lnCD	−0.123 (−1.42)**	−0.121 (−0.65)*	−0.090 (−0.77)**	−0.121 (−1.52)*	−0.097 (−0.62)**	−0.082 (−0.51)**
lnXM		0.353 (4.46)***	0.327 (3.14)***		0.347 (3.87)***	0.287 (2.42)**
lnW			0.376 (4.35)***			0.380 (3.27)**
lnOFDI			0.215 (2.25)**			0.183 (2.37)**
GS			0.009 (0.01)			0.016 (0.06)
EF			0.001 (0.01)*			0.013 (0.04)
LP			0.021 (0.25)			0.043 (0.33)
XY			0.276 (3.65)***			0.252 (3.47)***
C	5.283 (13.11)**	5.212 (11.36)**	9.636 (20.09)**	7.326 (13.57)**	12.411 (21.47)**	8.327 (19.28)**
γ	否	否	否	是	是	是
η	否	否	否	是	是	是
Pseudo.R^2	0.473	0.490	0.432	0.488	0.469	0.456
LR	184.15	194.28	188.90	142.53	110.46	192.25
N	6557	6557	6557	6557	6557	6557

注:L.表示滞后1期,括号内为t值,***、**、*分别代表1%、5%、10%显著性水平,γ表示国别效应,η表示时间效应。

第三节　趋势预测

汉语国际推广作为中国式现代化建设的重要内容,是实现中华民族伟大复兴的重要驱动力量。那么,汉语国际推广未来的发展趋势如何? 使用汉语的人数和分布区域又将如何变化? 我们通过选择合适的计量模型,对汉语的国际推广进行趋势预测研究。

一、预测方法及说明

现有文献的预测研究绝大部分属于"事后预测",即通过构建模型进行计量回归得到模型参数,然后使用所得参数及解释变量的样本数据对事物的发展态势进行"预测"。这种预测是在已知解释变量数值的情况下,把实际值与模型估计值进行校准。而"事前预测"是在不知道解释变量的情况下,对被解释变量进行预测,因此,首先需要对解释变量进行预测,然后使用解释变量的预测值及"事后预测"的模型参数估计值,对被解释变量进行预测研究。ARIMA(Autoregressive Integrated Moving Average Model)是一种用于时间序列预测的计量模型。该模型综合考虑事物发展的一般规律及扰动项对模型的干扰所造成的波动性,可以较为准确地预测事物的发展趋势,是当前应用较为广泛的预测方法之一。笔者首先使用 ARIMA 模型对中国经济规模、样本国经济规模、中国与样本国的文化距离、中国与样本国家的进出口贸易额、中国向样本国家的对外直接投资流量、政府美誉度、经济自由度、法治完善度等解释变量进行预测,然后使用解释变量的 ARIMA 预测值和基准检验模型中的估计参数,对被解释变量进行预测。

笔者对汉语国际推广的预测分为乐观预测、折中预测和悲观预测三种,其中,乐观预测使用解释变量的历史最大数据,用于表示汉语国际推广的最好发展趋势,悲观预测使用解释变量的历史最小数据,用于表示汉语国际推广的最差发展趋势,折中预测使用解释变量的 ARIMA 预测值,用于表示汉语国际推广的正常发展趋势,模型参数使用"事后预测"模型中的所得参数。根据汉语水平考试的考生人数,笔者把汉语使用区分为核心区、内围区、外围区、影响区和潜在区五大区域。其中,核心区指汉语为官方语言或HSK 考生数超过 100 万人的国家或地区,内围区指 HSK 考生数大于 10 万人小于 100 万人的国家或地区,外围区指 HSK 考生数大于 1 万人小于 10万人的国家或地区,影响区指 HSK 考生数大于 1 人小于 1 万人的国家或地区,潜在区指尚未有 HSK 考生的国家或地区。其中,HSK 人数我们使用历年累积值。因为 HSK 考生通过考试后即可获取相应等级的汉语水平考试证书,所以,每年的 HSK 考生绝大多数属于新增汉语学习者。根据汉考国际教育科技(北京)有限公司的统计数据,按照我们的分区原则,截至 2022 年,汉语核心区的国家或地区共有 5 个(中国大陆、中国香港、中国澳门、中国台湾和韩国),内围区的国家共有 5 个(泰国、日本、新加坡、菲律宾和印度尼西亚),外围区的国家或地区共有 22 个,影响区的国家或地区共有 102 个,潜在区的国家或地区共有 101 个(见图 4-1)。

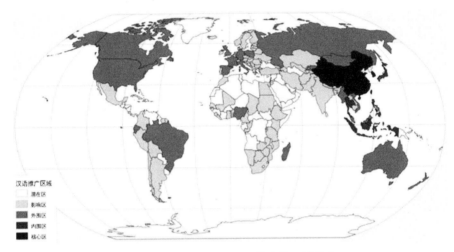

图 4-1　2022 年汉语国际推广的区域分布

二、预测结果及分析

根据以上基本原则,我们对 2023—2100 年汉语国际推广的进程进行三种预测,结果见表 4-8。限于篇幅,我们仅在表 4-8 中列出 2023 年、2030 年、2050 年、2070 年、2090 年和 2100 年的预测结果,其中,表 4-8 中的数量一栏表示学习汉语的国家或地区的个数,百分比一栏表示学习汉语的国家或地区数占全球国家或地区总数的比例。从折中预测结果来看,到 2050 年汉语核心区、内围区和外围区的国家或地区数为 55,占全球国家或地区总数的 24.1%,2100 年汉语核心区、内围区和外围区的国家或地区数将达126,占比为 55.3%,只有 21 个国家没有汉语水平考试考生。

乐观预测结果表明,到 2050 年汉语核心区、内围区和外围区的国家或地区数将达 109 个,占比为 47.8%,2100 年汉语核心区、内围区和外围区的国家或地区数为 172 个,占比为 75.4%,汉语水平考试考生将覆盖全球所有国家或地区。悲观预测结果认为,到 2050 年汉语核心区、内围区和外围区的国家或地区数为 47 个,占比为 20.6%,2100 年汉语核心区、内围区和外围区的国家或地区数为 99 个,占比为 43.4%,有 30 个国家或地区没有汉语水平考试考生。

表 4-8　汉语国际推广的趋势预测

国家或地区		2023		2030		2050	
		数量	百分比	数量	百分比	数量	百分比
乐观预测	核心区	7	3.07%	14	6.14%	26	11.40%
	内围区	8	3.51%	18	7.89%	32	14.04%
	外围区	27	11.84%	39	17.11%	51	22.37%
	影响区	106	46.49%	108	47.37%	97	42.54%
	潜在区	80	35.09%	49	21.49%	22	9.65%
折中预测	核心区	5	2.19%	6	2.63%	7	3.07%
	内围区	6	2.63%	7	3.07%	13	5.70%
	外围区	24	10.53%	26	11.40%	35	15.35%
	影响区	102	44.74%	105	46.05%	108	47.37%
	潜在区	91	39.91%	84	36.84%	69	30.26%
悲观预测	核心区	5	2.19%	6	2.63%	6	2.63%
	内围区	5	2.19%	6	2.63%	10	4.39%
	外围区	22	9.65%	24	10.53%	31	13.60%
	影响区	100	43.86%	101	44.30%	102	44.74%
	潜在区	96	42.11%	91	39.91%	79	34.65%
国家或地区		2070		2090		2100	
		数量	百分比	数量	百分比	数量	百分比
乐观预测	核心区	35	15.35%	39	17.11%	41	17.98%
	内围区	41	17.98%	53	23.25%	60	26.32%
	外围区	60	26.32%	64	28.07%	71	31.14%
	影响区	77	33.77%	70	30.70%	56	24.56%
	潜在区	15	6.58%	2	0.88%	0	0.00%

续表

国家或地区		2023		2030		2050	
		数量	百分比	数量	百分比	数量	百分比
折中预测	核心区	10	4.39%	14	6.14%	17	7.46%
	内围区	18	7.89%	26	11.40%	33	14.47%
	外围区	47	20.61%	68	29.82%	76	33.33%
	影响区	109	47.81%	94	41.23%	87	38.16%
	潜在区	48	21.05%	26	11.40%	21	9.21%
悲观预测	核心区	8	3.51%	10	4.39%	12	5.26%
	内围区	15	6.58%	23	10.09%	25	10.96%
	外围区	40	17.54%	51	22.37%	62	27.19%
	影响区	35	15.35%	39	17.11%	41	17.98%
	潜在区	41	17.98%	53	23.25%	60	26.32%

可以清晰地看出,80年后汉语国际推广的基本概况,以及因受各种因素影响汉语国际推广可能的变动区间。如果我们把核心区和内围区看作汉语使用的通用区域,把核心区、内围区和外围区看作汉语的广泛使用区域,根据预测结果,到2100年汉语的通用区将占全球国家或地区总数的21.9%(16.2%—44.3%)左右,汉语的广泛使用区将占全球国家或地区总数的55.3%(43.4%—75.4%)左右。中国不仅是人口大国,而且是贸易大国和经济大国,随着中国对外贸易的发展和经济实力的不断增强,汉语在国际经贸合作中的使用频率逐年提高,汉语的语言活力越来越强、使用价值也越来越大,逐渐具备发展成为国际通用语言的条件。同时,汉语发展成为国际通用语言也是一种客观趋势。当然,汉语的国际推广也是一个漫长的历史过程,需要几十年甚至上百年的时间,也需要更多的人付出更多的努力。今后,应进一步提升中国的语言自信,加大汉语国际推广的力度,加快实现中华民族的伟大复兴。

本章基于汉语国际推广快速发展及中华文化世界传播的基本事实,从国际经贸合作的视角实证检验了中国对外贸易发展和汉语国际推广的数量关系,构建拓展的语言引力模型,使用OLS固定效应和系统GMM两种估计方法,对汉语的国际推广进行实证比较研究,并对未来80年汉语的国际推广进程进行趋势预测研究。据此,得出以下主要结论:第一,语言交易成本阻碍国际经贸合作的发展,国际经贸合作促使低收入国家学习高收入国家的语言,高收入大国的语言将有机会发展成为国际通用语言。汉语是世界上使用人口最多的语言,随着中国对外贸易的发展和经济实力的不断增强,汉语普通话将有可能发展成为国际通用语言。第二,中国对外贸易的发展是汉语国际推广的重要驱动因素。从洲际差异来看,这一推动作用在亚洲的表现尤为明显;从企业性质差异来看,外商投资企业、国有单位企业和港澳台商投资企业等企业进出口贸易额的增加,对汉语学习者具有较强引力;从商品类别差异来看,工业制成品、化学品及有关产品、机械及运输设备、食品及主要供食用的活动物、矿物燃料润滑油及有关原料等五大类商品进出口贸易额的增加,对汉语国际推广的推动作用较为强劲。第三,中国不仅是人口大国而且是贸易大国,随着中国由贸易大国向贸易强国的转型及经济实力的不断提升,汉语普通话逐步具备发展成为国际通用语言的客观条件,但汉语的国际推广也是一个漫长的历史发展过程。笔者的预测结果认为,到 2100 年全球约有 55.3%(43.4%—75.4%)的国家或地区将广泛使用汉语,汉语将在全球约有 21.9%(16.2%—44.3%)的国家或地区通用。

　　汉语的国际推广绝不仅仅是简单的语言领域的问题。笔者首次构建了拓展的语言引力模型,并使用该模型实证研究汉语的国际推广,对中国对外贸易推动汉语国际推广的企业性质差异、商品类别差异、洲际差异及广度边际等进行实证检验。汉语国际推广的预测具有极大挑战性,笔者使用乐观预测、折中预测和悲观预测三种方法进行比较研究,以期为汉语的国际推广进程确定一个基本的预测值并界定一个合理的预测区间。该预测方法可以为学者们今后的研究提供借鉴。折中预测过程中使用解释变量的 ARIMA 预测值是一个有益的尝试,为学者们探寻更为科学合理的预测方法提供一个研究思路。目前,还没有关于国际通用语的统一衡量标准。笔者根据汉语水平考试考生人数,把汉语的使用区域分为核心区、内围区、外围区、影响区和潜在区五大区域,进而把汉语的核心区和内围区看作汉语的通用区域,把核心区、内围区和外围区看作汉语的广泛使用区域,用来衡量汉语的国际推广进程。该划分标准可为学界今后的进一步细化研究提供借鉴。汉语国际推广是一个极其庞大、极其复杂的浩大工程,今后,需要从更多层面,用更优方法,以更细标准、更高精度等进行更为深入的研究,并根据汉语国际推广进程的不断推进及国内外形势的发展变化,对预测结果进行及时校准和纠偏,以便得出更为精准的预测结果,为早日实现中华民族伟大复兴的中国梦提供科学的理论依据和合理的政策建议。

第五章 "一带一路"汉语国际 推广的案例研究

"一带一路"倡议有利于亚欧非国家的合作共赢,推动实现区域经济的快速增长,推进了全球经济再平衡的发展进程。"一带一路"倡议自提出以来,取得巨大成效。目前,我国与"一带一路"的对外贸易量占到我国对外贸易总量的近 1/3,"一带一路"共建国家和地区已是我国非常重要的贸易伙伴。我国与"一带一路"对外贸易的快速发展,提高了汉语在"一带一路"国际经贸合作中的使用频率,提升了汉语的使用价值,吸引了大量的汉语学习者。截至 2022 年底,我国已在"一带一路"建有孔子学院 217 所,大量的汉语学习者参加汉语水平考试,众多的留学生来华学习,为汉语的国际推广和中华文化的世界传播作出很大贡献。本章以"一带一路"为例,对汉语的国际推广进行案例研究,通过分析我国与"一带一路"对外贸易的现状和汉语在"一带一路"共建国家和地区的推广概况,构建语言引力模型,对"一带一路"汉语国际推广的驱动力进行量化测度,并进行汉语国际推广的空间差异检验、洲际差异检验、稳健性检验等。根据研究结论,提出加快"一带一路"汉语国际推广的推进策略。

第一节 概 况

自"一带一路"倡议提出以来,引起国内外学界、业界和政界的高度关注。近年来,我国与"一带一路"共建国家和地区的经贸往来愈发频繁、经贸合作愈发紧密。我国作为世界第一进出口货物贸易大国,在资源、资金、技术、管理等方面,与"一带一路"共建国家和地区具有极大的优势互补性,在推动构建人类命运共同体方面发挥重要作用。"一带一路"共建国家和地区众多、语言多样、宗教多元等,致使国家之间的沟通交流存在障碍。我国与"一带一路"对外贸易的发展,大大提高了汉语在国际经贸合作中的使用频率,加快了汉语国际推广的步伐。

一、"一带一路"倡议的提出

当前,国际社会,经济全球化、世界多极化、文化多样化、社会信息化特征明显。为了有效应对复杂的国际形势，进一步打造对外开放新高地，习近平总书记分别于 2013 年 9 月和 10 月提出建设"新丝绸之路经济带"和"21 世纪海上丝绸之路"的合作倡议，简称"一带一路"倡议（The Belt and Road Initiative）。古丝绸之路萌芽于先秦，西汉张骞出使西域促进古丝绸之路的形成，隋唐时期曾经盛极一时，中国的丝绸、瓷器、珠宝等源源不断地通过丝绸之路输向亚欧非等国家和地区，亚欧非等国家和地区的民族文化产品也通过丝绸之路输入中国。丝绸之路主要包括陆上丝绸之路和海上丝绸之路，是连接亚欧非国家的一条重要商道，同时也是世界文明交流融合的重要渠道。古丝绸之路为"一带一路"倡议的提出提供重要基础。自"一带一路"倡议提出以来，得到国际社会的普遍接受和认可。为了加快"一带一路"沿线的经贸合作，2014 年 10 月，亚洲基础设施投资银行在北京成立，旨在为沿线国家和地区的基础设施建设提供资金支持，推动沿线国家和地区的投资发展。2015 年 3 月，我国政府出台《推动共建丝绸之路经济带和 21 世纪海上丝绸之路的愿景与行动》，加快推进沿线国家和地区之间的战略合作。此后，沿线国家和地区之间的经贸合作更为频繁。同年，习近平总书记在博鳌亚洲论坛上明确，"一带一路"倡议是在现有合作机制上的进一步对接，而不是替代。2019 年 4 月 18 日，34 个国家和地区签署《"一带一路"税收征管合作机制谅解备忘录》，成立"一带一路"税收征管合作机制。同年 4 月 25 日，30 多个国家和地区在北京成立"一带一路"能源合作伙伴关系，加快推进沿线国家之间的能源合作。

　　"一带一路"横贯亚欧非地区，一头是经济活跃快速发展的东亚经济圈，一头是发展成熟的欧洲经济圈，包括北线、中线、南线、中心线等，中间腹地各国资源禀赋各异，具有本国独特的比较优势，有的国家资源丰富但开发技术欠佳，有的国家劳动力丰裕但就业岗位不够，有的国家市场规模很大但产业基础薄弱，有的国家急需基础设施建设但资金不足，沿线各国通过加强优势互补可以实现互利共赢。中国作为世界第一进出口货物贸易大国、世界第二大经济体、世界第一外汇储备国，在资金、技术、人才、管理等方面均具有很大优势，能够在"一带一路"合作中发挥引领作用。"一带一路"秉持和平合作、开放包容、互学互鉴、互利共赢的理念，在共商、共建、共享的原则下，实现政策沟通、设施联通、贸易畅通、资金融通、民心相通。由于"一带一路"共建国家和地区众多、语言多样、宗教多元等，国与国之间的经贸合作存在一定沟通障碍。通过加快中华文化的世界传播和汉语的国际推广，让更多的国家了解和认识中国，能增进国家之间的相互理解和信任，削弱甚至消除国家间的沟通障碍实现民心相通，增强沿线国家对"一带一路"合作共赢的认识。"一带一路"沿线既有资源丰富的发展中国家,又有极富发展活力的新兴经济体国家,还有发展成熟的发达国家,不同类型的国家之间存在极强的优势互补性,"一带一路"有望成为后危机时代拉动世界经济增长的新生力量。

二、我国与"一带一路"的贸易概况

我国于 2013 年提出"一带一路"倡议以来,得到国际社会的高度关注。"一带一路"共建国家和地区占世界人口的 2/3,占世界经济总量的 1/3,是一个非常有潜力的发展区域。传统的经济全球化首先兴起于欧洲,后由以美国为首的西方资本主义国家推向纵深发展,形成现在国际政治经济秩序的"西方中心论",出现东方从属于西方的现象。"一带一路"倡议的提出,有利于亚欧非国家的合作共赢推进区域经济的快速增长,推动全球经济再平衡的发展进程。由于我国与"一带一路"共建国家和地区具有良好的历史合作基础,自"一带一路"倡议提出后,我国与沿线国家的经贸合作取得了巨大成就。2022 年我国与"一带一路"共建国家和地区进出口贸易总额为 138339 亿元人民币,占我国进出口贸易总额的 32.88%,其中,向"一带一路"共建国家和地区出口贸易额为 78877 亿元人民币,占我国出口贸易总额的 32.91%,从"一带一路"共建国家和地区进口贸易额为 59461 亿元人民币,占我国进口贸易总额的 32.85%(见图 5-1)。[①] 目前,"一带一路"共建国家和地区已是我国非常重要的贸易伙伴,我国与"一带一路"的对外贸易额占到我国对外贸易总额的近 1/3。

改革开放以来,我国经济得到持续快速稳定增长,现已是世界第一进出口货物贸易大国、世界第二大经济体、世界第二大资本输出国。我国拥有大量优质产能、先进技术、资金、管理经验等,这与"一带一路"共建国家和地区形成明显的优势互补。"一带一路"共建国家和地区间的经贸合作,不仅有利于中国经济增长,而且能推动"一带一路"整体经济实力的提升。根据国家信息中心统计数据,截至 2022 年,我国与"一带一路"共建国家和地区对外贸易的增速绝大多数年份均高于我国对外贸易的增速(见图 5-2)。

2017 年我国对外贸易的增长率为 7.45%,我国与"一带一路"共建国家和地区对外贸易的增长率为 13.45%,即该年度我国与"一带一路"共建国家和地区对外贸易的增速,是我国对外贸易平均增速的近两倍。2018 年我

---

① 国家统计局:《中华人民共和国 2022 年国民经济和社会发展统计公报》,2023 年 2 月 28日,见 http://www.stats.gov.cn/sj/zxfb/202302/t20230228_1919011.html。

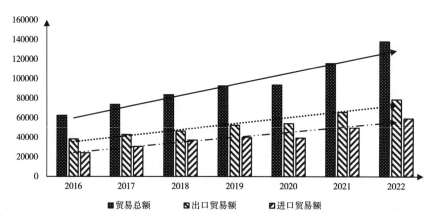

图 5-1　2016—2022 年中国与"一带一路"对外贸易发展趋势（单位：亿元）

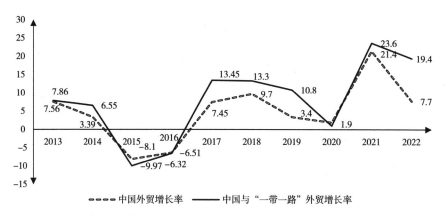

图 5-2　2013—2022 年中国与"一带一路"外贸增长率（单位：%）

国对外贸易的增速为 9.7%，我国与"一带一路"对外贸易的增速为 13.3%。受国际形势的影响，2019 年我国的对外贸易增速出现下降仅为 3.4%，而我国与"一带一路"共建国家和地区的对外贸易逆势而上增速为 10.8%，即 2019 年我国与"一带一路"共建国家和地区对外贸易的增速，是我国对外贸易平均增速的三倍多。2020 年由于全球贸易受疫情的影响，大多数国家外贸增长率均为负，我国外贸依然实现了正增长。2021 年我国对外贸易的增速为 21.4%，我国与"一带一路"对外贸易的增速为 23.6%。2022 年我国对外贸易的增速为 7.7%，我国与"一带一路"对外贸易的增速为 19.4%。我国通过加强与"一带一路"的经贸合作，构建政治互信、经济融合、文化包容的利益共同体、命运共同体和责任共同体，有利于推动世界经济的发展和进步。

表 5-1 中国与"一带一路"进出口贸易额前 20 位国家

单位:万美元

排名	地区	国家	进出口额	出口额	进口额
1	东盟	越南	23021449	13789507	9231942
2	东盟	马来西亚	17695996	7865488	9830508
3	独联体	俄罗斯	14716024	6755117	7960907
4	东盟	泰国	13118721	6935458	6183263
5	南亚	印度	12565302	9750751	2814551
6	东盟	印度尼西亚	12457032	6064749	6392283
7	东盟	新加坡	9392319	5510346	3881973
8	西亚	沙特阿拉伯	8728985	3032124	5696861
9	东盟	菲律宾	8204665	5728534	2476131
10	西亚	阿联酋	7232493	4375166	2857327
11	中东欧	波兰	4211970	3657787	554183
12	西亚	伊拉克	3734298	1068987	2665311
13	西亚	土耳其	3420076	2915179	504897
14	西亚	阿曼	3215685	356515	2859170
15	南亚	巴基斯坦	2782488	2424040	358448
16	中亚	哈萨克斯坦	2524982	1395926	1129056
17	南亚	孟加拉	2514134	2409441	104693
18	西亚	以色列	2282854	1529400	753454
19	西亚	科威特	2212401	436847	1775554
20	中东欧	捷克	2116142	1510814	605328

数据来源:中华人民共和国统计局。

从我国与"一带一路"对外贸易国别和地区分布来看(见表 5-1),以东盟、西亚、南亚等地区的国家为主。2022 年我国与"一带一路"进出口贸易额前 10 位的国家中东盟地区有 6 个国家:越南、马来西亚、泰国、印度尼西亚、新加坡、菲律宾;独联体有 1 个国家:俄罗斯;西亚地区有 2 个国家:沙特阿拉伯和阿拉伯联合酋长国;南亚地区有 1 个国家:印度。由于地理距离及历史因素等原因,目前我国与"一带一路"的对外贸易仍然以亚洲地区为主,与俄罗斯的进出口贸易额较大,与欧洲国家之间的贸易尚处于发展阶段。

三、"一带一路"汉语国际推广概况

我国与"一带一路"对外贸易的快速发展,提高了汉语在"一带一路"国际经贸合作中的使用频率,提升了汉语的国际使用价值,吸引了大量的汉语学习者。截至2022年底,我国已在"一带一路"建有孔子学院217所。大量的汉语学习者参加汉语水平考试,众多的留学生来华学习,为汉语的国际推广和中华文化的世界传播作出很大贡献。

(一)"一带一路"汉语国际需求状况

为了解"一带一路"共建国家和地区对汉语需求的状况,笔者通过网络调查问卷、实地调查问卷、委托第三方研究机构等方式发放调查问卷1000份,调查对象为孔子学院学员、汉语水平考试考生、来华留学生、跨国企业外国员工等,调查主题为汉语的需求情况,调查内容主要包括汉语学习者了解汉语的途径、学习汉语的原因、学习汉语的用途、期望学习汉语的内容等。

1. 汉语学习者了解汉语途径的调查

"一带一路"共建国家和地区居民了解汉语的途径,调查问卷设置五个选项,分别为中国商品、新闻报道、影视作品、亲戚朋友、跨国公司(见图5-3)。问卷调查结果认为,汉语学习者通过中国商品了解汉语的人数最多占62%,"一带一路"共建国家和地区居民通过与中国开展进出口贸易,从购买和消费中国商品的过程中可以认识汉语。其次是通过亲戚朋友了解汉语者占12%,通过新闻报道了解汉语的比例为11%,通过观看影视作品了解汉语的比例为8%,通过跨国公司了解汉语的人数占比7%。从问卷调查结果来看,中国对外贸易的发展是推动汉语国际推广的重要因素,带有中国民族文化特色和汉语言文字的商品出口是汉语国际推广的重要载体,中国商品是外国人了解汉语的非常重要途径,新闻报道、影视作品、亲戚朋友、跨国公司等也为"一带一路"共建国家和地区了解汉语提供重要渠道。

2. 汉语学习者学习汉语原因的调查

学习汉语原因的调查问卷设置五个选项,分别为国际地位、国际贸易、历史文化、自然环境、社会环境(见图5-4)。调查结果认为,"一带一路"共建国家和地区有37%的人因为中国国际地位的提升而学习汉语,有32%的人基于中国对外贸易的快速发展而学习汉语,13%的人学习汉语是为了解中国的历史文化,11%的人学习汉语是为了解中国的自然环境和旅游景点,7%的人学习汉语是被中国良好的社会环境吸引。因此,中国国际地位的提升和对外贸易的发展,是驱动汉语在"一带一路"国际推广的主要因素,中国的历史文化、自然环境、社会环境等对汉语学习者也有一定的吸引力。

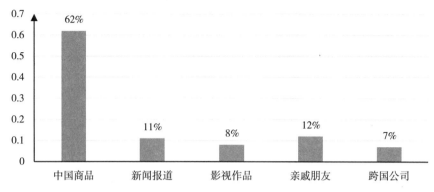

图5-3 "一带一路"共建国家和地区了解汉语的途径

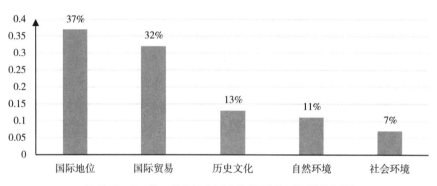

图5-4 "一带一路"共建国家和地区学习汉语的原因

3. 汉语学习者学习汉语用途的调查

学习汉语用途的调查问卷设置五个选项,分别是找工作、从事外贸、观光旅游、科学研究、丰富阅历(见图5-5)。调查结果认为,"一带一路"共建国家和地区有35%的人学习汉语是为了更好地找到工作,有31%的人学习汉语是为了从事进出口贸易,15%的人学习汉语是为了来中国观光旅游了解中国历史文化,9%的人学习汉语是为了科学研究的需要,11%的人学习汉语是为了丰富自己的知识和阅历。因此,更多的就业机会和更高的工资水平,是吸引"一带一路"共建国家和地区学习汉语的根本原因,经济利益是驱使汉语学习者学习汉语的主要因素。同时,来中国观光旅游的需要也吸引了一批汉语学习者,用于科学研究和丰富个人阅历方面的需求相对较弱。

4. 汉语学习者期望学习汉语内容的调查

期望学习汉语的内容调查问卷设置五个选项,分别为日常用语、经贸用

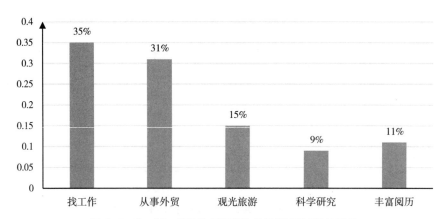

图5-5 "一带一路"共建国家和地区学习汉语的用途

语、科技用语、历史文化、旅游用语(见图5-6)。调查结果认为,"一带一路"共建国家和地区对日常用语和经贸用语的需要量最大,分别占比为36%和34%,其次旅游用语的需求量也比较大,占比为16%。这表明,语言是人们交往的一种工具,汉语学习者学习汉语非常注重实用性,日常生活交往的需要、外贸部门工作的需要、来中国旅游观光的交流需要等,都推动了汉语在"一带一路"共建国家和地区的推广。了解中国历史文化及学习中国科技等,目前还不是主流,但也是汉语学习者期望学习的内容之一。"一带一路"共建国家呈现以日常用语、经贸用语、旅游用语为主要内容,需求多样化的发展趋势。

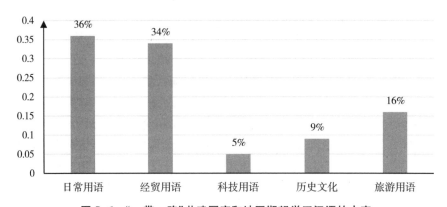

图5-6 "一带一路"共建国家和地区期望学习汉语的内容

(二)"一带一路"孔子学院概况

"一带一路"倡议源于古丝绸之路。古丝绸之路不仅是一条连接亚欧非国家的重要商道,而且是民族间文化交融文明互鉴的重要渠道。中国的丝绸、珠宝、瓷器等,通过丝绸之路源源不断地输向国外。汉语是丝绸之路的重要商贸通用语,中华文化也以这条商道为载体传向亚欧国家,并在东亚东南亚地区形成历史上著名的"汉字文化圈"。中华文明对世界文明特别是亚洲文明的发展作出重大贡献。

表 5-2　"一带一路"孔子学院数量前 20 位国家

单位:所

排名	地区	国家	总数	孔子学院	孔子课堂
1	东盟	泰国	29	17	12
2	独联体	俄罗斯	24	19	5
3	东盟	印度尼西亚	9	8	1
4	独联体	乌克兰	9	6	3
5	南亚	印度	8	5	3
6	南亚	巴基斯坦	8	5	3
7	独联体	白俄罗斯	7	6	1
8	中东欧	波兰	7	6	1
9	东盟	马来西亚	7	5	2
10	中东欧	匈牙利	6	5	1
11	东亚	蒙古	5	3	2
12	东盟	菲律宾	5	5	0
13	西亚	埃及	5	2	3
14	中亚	哈萨克斯坦	5	5	0
15	中东欧	罗马尼亚	5	4	1
16	西亚	土耳其	4	4	0
17	南亚	斯里兰卡	4	2	2
18	南亚	尼泊尔	4	2	2
19	中亚	吉尔吉斯斯坦	4	4	0
20	中东欧	斯洛伐克	4	3	1

数据来源:国家汉办。

　　自"一带一路"倡议提出以来,中国与"一带一路"共建国家和地区的经贸合作不断扩大,基于地理优势及历史原因等,中国与"一带一路"的文化交流也愈加密切。孔子学院作为中华文化世界传播和汉语国际推广的最典型代表,在"一带一路"发展迅速。截至 2022 年,"一带一路"共建国家和地区共建有 217 所孔子学院，其中，孔子学院 167 所，孔子课堂 50 所。"一带一路"孔子学院数量前 20 位的国家，见表 5-2。从孔子学院的分布区域来看，主要分布在东盟、独联体、南亚、中东欧等地区，东盟的泰国数量最多共计 29 所，其中孔子学院 17 所，孔子课堂 12 所，其次是俄罗斯 24 所，其中孔子课堂 19 所，孔子课堂 5 所。

　　表 5-1 描述了 2022 年我国与"一带一路"共建国家和地区进出口贸易的概况，表 5-2 为我国在"一带一路"共建国家和地区建立孔子学院的分布情况。我们把表 5-1 和表 5-2 进行对比发现，"一带一路"沿线与我国进出口贸易额前 5 位的国家，和孔子学院数量前 5 位的国家有 3 个国家重合：俄罗斯、印度、泰国，"一带一路"沿线与我国进出口贸易额前 10 位的国家，和孔子学院数量前 10 位的国家有 5 个国家重合：俄罗斯、印度、泰国、印度尼西亚、马来西亚。这在很大程度上表明，"一带一路"沿线与我国进出口贸易额较大的国家，建立的孔子学院数量也较多，对外贸易发展和孔子学院数量存在一定的内在关系。我国对外贸易的发展，提高了汉语在国际经贸合作中的使用频率，提升了汉语的使用价值，吸引了更多的汉语学习者，对外贸易是驱动汉语国际推广的重要因素。

　　（三）"一带一路"HSK 考试概况

　　我国与"一带一路"共建国家和地区对外贸易的快速发展，提高了汉语在"一带一路"国际经贸合作中的使用频率，提升了汉语的使用价值，吸引了很多汉语学习者，参加汉语水平考试的人数与日俱增。沿线国家的汉语学习和使用者，不仅可以获取和本国其他人一样的收入，而且可能得到更多的就业机会和更高的工资。中国与"一带一路"进出口贸易的发展，为沿线国家创造了大量就业岗位，特别是外贸部门的双语人才就业岗位。"一带一路"共建国家和地区拥有世界约 2/3 的人口，经济总量占世界经济总量的约 1/3，我国与"一带一路"共建国家和地区的进出口贸易额占我国进出口贸易总额的约 1/3。"一带一路"共建国家和地区间的优势互补性非常明显，既有自然资源丰富而开发能力欠佳的发展中国家，又有经济发展活力很强的新兴经济体国家，还有经济发展成熟资金丰裕的发达国家，国家之间在自然资源、劳动力、技术、资金、管理经验等方面具有极强的互补性。"一带一路"倡议旨在共商、共建、共享的原则下，实现沿线各国的政策沟通、设施联通、贸易畅通、资金融通、民心相通。我国与"一带一路"共建国家和地区的关税水平已经从加入世界贸易组织时的 15.3% 下降过半，大大促进了我国与沿线国家之间的进出口贸易。

　　中国是世界第一进出口货物贸易大国，中国的官方语言为汉语，汉语是世界上使用人数最多的语言。"一带一路"沿线拥有近六十种官方语言,由于语言差异,其他国家在与中国进行贸易时存在一定沟通障碍。要消除这种沟通障碍,解决方式为其他国家学习汉语或者中国学习其他国家语言。由于我国的进出口贸易额很大,汉语在"一带一路"经贸合作中的使用范围非常广泛,使用频率也很高,其他国家学习汉语可以获取更多的贸易收益。而中国学习其他国家语言则只能与特定国家开展贸易,如果这个国家的进出口贸易额较小,学习这种语言的使用范围较窄使用价值较小,成本收益率较低。因此,其他国家学习汉语的成本收益率要大于中国学习其他国家语言的成本收益率,其他国家学习汉语的愿望较为强烈。近年来,"一带一路"共建国家和地区参加汉语水平考试人数的逐年增加,证明了这一观点。从参加汉语水平考试考生的地理分布来看,亚洲的考生最多,其次是欧洲和非洲。这与中国对外贸易的地理分布非常类似,即中国与沿线国家进出口贸易额较大的地区,参加汉语水平考试的人数也较多,中国与沿线国家进出口贸易额较小的地区,参加汉语水平考试的人数也相对较少。

(四)"一带一路"留学生概况

留学生是国与国之间文化交融文明互鉴的重要载体,对语言的国际传播具有重要的推动作用。随着中国与"一带一路"共建国家和地区进出口贸易的快速发展及中国经济实力的迅速提升,中华文化和汉语的国际吸引力不断增强,"一带一路"的来华留学生呈逐年递增趋势。孔子学院和汉语水平考试,为留学生学习汉语认识中国提供重要条件。2022年世界各国来华留学的学生数超过44万,其中,有近一半的留学生来自"一带一路"共建国家和地区,来华留学生规模为207746人,较2021年增长12.1%,来华留学生数量前10强的国家中"一带一路"沿线有6个:泰国、巴基斯坦、俄罗斯、印尼、老挝、哈萨克斯坦。从来华留学生的层次来看,留学生层次不断提高质量不断提升,2022年中国政府对来华留学生的奖学金有71%颁发给了硕士和博士研究生,其中,来自"一带一路"共建国家和地区的留学生获取奖学金的比例达62%。2022年中国出国的留学生规模为59.91万人,较2021年增长37.21%,其中自费出国的留学生数为51.33万人,表明中国经济增长使人们的收入水平不断提高,增加了出国教育资金的投入。① 留学生规模不断扩大、质量不断提升,意味着中国与世界各国特别是"一带一路"共建国家的文化交流越来越频繁,客观上推动了汉语的国际推广和中

① 国家统计局:《国家数据》,2022年4月20日,见 https://data.stats.gov.cn/easyquery.htm?cn=C01。

华文化的世界传播。中国与"一带一路"共建国家和地区民心相通的程度越来越深,"一带一路"共建国家和地区对中国的认识越来越深刻。

我国的留学生教育不仅为世界培养出服务于外贸领域的双语人才,而且培养出很多行业的商业领袖、社会精英等。国际留学市场长期以来被美国、英国、法国、德国等垄断,近年来,这些发达国家仍然保持很大的市场优势。随着中国对外贸易的快速发展和经济实力的增强,汉语在国际社会中的使用价值逐年提升。学习并使用汉语能够获取更多的经济利益,经济利益的驱使吸引了大量的汉语学习者。有些海外学子通过来华留学的方式,亲自体验中国文化并学习汉语,也有些通过在孔子学院学习的方式,提高自己对中华文化的认识并提升自己的汉语应用水平,中国在国际留学市场中的实力不断提升。海外留学生学成回国后服务于社会不同领域,为"一带一路"命运共同体建设作出重要贡献。总体来看,我国的国际留学市场还处于发展阶段,来华留学生以发展中国家为主,来自美国、英国、法国等发达国家的海外留学生数量相对较少。我国京津、华东、中南地区等经济较为发达的省份对海外留学生的吸引力较大,西北和西南地区的吸引力相对较弱,同时,来华留学生的层次和质量还须进一步提升,奖学金的作用也须进一步发挥。

第二节　驱动力实证检验

前述基于替代弹性不变函数(CES)为引力模型构建了微观基础,消除了学者们关于引力模型缺乏微观基础的疑虑,并以语言活力模型为基础对引力模型进行拓展研究,构建拓展的语言引力模型。这里,使用上一章构建的拓展语言引力模型,测度对外贸易对"一带一路"汉语国际推广的驱动力,并对驱动力的空间差异、洲际差异、稳健性等进行检验,使用乐观预测、折衷预测和悲观预测三种方法,预测汉语在"一带一路"国际推广的发展趋势。

一、基准检验

(一) 语言引力模型构建

根据前述推导的拓展语言引力模型,笔者认为,语言的引力受到诸多因素的影响,其中,语言的引力同国家的经济规模成正比,同国家间的文化距离成反比。中国经济实力的增强,意味着中国和"一带一路"共建国家和地区的经贸合作更加频繁,使用汉语的频率相应提高。因此,中国经济实力的增强可以推动汉语在"一带一路"的国际推广。"一带一路"共建国家和地区经济规模的扩大,意味着可能会对中国商品产生更大需求。由于中国是世界第一进出口货物贸易大国,学习并使用汉语不仅可以获取和其他人相同的收入,而且意味着可能得到更多的就业机会和更高的工资水平,从而成为吸引"一带一路"汉语学习者的主要因素。我国与"一带一路"共建国家和地区的文化距离越大,表示"一带一路"共建国家和地区的语言与汉语的编码解码规则差异越大,对"一带一路"共建国家和地区来讲汉语的学习难度也越大,需支付的语言交易成本较高。因此,文化距离是阻碍"一带一路"共建国家和地区学习汉语的重要因素。基于这一思路,我们构建如下"一带一路"基本语言引力模型:

$$\ln HSK_{ijt} = \alpha_0 + \alpha_1 \ln CGDP_{it} + \alpha_2 \ln GDP_{jt} + \alpha_3 \ln CD_{ijt} + \varepsilon_{ijt} \qquad (5\text{-}1)$$

其中,i 表示语言推广国中国,j 表示"一带一路"语言学习和使用国 j 国,t 表示时间,HSK_{ijt} 表示 t 期 j 国学习并使用汉语的人数,$CGDP_{it}$ 表示 t 期中国的经济规模,GDP_{jt} 表示 t 期"一带一路"j 国的经济规模,CD_{ijt} 表示 t 期"一带一路"j 国和中国的文化距离,ε 表示随机扰动项,取对数是为了削弱可能的异方差。

根据对外贸易驱动汉语国际推广的理论机理,贸易中的经济利益是驱使汉语学习者学习汉语的根本因素。中国与"一带一路"沿线对外贸易的发展提高汉语的使用价值,贸易中的经济利益驱使"一带一路"沿线更多的国家学习并使用汉语。因此,对外贸易(MX)是驱动汉语在"一带一路"国际推广的重要因素。中国收入水平的提升对其他国家的汉语学习者具有很大引力,因此,我们把中国的收入水平嵌入基本语言引力模型。汉语的国际推广和中华文化的世界传播是诸多因素共同推动的结果,我们在模型中还加入其他可能影响汉语国际推广的控制变量。当期语言学习者可能会对潜在语言学习者产生示范效应,实现语言学习的代际传承。为了考虑模型的动态影响,我们加入被解释变量的滞后一期。最终,我们构建如下拓展的语言引力模型:

$$\ln HSK_{ijt} = \alpha_0 + \alpha_1 \ln HSK_{ij,t-1} + \alpha_2 \ln CGDP_{it} + \alpha_3 \ln GDP_{jt} +$$
$$\alpha_4 \ln CD_{ijt} + \alpha_5 \ln MX_{it} + \alpha_6 \ln W_{it} + \alpha_7 X_{ijt} + \gamma_j + \eta_t + \varepsilon_{ijt}$$
$$(5\text{-}2)$$

其中,MX 表示中国与"一带一路"共建国家和地区的进出口贸易额,W 表示中国的收入水平,X 表示控制变量,γ 表示国别效应,η 表示时间效应,ε 为随机扰动项,其他字母含义同公式(5-1)。

（二）变量设定及说明

汉语水平考试（HSK）由国家汉办主办，主要用于测试母语非汉语的汉语学习者的汉语应用能力。汉语水平考试考生数量，在很大程度上代表了"一带一路"共建国家和地区学习并使用汉语的人数。为了分析对外贸易对"一带一路"汉语国际推广的推动作用，我们把被解释变量设定为"一带一路"汉语国际推广（HSK），用样本国年度参加 HSK 的考生人数作为代理变量。HSK 考生是"一带一路"共建国家和地区的主要汉语学习及使用者，HSK 考生越多表示汉语在"一带一路"的使用范围越广使用频率越高，汉语的国际推广越成功。根据引力模型的基本原理，我们首先设定引力模型的三个传统解释变量：中国经济规模、样本国经济规模及文化距离。中国经济规模和样本国经济规模分别用中国的国内生产总值和"一带一路"共建国家和地区的国内生产总值表示，文化距离我们使用"一带一路"共建国家和地区和中国的文化距离（CD）代替。中国经济规模的扩大能提升中国经济实力，提高汉语的经济价值，对"一带一路"的汉语学习者具有引力作用。样本国经济规模扩大，意味着"一带一路"共建国家和地区与中国进行经贸合作的概率增加，汉语的使用频率也相应提高。文化距离越大表示"一带一路"共建国家和地区与中国的文化差异越明显，语言编码解码的规则存在的差异较大，"一带一路"共建国家和地区学习汉语的难度提高。因此，文化距离是阻碍汉语在"一带一路"推广的重要因素。

核心解释变量为中国与样本国的进出口贸易总额（MX）。由于中国是世界第一进出口货物贸易大国，如果"一带一路"共建国家和地区与中国的进出口贸易总额较大，表示在国际经贸合作中汉语的使用频率较高，汉语的使用价值也会随之增加，将吸引更多的汉语学习者，能推动汉语在"一带一路"的国际推广。反之，汉语在国际经贸合作中使用的频率较小，汉语的使用价值较低，对汉语学习者的吸引力下降。根据前述对外贸易驱动汉语国际推广的理论机理，我们考虑变量中国收入水平（W）对汉语国际推广的影响，用中国年度平均可支配收入作为代理变量。随着中国收入水平的提高，"一带一路"共建国家和地区的汉语学习者不仅可以获取和本国其他人相同的收入，而且意味着可能有更多双语就业机会和更高工资。因此，中国收入水平的提升，是吸引"一带一路"汉语学习者学习汉语的重要因素。

我们在模型中加入以下可能影响汉语在"一带一路"国际推广的控制变量：中国向样本国家的对外直接投资额（OFDI）、政府美誉度（GS）、经济自由度（EF）、法治完善度（LP）、中国是否与样本国家政府签署学生交换协议（XY）。中国向"一带一路"共建国家和地区对外直接投资额的增加，意味着双边跨国合作规模扩大,对双语人才的需求量增加。国家的制度质量也可能成为影响汉语国际推广的因素,如果样本国家具有较高的政府美誉度、经济自由度和法治完善度,意味着样本国家对腐败现象的惩处力度较大,实行更为开放包容的对外政策,能够更好地保护合约双方的合法权益,可以为国际经贸合作创造良好的宏观环境,能吸引"一带一路"共建国家和地区更多的汉语学习者。如果中国政府与"一带一路"共建国家政府签署学生交换协议,国家之间的学生交换与学术合作增加,可以为双边语言的沟通与交流提供更为便捷的通道。变量设定及说明,见表5-3。

表5-3 变量含义及数据来源

变量	含义	数据来源
汉语国际推广(HSK)	用"一带一路"共建国家 j 在第 t 年参加汉语水平考试的考生人数表示	国家汉办
进出口贸易额(MX)	用中国在第 t 年与"一带一路"共建国家的进出口贸易总额表示	联合国统计署数据库,中国统计年鉴
中国经济规模(CGDP)	用中国在第 t 年的国内生产总值表示	联合国统计署数据库
样本国经济规模(GDP)	用"一带一路"共建国家在第 t 年的国内生产总值表示	联合国统计署数据库
文化距离(CD)	用中国和"一带一路"共建国家在第 t 年文化之间的距离表示	https://geerthofstede.com
中国收入水平(W)	用中国在第 t 年工人的年度可支配收入表示	中国统计年鉴
对外直接投资额(OFDI)	对外直接投资额用中国在第 t 年向"一带一路"共建国家的对外直接投资流量表示	联合国统计署数据库
政府美誉度(GS)	主要包括中国对腐败的控制力度、政策透明度及对犯罪行为的惩处力度等	Worldwide Governance Indicators
经济自由度(EF)	主要包括国家的市场化程度、政府对市场的干预度、企业的自由选择度等	The Heritage Foundation
法治完善度(LP)	主要包括国家市场经济体制的完善程度,对违反合约的惩处力度及对交易双方合法权益的保护度	Worldwide Governance Indicators
学生交换协议(XY)	虚拟变量,如果"一带一路"共建国家和中国政府签署学生交换协议其值取1,否则取0	国家汉办

（三）数据来源及说明

这里，使用样本国家年度参加汉语水平考试的人数，作为被解释变量"一带一路"汉语国际推广的衡量指标。相关数据来自国家汉办和汉考国际教育科技(北京)有限公司，核心解释变量中国与"一带一路"共建国家的进出口贸易总额的数据来自《联合国统计署数据库》和《中国统计年鉴》，中国的年均可支配收入数据来自《中国统计年鉴》，中国 GDP、"一带一路"共建国家 GDP、中国向"一带一路"共建国家年度对外直接投资流量等变量数据来自《联合国统计署数据库》和《中国对外直接投资统计公报》。霍夫斯泰德的文化维度理论具有较高的权威性并被学者们广泛使用，文化维度的原始数据来自霍夫斯泰德网站(https://geerthofstede.com)。笔者通过计算中国和"一带一路"共建国家的文化维度得分之差的绝对值，来表示中国和"一带一路"共建国家的文化距离。世界银行每年公布全球两百多个国家的政治治理指标，用来衡量每个国家的制度质量。使用政府美誉度、法治完善度和经济自由度三个变量衡量制度质量，三个变量指标的数值范围均是从 0 到 100，数值越大表示制度质量越高。政府之间签订学生交换协议，能为两国的文化交流和语言学习提供重要条件。学生交换协议变量为虚拟变量，如果"一带一路"共建国家和中国已签署学生交换协议，其值取 1，否则取 0。数据的分析年限为 2013—2022 年，变量数据的描述性统计见表 5-4。

表 5-4　变量数据描述性统计

变量	均值	标准差	最大值	最小值
HSK	3590.25	542.51	113904.00	0.00
MX	2154.36	276.33	15215.83	144.38
CGDP	79645.47	5265.15	129256.41	3531.42
GDP	1894.32	311.26	148265.15	469.36
CD	52.42	5.09	79.87	0.13
W	37352.21	2085.15	69867.00	9476.00
OFDI	9143.26	47.53	18645.16	85.31
GS	54.42	11.49	99.00	0.00
EF	63.26	9.41	100.00	0.00
LP	51.57	8.23	98.00	0.00
XY	0.47	0.12	1.00	0.00

（四）基准检验

为了测度对外贸易对"一带一路"汉语国际推广的驱动力，首先基于语言引力模型进行基准检验。面板数据的实证检验主要包括随机效应、固定效应和混合效应三种估计方法。豪斯曼检验结果认为固定效应优于随机效应，F 检验结果认为固定效应优于混合效应，所以，我们最终选择固定效应进行计量回归。内生性是计量回归中较为常见的现象，如果模型存在内生性，固定效应的估计结果可能是有偏的。系统 GMM 估计方法通过差分的方式，在一定程度上可以削弱模型的内生性。为了保证估计结果的可信度，我们把固定效应和系统 GMM 的估计结果同时列于表 5-5。其中，模型 1-3 是固定效应的估计结果，模型 4-6 是系统 GMM 方法的估计结果，模型 1 和 4 是引力模型传统变量的估计结果，模型 2 和 5 是加入核心解释变量的语言引力模型估计结果，模型 3 和 6 是在模型 2 和 5 的基础上加入控制变量的估计结果。表 5-5 的估计结果显示，模型中绝大多数变量通过显著性检验，AR 值和 Sargan 值表明估计结果较为理想，OLS 固定效应估计结果和系统 GMM 估计结果没有太大差异，在一定程度上验证了实证结果的稳健性。

表 5-5　基准估计结果

变量	OLS 固定效应			S-GMM		
	模型 1	模型 2	模型 3	模型 4	模型 5	模型 6
L.lnHSK	0.872 (5.14)***	0.851 (5.26)***	0.843 (6.14)***	0.857 (5.35)***	0.850 (6.44)***	0.833 (5.17)***
lnCGDP	1.590 (9.14)***	1.576 (9.31)***	1.541 (9.64)***	1.578 (9.25)***	1.541 (7.74)***	1.475 (8.83)***
lnGDP	0.852 (6.42)**	0.841 (7.53)***	0.743 (6.41)**	0.836 (7.63)**	0.830 (6.41)*	0.765 (5.73)**
lnCD	−0.413 (−4.25)**	−0.403 (−3.67)**	−0.375 (−4.35)**	−0.411 (−4.27)**	−0.374 (−3.43)**	−0.362 (−3.37)**
lnMX		0.675 (4.42)***	0.673 (4.09)**		0.651 (4.64)**	0.635 (4.11)**
lnW			0.613 (5.36)***			0.582 (5.19)**
lnOFDI			0.547 (5.25)***			0.536 (4.70)**
GS			0.006 (0.05)			0.089 (0.15)

续表

变量	OLS 固定效应			S-GMM		
	模型 1	模型 2	模型 3	模型 4	模型 5	模型 6
EF			0.001 (0.01)*			0.002 (0.01)*
LP			0.026 (0.27)			0.033 (0.77)
XY			0.125 (1.15)**			0.103 (1.49)**
C			8.635 (5.26)***			6.178 (4.54)***
AR(1)				0.001	0.001	0.002
AR(2)				0.143	0.127	0.176
Sargan				1.000	1.000	1.000
Adj.R2	0.457	0.426	0.416			
N	527	527	527	527	527	527

注:L.表示滞后 1 期,括号内为 t 值, ***、**、* 分别代表 1%、5%、10%显著性水平。

　　我们基于表 5-5 的实证结果,对影响"一带一路"汉语国际推广的因素进行分析。核心解释变量进出口贸易总额(MX)通过显著性检验,且相关系数为正,表示"一带一路"参加汉语水平考试的人数与中国和样本国家的进出口贸易总额呈正相关关系。即中国和"一带一路"共建国家的进出口贸易总额越大,"一带一路"共建国家和地区学习并使用汉语的人数越多。也就是说,我国对外贸易发展,能够驱动汉语在"一带一路"的国际推广。中国的平均收入水平 W 通过显著性检验,且相关系数为正,表明中国居民的年均可支配收入和汉语水平考试人数呈正相关关系,中国居民收入水平的提升能吸引"一带一路"共建国家和地区更多的汉语学习者。HSK 滞后一期的相关系数显著为正,表示汉语普通话的国际推广有一定惯性。当前的汉语学习者对潜在汉语学习者有一定的示范效应,这种示范效应可能会把潜在汉语学习者变为现实汉语学习者。

　　引力模型的三个传统解释变量通过显著性检验。中国经济实力的提升,极大地推动了汉语的国际推广。样本国家经济规模的扩大,意味着"一带一路"共建国家和地区和中国的经贸往来更为频繁,对双语人才的需求量增加,客观上能推动汉语的国际推广。其中,变量中国经济规模的相关系数大于变量样本国家经济规模的相关系数,表示在汉语国际推广进程中中国的推力作用大于"一带一路"共建国家和地区的引力作用。文化距离的相关系数显著为负,表示样本国家和中国的文化距离是阻碍汉语国际推广的重要因素,文化距离越大,"一带一路"共建国家和地区与中国的语言编码解码规则差别越大,汉语的学习难度也会增加。变量中国的对外直接投资通过显著性检验,表示对外直接投资作为国际经贸合作的重要形式,对双语人才同样具有强劲的需求,在很大程度上推动了汉语在"一带一路"的国际推广。三个制度变量在大部分模型中没有通过显著性检验,但相关系数为正,表示中国制度质量的提升是吸引"一带一路"共建国家和地区学习汉语的因素之一,但目前尚未表现出强劲的引力作用。变量政府之间的学生交换协议通过显著性检验且相关系数为正,表示两国政府签署学生交换协议可为汉语学习者的语言学习提供重要途径。

二、分 类 检 验

(一)空间差异检验

前述基准检验结果认为,我国对外贸易的发展,驱动了汉语在"一带一路"共建国家和地区的推广。"新丝绸之路经济带"又简称为"一带",主要包括"一带一路"陆上沿线国家,"21世纪海上丝绸之路"又简称为"一路",主要包括"一带一路"海上沿线国家。由于"一带"沿线国家和"一路"沿线国家在经济发展水平、自然资源、地理位置等方面存在一定差异,为了检验对外贸易驱动"一带一路"汉语国际推广的作用是否存在空间地理差异,把总样本分成"一带"国家子样本和"一路"国家子样本,使用系统GMM估计方法再次进行检验,检验结果列于表5-6。其中,模型1-3是"一带"国家子样本估计结果,模型4-6是"一路"国家子样本估计结果。表5-6的估计结果显示,模型中的主要变量均通过了显著性检验,AR值和Sargan值表明估计结果较为理想。

表5-6 空间差异估计结果

变量	"一带"国家			"一路"国家		
	模型1	模型2	模型3	模型4	模型5	模型6
L.lnHSK	0.841 (4.41)***	0.817 (4.15)***	0.809 (5.00)***	0.776 (4.42)***	0.735 (4.31)***	0.686 (5.78)***
lnCGDP	1.584 (6.56)***	1.531 (7.47)***	1.115 (6.82)***	1.532 (9.15)***	1.528 (7.42)***	1.487 (8.41)***

续表

变量	"一带"国家			"一路"国家		
	模型1	模型2	模型3	模型4	模型5	模型6
lnGDP	0.824 (5.52)**	0.812 (6.34)***	0.767 (4.41)**	0.826 (6.51)**	0.789 (5.33)*	0.741 (7.31)**
lnCD	−0.422 (−2.41)**	−0.415 (−2.52)**	−0.370 (−2.47)**	−0.432 (−2.29)**	−0.386 (−3.83)**	−0.379 (−3.11)**
lnMX		0.687 (4.31)***	0.624 (4.09)**		0.535 (4.34)**	0.517 (4.17)**
lnW			0.642 (5.78)***			0.554 (5.53)**
lnOFDI			0.524 (5.46)***			0.541 (4.33)**
GS			0.057 (0.07)			0.029 (0.45)
EF			0.002 (0.01)*			0.001 (0.01)*
LP			0.014 (0.01)			0.026 (0.46)
XY			0.156 (1.33)**			0.124 (1.56)**
C			8.475 (5.35)***			6.274 (4.25)***
AR(1)	0.001	0.000	0.001	0.001	0.000	0.001
AR(2)	0.124	0.157	0.115	0.138	0.149	0.136
Sargan	1.000	1.000	1.000	1.000	1.000	1.000
N	339	339	339	138	138	138

注:L.表示滞后1期,括号内为t值,***、**、*分别代表1%、5%、10%显著性水平。

　　核心解释变量进出口贸易总额(MX)在模型1-6中均通过显著性检验且系数为正,表示中国与"一带一路"对外贸易的发展推动了汉语在沿线国家的推广。"一带"国家的估计结果和"一路"国家的估计结果存在一定差异,"一带"国家进出口贸易变量的相关系数较大,表明对外贸易驱动汉语国际推广的作用在"一带"国家更为明显。"一带"国家是"一带一路"的陆上沿线国家,中国是一个以陆权为主的国家,古丝绸之路也以陆上贸易为主,良好的历史基础和优越的地理位置为中国与"一带"国家的进出口贸易提供重要条件,同时加速了汉语在"一带"国家的推广。"一路"国家进出口贸易变量的相关系数相对较小,表示我国与"一路"国家的经贸合作还需进一步加强,汉语在"一路"国家的推广也需要加快推进。"一带"国家模型中中国收入水平变量的相关系数也大于"一路"国家,表明中国收入水平的提升对"一带"国家汉语学习者的引力较大。其他解释变量和控制变量与基准回归结果没有表现出明显差异,这里不再赘述。

(二) 洲际差异检验

"一带一路"共建国家和地区主要分布在东亚、东盟、西亚、南亚、中亚、独联体、中东欧等地区,分别隶属于亚洲和欧洲。那么,对外贸易对汉语在"一带一路"国际推广的推动作用,是否会因洲际分布而存在差异?我们再次把总样本分为亚洲国家子样本和欧洲国家子样本,使用系统 GMM 估计方法进行洲际差异检验(检验结果列于表 5-7)。其中,模型 1-3 是亚洲国家子样本估计结果,模型 4-6 是欧洲国家子样本估计结果。表 5-7 的估计结果显示,模型中的主要变量均通过显著性检验,AR 值和 Sargan 值表明估计结果较为理想。

表 5-7 洲际差异估计结果

变量	亚洲			欧洲		
	模型 1	模型 2	模型 3	模型 4	模型 5	模型 6
L.lnHSK	0.853 (3.27) ***	0.850 (4.52) ***	0.821 (5.39) ***	0.774 (4.26) ***	0.651 (4.31) ***	0.615 (5.71) ***
lnCGDP	1.583 (4.27) ***	1.565 (5.38) ***	1.364 (4.51) ***	1.546 (6.53) ***	1.527 (5.63) ***	1.483 (6.29) ***
lnGDP	0.835 (5.14) **	0.822 (6.31) ***	0.773 (4.41) **	0.821 (6.36) **	0.724 (5.41) *	0.711 (7.73) **
lnCD	−0.441 (−2.53) **	−0.426 (−3.37) **	−0.384 (−2.51) **	−0.433 (−2.53) **	−0.376 (−3.26) **	−0.352 (−3.62) **
lnMX		0.741 (4.43) ***	0.737 (4.21) **		0.463 (2.41) **	0.426 (2.55) **
lnW			0.753 (7.41) ***			0.451 (4.35) *
lnOFDI			0.551 (5.53) ***			0.526 (4.78) **
GS			0.016 (0.53)			0.087 (0.16)
EF			0.001 (0.01) *			0.001 (0.01) *

续表

变量	亚洲			欧洲		
	模型 1	模型 2	模型 3	模型 4	模型 5	模型 6
LP			0.011 (0.65)			0.049 (0.53)
XY			0.154 (1.43)**			0.126 (1.39)**
C			8.852 (6.37)***			6.479 (5.46)***
AR(1)	0.001	0.001	0.001	0.001	0.000	0.001
AR(2)	0.146	0.137	0.146	0.178	0.159	0.146
Sargan	1.000	1.000	1.000	1.000	1.000	1.000
N	321	321	321	147	147	147

注:L.表示滞后 1 期,括号内为 t 值,***、**、* 分别代表 1%、5%、10%显著性水平。

核心解释变量进出口贸易总额(MX)在模型 1—6 中均通过显著性检验且相关系数为正,进一步验证了笔者的观点,即中国与"一带一路"对外贸易的发展能够推动汉语在沿线国家的推广。表 5-7 显示,亚洲国家子样本的估计结果和欧洲国家子样本的估计结果存在一定差异,亚洲国家进出口贸易变量的相关系数大于欧洲国家进出口贸易变量的相关系数,表明对外贸易驱动汉语国际推广的作用在亚洲国家更为显著。中国属于亚洲国家,在与亚洲国家开展进出口贸易时相较于欧洲国家具有地理优势。同时,历史上丝绸之路的经贸合作也以亚洲国家为主。中华文化对亚洲国家的影响深远,并形成历史上著名的"汉字文化圈"。中国与亚洲国家的文化相近、语言相似度较高,中国对外贸易的发展更能推动汉语在亚洲的国际推广。欧洲国家经济发展水平相对较高,与我国的经济互补性很强,开展经贸合作的潜力很大,但目前还处于发展阶段。亚洲样本国家的中国收入水平变量相关系数明显大于欧洲样本国家,表明中国收入水平的提升对亚洲国家汉语学习者的吸引力较大,欧洲国家经济发展水平相对较高,中国收入水平对欧洲国家汉语学习者的吸引力不是很高。其他解释变量和控制变量没有表现出明显的洲际差异,与基准回归基本一致,这里不再赘述。

三、稳健性检验

"一带一路"汉语水平考试考点逐年增加,参加汉语水平考试的人数也呈递增趋势,这也说明汉语的国际推广是一个逐步推进的过程。有的国家自 2013 年就有汉语水平考试考点,而且现在的考点数量还持续增加,有的国家在 2013 年之后才设立汉语水平考试考点,之后规模不断扩大,还有几个国家至今仍没有建立汉语水平考试考点,也没有汉语水平考试考生。那么,中国对外贸易的发展是否会提高尚未学习汉语的国家学习汉语的可能性?接下来,我们使用 Logit 模型进行广度边际检验。Logit 模型的被解释变量为虚拟变量,这里,被解释变量设定为样本国 j 在第 t 年是否有 HSK 考生,如果样本国 j 在第 t 年有 HSK 考生其值取 1,否则取 0。滞后一期 HSK 变量取值方法为,若样本国 j 在第 t-1 年有 HSK 考生其值取 1,如果没有 HSK 考生其值取 0。其他解释变量和控制变量的含义及数据来源与前述检验相同(见表 5-1),Logit 模型检验结果见表 5-8。其中,模型 1-3 是没有加入国别效应和时间效应的估计结果,模型 4-6 是同时加入国别效应和时间效应的估计结果,Pseudo.R^2 和 LR 值表明估计结果比较理想。

表 5-8 汉语国际推广的稳健性检验结果

变量	模型 1	模型 2	模型 3	模型 4	模型 5	模型 6
L.lnHSK	0.446 (3.41)***	0.435 (3.53)***	0.425 (4.43)***	0.447 (4.51)***	0.453 (3.38)***	0.342 (4.27)**
lnCGDP	0.313 (2.41)***	0.305 (2.26)***	0.263 (2.64)***	0.315 (3.45)**	0.290 (2.57)***	0.273 (2.46)***
lnGDP	0.164 (1.75)**	0.152 (1.53)**	0.136 (1.19)**	0.157 (2.11)**	0.146 (1.53)**	0.137 (1.36)***
lnCD	-0.142 (-1.23)**	-0.108 (-0.89)*	-0.074 (-0.46)**	-0.106 (-1.46)*	-0.075 (-0.39)**	-0.163 (-0.52)**
lnMX		0.351 (4.25)***	0.347 (3.46)***		0.353 (3.27)***	0.290 (2.72)**
lnW			0.373 (4.11)***			0.351 (3.20)**
lnOFDI			0.247 (2.39)**			0.186 (2.47)**
GS			0.076 (0.31)			0.046 (0.26)
EF			0.001 (0.01)*			0.001 (0.01)
LP			0.051 (0.49)			0.016 (0.15)

续表

变量	模型 1	模型 2	模型 3	模型 4	模型 5	模型 6
XY			0.247 (3.15)***			0.232 (3.63)***
C	8.547 (9.25)***	9.154 (8.47)***	6.264 (6.31)***	7.657 (8.26)***	7.352 (6.53)***	8.638 (7.49)***
γ	否	否	否	是	是	是
η	否	否	否	是	是	是
Pseudo.R^2	0.442	0.412	0.478	0.452	0.437	0.429
LR	176.26	187.36	179.16	132.63	164.47	153.26
N	468	468	468	468	468	468

注:L.表示滞后 1 期,括号内为 t 值, ***、**、* 分别代表 1%、5%、10%显著性水平,γ 表示国别效应, η 表示时间效应。

核心解释变量进出口贸易总额(MX)在所有模型中通过显著性检验且相关系数为正,表示中国对外贸易的发展能够提高尚未参加 HSK 考试的国家参加 HSK 考试的概率。中国对外贸易的发展,意味着中国与更多国家的更多企业存在进出口贸易业务,庞大规模的进出口业务需要大量双语人才,汉语作为中国的官方语言,在国际市场交易中的使用频率提高。国外企业或个人可以通过进出口贸易认识和了解中国,进而意识到汉语的经济价值和使用价值,学习汉语的双语人才能获得较高收入对其他人具有示范效应。贸易中的经济利益提高了尚未学习汉语的人学习汉语的兴趣,能够吸引更多的人学习汉语并参加汉语水平考试。其他解释变量和前述估计结果非常类似,进一步验证了前述实证研究结论的稳健性,即中国对外贸易的发展推动了汉语在"一带一路"的国际推广。

第三节　趋 势 预 测

古丝绸之路不仅是一条联结亚欧大陆的重要商道,而且是世界各国语言文化交融的重要渠道,汉语曾是古丝绸之路的重要商贸用语。"一带一路"倡议提出后,我国与"一带一路"共建国家和地区的经贸合作逐年增多。我国作为贸易大国和语言大国,随着与"一带一路"对外贸易的快速发展,汉语有望发展成为沿线国家的重要经贸通用语言。笔者对未来 80 年汉语在"一带一路"的推广趋势,进行实证预测分析。

一、预测方法及说明

科学合理的预测方法,是提高预测结果可靠性的重要前提。由于未来存在大量不确定性影响因素,这为趋势预测带来很大挑战。对汉语在"一带一路"共建国家和地区推广的预测同样具有很大的难度,不仅对预测方法有很高的要求,而且用于预测的基础数据的数量必须足够多,质量必须足够高。这里,依然遵循前述预测思路,使用乐观预测、折衷预测和悲观预测三种预测方法,首先使用折衷预测法对汉语在"一带一路"国际推广的发展趋势进行基本预测,然后使用乐观预测法明确汉语在"一带一路"国际推广的最理想情况,再使用悲观预测法确定汉语在"一带一路"国际推广的最不理想情况,用包含上限和下限的区间形式确定汉语在"一带一路"国际推广的最大范围和最小范围。

现有预测研究大多是在已知解释变量数值的情况下,把实际值与模型估计值进行校准。这种预测属于"事后预测",如果不能获取解释变量的数据,则无法对被解释变量进行预测研究。如前所述,其中,乐观预测使用解释变量的历史最大数据,用于表示汉语在"一带一路"国际推广的最快发展趋势,悲观预测使用解释变量的历史最小数据,用于表示汉语在"一带一路"国际推广的最慢发展趋势,折衷预测使用解释变量的 ARIMA 预测值,用于表示汉语在"一带一路"国际推广的常规发展趋势。由 Box 和 Jenkins 于 20 世纪 70 年代提出 ARIMA(Autoregressive Integrated Moving Average Model)模型,主要用于时间序列的预测研究。该模型综合考虑事物发展的一般规律,及扰动项对模型的干扰所造成的波动性,可以较为准确地预测事物的发展趋势,是当前应用较为广泛的预测方法之一。基于上述分析,这里的预测思路是,首先使用 ARIMA 模型对解释变量进行预测,然后使用解释变量的 ARIMA 预测值和基准检验模型中的估计参数对被解释变量进行预测。

二、预测结果及分析

笔者根据"一带一路"汉语水平考试的考生人数,把"一带一路"汉语使用区分为核心区、内围区、外围区、影响区和潜在区五大区域,其中,核心区指汉语为官方语言或 HSK 考生数超过 100 万的国家或地区,内围区指 HSK 考生数大于 10 万人小于 100 万人的国家或地区,外围区指 HSK 考生数大于 1 万人小于 10 万人的国家或地区,影响区指 HSK 考生数大于 1 人小于 1 万人的国家或地区,潜在区指尚未有 HSK 考生的国家或地区。其中,HSK

人数我们使用历年累积值。因为 HSK 考生通过考试后，即可获取相应等级的汉语水平考试证书，所以每年的 HSK 考生绝大多数属于新增汉语学习者。

根据以上基本原则，我们对 2023—2100 年汉语国际推广的进程进行三种预测。汉语水平考试考生原始数据来自汉考国际教育科技（北京）有限公司，预测结果见表 5-9。限于篇幅，我们仅在表 5-9 中列出 2023、2030、2050、2070、2090 和 2100 年的预测结果，其中，表 5-9 中的数量一栏表示学习汉语的国家或地区的个数，百分比一栏表示学习汉语的国家和地区数占"一带一路"共建国家和地区总数的比例。从折衷预测结果来看，到 2050 年，汉语核心区、内围区和外围区的国家和地区数为 33，占"一带一路"共建国家和地区总数的 50.7%。2100 年，汉语核心区、内围区和外围区的国家和地区数将达 52，占比为 80.0%，只有 3 个国家没有汉语水平考试考生。

表 5-9　"一带一路"汉语国际推广的趋势预测

国家或地区		2023		2030		2050	
		数量	百分比	数量	百分比	数量	百分比
乐观预测	核心区	1	1.54%	4	6.15%	6	9.23%
	内围区	4	6.15%	8	12.31%	10	15.38%
	外围区	17	26.15%	19	29.23%	20	30.77%
	影响区	19	29.23%	20	30.77%	19	29.23%
	潜在区	24	36.93%	14	17.98%	10	15.38%
折衷预测	核心区	1	1.54%	3	4.62%	5	7.69%
	内围区	4	6.15%	6	9.23%	8	12.31%
	外围区	17	26.15%	18	27.69%	20	30.77%
	影响区	19	29.23%	20	30.77%	21	32.31%
	潜在区	24	36.93%	18	27.69%	11	16.92%
悲观预测	核心区	1	1.54%	3	4.62%	4	6.15%
	内围区	4	6.15%	6	9.23%	7	10.77%
	外围区	17	26.15%	17	26.15%	18	27.69%
	影响区	19	29.23%	19	29.23%	20	30.77%
	潜在区	24	36.93%	20	30.77%	16	24.62%

续表

国家或地区		2070		2090		2100	
		数量	百分比	数量	百分比	数量	百分比
乐观预测	核心区	8	12.31%	10	15.38%	14	17.98%
	内围区	11	16.92%	13	20.00%	18	27.69%
	外围区	24	36.92%	25	38.46%	26	40.00%
	影响区	16	24.62%	15	23.08%	7	10.77%
	潜在区	6	9.23%	2	3.08%	0	0.00%
折衷预测	核心区	7	4.39%	9	13.85%	12	18.46%
	内围区	9	13.85%	11	16.92%	16	24.62%
	外围区	23	35.38%	25	38.46%	24	36.92%
	影响区	18	27.69%	15	23.08%	10	15.38%
	潜在区	8	12.31%	5	7.69%	3	4.62%
悲观预测	核心区	5	7.69%	7	4.39%	9	13.85%
	内围区	8	12.31%	9	13.85%	11	16.92%
	外围区	21	32.31%	21	32.31%	20	30.77%
	影响区	17	26.15%	20	30.77%	19	29.23%
	潜在区	14	17.98%	8	12.31%	6	9.23%

　　乐观预测结果表明,到2050年,"一带一路"汉语核心区、内围区和外围区的国家和地区数将达36个,占比为55.38%;2100年,汉语核心区、内围区和外围区的国家和地区数为58个,占比为89.23%,汉语水平考试考生将覆盖"一带一路"所有国家。悲观预测结果认为,到2050年,汉语核心区、内围区和外围区的国家和地区数为29个,占比为44.62%;2100年,汉语核心区、内围和外围区的国家和地区数为40个,占比为61.54%,有6个国家没有汉语水平考试考生。根据预测结果可以清晰地看出,80年后汉语在"一带一路"国际推广的基本概况,及因受各种因素影响汉语国际推广可能的变动区间。如果我们把核心区和内围区看作汉语使用的通用区域,把核心区、内围区和外围区看作汉语的广泛使用区域,根据预测结果,到2100年,汉语的通用区将占"一带一路"共建国家和地区总数的43.1%(30.8—49.2%)左右,汉语的广泛使用区将占"一带一路"共建国家和地区

总数的 80.0%（61.5-89.2%）左右。中国不仅是人口大国，而且是贸易大国和经济大国，随着中国对外贸易的发展和经济实力的不断增强，汉语普通话逐渐具备发展成为"一带一路"通用语言的基本条件。从预测结果来看，汉语在"一带一路"国际推广的速度要高于在全球的推广速度。这不仅因为我国与"一带一路"共建国家和地区具有良好的历史往来，而且当前"一带一路"倡议的提出，也为我国与"一带一路"共建国家和地区的合作交流提供重要条件。当然，汉语的国际推广也是一个漫长的历史过程。今后，应进一步采取措施提升中国的语言自信加强汉语在"一带一路"国际推广的力度，加快中国与"一带一路"共建国家和地区共建人类命运共同体的步伐。

第四节　推进策略

一、日常用语与经贸用语推广相结合

语言基于人们的交往需要而产生，国家内部的交往以日常用语的使用为主，国家之间的交往主要是经济往来，以经贸用语的使用为主。不同的国家拥有不同的语言，不同语言的编码解码规则存在较大差异。国家之间的交往由于语言差异会出现沟通障碍，解决办法为一国学习并使用另一国的语言，或者共同学习并使用第三国语言。这种学习和使用其他种族语言的行为，即语言的国际传播。随着经济全球化和区域经济一体化的纵深发展，国与国之间的联系越来越紧密，国与国之间的经贸往来也越来越频繁，语言的国际推广能削弱甚至消除种族之间的沟通障碍，加快国家之间的经贸合作。商品的国际交换，迫切需要语言的国际推广。因此，语言的国际推广与国际市场的交易需求密不可分。

根据汉语学习者期望学习的汉语内容调查结果，"一带一路"共建国家和地区对日常用语和经贸用语的需求量最大，占比分别为 36% 和 34%，其次旅游用语的需求量也比较大，占比为 16%，表明语言是人们交往的重要工具。汉语学习者学习汉语非常注重实用性，日常生活交往的需要、外贸部门工作的需要、来中国旅游观光的需要等，都推动了汉语在"一带一路"共建国家和地区的推广。中国经济实力的增强提升了汉语的经济价值，中国对外贸易的发展提高了汉语的使用价值。基于汉语学习者外贸领域的应用性需求，我国的汉语国际推广应该加大经贸用语方面内容的推广，汉语的国际推广应服务于我国与"一带一路"对外贸易的发展。同时，日常用语是日常交流的工具，也是学习经贸用语的基础。汉语国际推广应该在加强经贸用语推广的基础上,实行经贸用语和日常用语推广相结合的策略。

二、"一带"与"一路"平衡推广

稳步推进汉语在"一带"沿线国家的推广,重点加强汉语在"一路"沿线国家的推广,实现"一带"国家与"一路"国家汉语国际推广的平衡发展。实证研究结论认为,对外贸易驱动汉语国际推广的作用表现出"一带"国家和"一路"国家的差异,"一带"国家是"一带一路"的陆上沿线国家,中国是一个以陆权为主的国家,古丝绸之路也以陆上贸易为主,良好的历史联系和优越的地理位置为中国与"一带"国家的进出口贸易提供重要条件,也加速了汉语在"一带"国家的推广。我国与"一路"国家的海上对外贸易还应进一步加强,汉语在"一路"国家的推广也需要加快推进。

对外贸易和汉语国际推广存在紧密联系,中国对外贸易的发展,意味着带有中华民族文化特色的中国商品输向世界各国,其他国家对中国商品的接受和认可,在很大程度上表示对中国文化的了解和认同。由于中国是贸易大国也是语言大国,中国对外贸易的发展提高了汉语在国际经贸合作中的使用频率,提升了汉语的使用价值。古丝绸之路不仅是一条连接亚欧大陆的著名商道,而且是世界各国民族文化交流融合的重要渠道。古丝绸之路以陆上经贸往来为主,为我国与"一带"国家的经贸合作奠定良好的历史基础。目前,"一带"国家是我国非常重要的贸易伙伴,汉语在"一带"国家的使用频率相对较高、使用价值也较大,汉语国际推广在"一带"国家的推广也比较顺利。长期以来,海上贸易是我国的短板,我国与"一路"国家的对外贸易还处于发展阶段,汉语在"一路"国家的国际影响力也须进一步提升。汉语在"一带一路"的国际推广,要坚持"一带"与"一路"平衡发展的原则,在强化"一带"沿线国家汉语国际推广的同时,加速汉语在"一路"沿线国家的推广,加快实现我国与"一带一路"共建国家的民心相通。

三、亚洲与欧洲协同推广

稳步推进汉语在亚洲国家的推广,重点加强汉语在欧洲国家的推广,实现亚洲与欧洲国家汉语国际推广的协同发展。我国属于亚洲国家,与亚洲其他国家在民族文化、风俗习惯、地理环境等方面存在很大相似之处,汉语与亚洲其他国家的语言也具有一定的关联。中华文化曾对亚洲国家产生深远影响,并形成历史上著名的"汉字文化圈"。这种良好的历史基础和地理优势,为我国与亚洲国家的国际经贸合作提供天然条件,也使汉语在亚洲国家的国际推广发展比较顺利。虽然古丝绸之路为我国和欧洲国家建立历史的经贸联系,但明清时期丝绸之路的发展曾一度受阻,再加上我国与欧洲国家之间的地理距离遥远,致使我国与欧洲的经贸合作逐渐减少,汉语在欧洲的影响力相对较弱。亚洲以发展中国家和新兴工业化国家为主,欧洲则有很多发达国家,我国与欧洲的经贸合作潜力很大,汉语在欧洲国际推广的空间也很广,欧洲国家也是今后汉语国际推广的重点区域。

亚洲有些国家把汉语作为官方语言,有些国家把汉语作为第二语言,有些国家的语言来自汉语,再加上改革开放后中国经济迅速崛起,对外贸易飞速发展,大大提升了汉语的使用价值和国际吸引力,汉语在亚洲的国际影响力不断增强。但亚洲国家以发展中国家和新兴工业化国家为主,国际市场规模与欧洲和美洲相比相对狭小。西方文明起源于欧洲,工业革命后欧洲国家经济实力大增,欧洲国家的海上贸易非常发达,西方文明也随着海上贸易传播到世界各地。英国、法国、德国、西班牙等都非常注重本国语言的国际传播,都建有专门的语言海外推广机构,这为汉语的国际推广提供了借鉴。目前,欧洲国家的经济比较发达,欧洲的国际市场非常广阔,我国与欧洲国家之间的经贸合作潜力巨大,汉语在欧洲的国际推广空间也很广。因此,今后应该稳步推进汉语在亚洲的国际推广,重点加强汉语在欧洲的国际推广,提升汉语在欧洲的国际影响力,实现汉语在亚洲国家和欧洲国家的协同推广,加快实现中华民族的伟大复兴。

四、探索多种推广形式

目前,汉语国际推广的形式主要有孔子学院、汉语水平考试、孔子新汉学计划、"汉语桥"工程等。这些推广形式在汉语国际推广方面取得巨大成效,极大地提升了汉语的国际影响力,但也存在一些亟待解决的关键问题,需要探索更好效果、更易运行、更为灵活的推广方式。新中国成立以后,我国才开始正式有组织地开展汉语国际推广。由于汉语国际推广没有现成的模式可以套用,只能在推广过程中不断探索。语言国际推广不是什么新鲜事物,15世纪时欧洲一些国家就开始把本国语言向世界推广和普及,葡萄牙语、西班牙语、法语、英语、德语等先后成为世界的通用语言。我们可以通过借鉴西方代表性国家语言国际推广的有益做法,从当前国际形势出发,结合我国的实际情况,制定多样化的汉语国际推广推进策略。

语言基于人们的交往需要而产生,语言的国际推广基于人们国际交往需要而出现,国家之间交往的需要是汉语国际推广的前提。商品的国际交换是国家之间交往的最重要方式,首先,汉语国际推广应该服务于进出口贸易,对外汉语教学应该加大经贸英语方面的内容。其次,汉语的国际推广应满足人们的日常交流,汉语的日常用语也是汉语国际推广的重要内容。孔子学院的教学内容与现实需要在一定程度上存在脱节现象,运行管理模式相对较为僵化,经费来源主要是政府财政拨款,民间资本参与较少。今后,应该从数量扩张为主的外延式发展模式向质量提升为主的内涵式发展模式转型。汉语水平考试的内容也应更贴近现实需求,孔子新汉学计划应加大高层次人才交流的力度,奖学金重点用于资助硕士和博士研究生,"汉语桥"工程的各种中文比赛要与实际应用相结合。在满足日常交往和国际交往需要的基本原则下,探索更多形式的汉语国际推广方式,为汉语学习者提供更为便利的学习条件和学习资源,让汉语更为顺畅地走向世界各地,进一步提升我国的软实力,争取早日实现中华民族的伟大复兴。

笔者以"一带一路"为例,对汉语的国际推广进行案例研究。通过分析我国与"一带一路"对外贸易的现状和汉语在"一带一路"共建国家和地区的推广概况,构建语言引力模型对"一带一路"汉语国际推广的驱动力进行量化测度,并进行汉语国际推广的空间差异检验、洲际差异检验、稳健性检验等,对汉语在"一带一路"国际推广的发展趋势进行预测研究。根据研究结论,提出加快"一带一路"汉语国际推广的推进策略。

(一) 介绍"一带一路"汉语国际推广的概况

"一带一路"倡议自 2013 年提出以来,引起国内外学界、业界和政界的高度关注。"一带一路"倡议的提出,有利于亚欧非国家之间的合作共赢,推动了区域经济的快速增长,推进全球再平衡的发展进程。目前,"一带一路"共建国家和地区已是我国非常重要的贸易伙伴。我国与"一带一路"对外贸易的快速发展,提高了汉语在"一带一路"国际经贸合作中的使用频率,提升了汉语的国际使用价值,吸引了大量的汉语学习者。截至 2022 年,我国已在"一带一路"建有孔子学院 217 所,沿线国家参加汉语水平考试的考生逐年增加。众多的海外留学生来华学习,为汉语的国际推广和中华文化的世界传播作出很大贡献。

(二) 量化测度对外贸易对"一带一路"汉语国际推广的驱动力和驱动潜力

以语言活力模型为基础对引力模型进行拓展研究,构建语言引力模型,测度对外贸易对"一带一路"汉语国际推广的驱动力,并对驱动力的空间差异、洲际差异、模型稳健性等分别研究,使用语言引力模型对汉语在"一带一路"的国际推广进行趋势预测研究。研究结论认为,中国和"一带一路"共建国家和地区的进出口贸易总额越大,"一带一路"共建国家和地区学习并使用汉语的人数越多,即我国对外贸易发展能够驱动汉语在"一带一路"

的国际推广;对外贸易对"一带"国家汉语国际推广的驱动作用大于"一路"国家;对外贸易的发展更能推动汉语在亚洲的国际推广,汉语在欧洲的国际影响力有待进一步提升。同时,使用折衷预测、乐观预测和悲观预测三种方法,对对外贸易对"一带一路"汉语国际推广的驱动潜力进行预测研究,认为随着中国对外贸易的发展和经济实力的不断增强,汉语普通话逐渐具备发展成为"一带一路"通用语言的基本条件。从预测结果来看,汉语在"一带一路"国际推广的速度要高于在全球的推广速度,这不仅因为我国与"一带一路"共建国家和地区具有良好的历史往来,而且"一带一路"倡议的提出,也为我国与"一带一路"共建国家的合作交流提供重要条件。

（三）基于理论分析和实证检验结论,提出加快"一带一路"汉语国际推广的推进策略

首先,实行经贸用语和日常用语相结合的推广策略。我国的汉语国际推广应服务于我国对外贸易的快速发展,加大经贸用语方面的内容推广,同时,日常用语是学习经贸用语的基础,也是经贸用语应用的前提,应该做好日常用语的教学,把经贸用语和日常用语推广相结合。其次,稳步推进汉语在"一带"沿线国家和地区的推广,重点加强汉语在"一路"沿线国家和地区的推广,实现"一带"与"一路"沿线国家和地区汉语国际推广的平衡发展。稳步推进汉语在亚洲的国际推广,重点加强汉语在欧洲的国际推广,提升汉语在欧洲的国际影响力,实现汉语在亚洲国家和欧洲国家的协同推广。第三,在满足日常交往和国际交往需要的基本原则下,探索更多形式的汉语国际推广方式,为汉语学者提供更为便利的学习条件和学习资源,让汉语更为顺畅地走向世界各地,服务于更多的汉语学习者和使用者,进一步提升我国的软实力,争取早日实现中华民族的伟大复兴,加快中国式现代化建设进程。

第六章　中国特色汉语国际推广方式探析

汉语作为中华民族的通用语言,具有极强的活力。早在先秦时期就出现汉语国际传播的萌芽,西汉时张骞出使西域标志着汉语的国际传播正式开始,后经东汉、魏晋南北朝时期的发展,在隋唐时汉语的国际传播进入鼎盛,为世界文明的发展作出重大贡献,明清时期汉语国际传播的势头逐渐放缓。新中国成立后,汉语的国际推广重新提上日程,开始正式的规模化对外传播。语言的国际推广源于国家之间交往的需要,商品的国际交换是国家间交往的最重要方式,贸易中的经济收益是其他国家学习并使用汉语的根本驱动因素,"汉语热"的兴起有其内在的经济决定因素。汉语的国际推广绝不仅仅是语言现象,而是一个涉及诸多领域的系统工程,是中国式现代化的内在要求。

第一节　中国特色汉语国际推广方式的构建

汉语的国际推广没有现成的模式可以套用,需要通过总结我国古汉语国际传播的经验,借鉴世界主要国家语言国际推广的成功模式,立足当前我国的基本国情,结合当下复杂的国际形势,在百年未有之大变局下探索构建中国特色的汉语国际推广方式。汉语的国际推广要服务于贸易强国建设、服务于文化强国建设、服务于经济强国建设、服务于投资强国建设、服务于"一带一路"建设、服务于中华民族伟大复兴的中国梦、服务于中国式现代化建设。

一、加快从语言大国向语言强国转型

我国是语言大国,但距语言强国还有一定距离,要加快实现我国从语言大国向语言强国的转型。语言大国主要以语言使用者的规模和数量来衡量,指的是语言使用者的绝对数量,侧重于语言的母语使用者规模。语言强国则以非母语的语言使用者占语言使用者总量的比例来衡量,指的是语言使用者的相对数量,侧重于语言的非母语使用者规模。中国是世界上人口最多的国家,汉语是世界上使用人口最多的语言,从绝对数量来看使用汉语

的人口基数很大,毋庸置疑我国是语言大国。从母语非汉语的汉语使用者占汉语使用者总数的比例来看,我国的汉语国际推广还处于起步阶段,母语非汉语的汉语使用者所占比例还相对较低,我国还称不上语言强国。汉语国际推广的主要目的是增加母语非汉语的汉语使用者的数量,提高母语非汉语的汉语使用者在汉语使用者总量中的比重,加快我国从语言大国向语言强国的转型,实现我国语言强国的建设目标。

中华文明对世界文明特别是对亚洲文明的影响深远,汉语也对亚洲国家的语言产生重要影响,很多亚洲国家的文字来自汉语。中国商品通过古丝绸之路输入其他国家的同时,也把汉语传播到世界其他国家,并在东亚和东南亚地区形成历史上著名"汉字文化圈"。目前,汉语是世界上使用人口最多的语言,有些国家把汉语当作官方语言,有些国家把汉语作为第二语言,有些国家的语言源于汉语。改革开放后中国经济迅速崛起,对外贸易也得到了长足发展,汉语在国际经贸合作中的使用频率大大提高,汉语的使用价值和国际吸引力也随之上升。汉语在亚洲乃至世界的国际影响力不断增强,吸引了大量的汉语学习者,极大地推动了汉语的国际传播。从应用广泛度上来看,汉语的使用者主要分布在亚洲,且绝大多数为中国本土使用者,其他国家及其他洲的汉语使用者所占比例较低。经济利益是汉语学习者学习汉语的根本驱动因素,汉语的经济价值有赖于中国经济实力的提升,汉语的使用价值与中国对外贸易的发展密切相关。进入 21 世纪以来,我国汉语国际推广的步伐不断加快,开展汉语教学和对外文化传播,世界各国参加汉语水平考试的考生数量与日俱增,来华留学生的质量和层次不断提升,汉语的吸引力和活力逐年增强。母语非汉语的汉语使用者在整个汉语使用者中所占比例,是衡量语言活力的重要指标。要把我国建设成语言强国必须加快汉语的国际推广,提高母语非汉语的汉语使用者在汉语使用者总量中的比例。目前,母语非汉语的汉语使用者占汉语使用者总量的比例尚低,我国实现从语言大国向语言强国的转型,任重而道远。

二、建设贸易强国和建设语言强国相结合

我国是世界第一进出口货物贸易大国,为名副其实的贸易大国,但距贸易强国还有一定距离;汉语是世界上使用人口最多的语言,中国为当今世界的语言大国,但距语言强国也有很大距离。贸易强国建设和语言强国建设二者紧密相关,我国的汉语国际推广应服务于贸易强国建设,把建设贸易强国和建设语言强国结合起来。我国对外贸易的发展提高了汉语在国际社会中的使用频率,提升了汉语的使用价值,吸引了更多的汉语学习者,驱动了

汉语的国际推广。目前,我国正处于从贸易大国向贸易强国的转型期,对外贸易量的积累已经达到较大规模。今后,应加快贸易结构调整、实现技术水平升级、提升自主创新能力等,实现对外贸易从量的积累到质的飞跃的转型,推动我国对外贸易达到更高发展水平,建设社会主义现代化贸易强国。贸易强国建设必将推动语言强国建设,我国对外贸易竞争力的提升能提高我国的国际地位和国际影响力,提升汉语的使用价值,增强汉语的国际吸引力,提高汉语的应用广泛度。学习和使用汉语,是理性人的理性选择。贸易中经济利益将会让其他国家居民把学习汉语当作一种自然行为,有利于加快实现语言强国的建设目标。

从对外贸易量上来讲,2010年我国已是世界第一出口货物贸易大国,2012年成为世界第一进出口货物贸易大国,2022年我国进出口贸易总额为420678亿元人民币,是1950年的10136.8倍,1978年的1184.9倍,货物进出口贸易顺差额为58630亿元人民币。2022年我国服务贸易进出口总额为59810.9亿元人民币,仅占进出口贸易总额的14.22%,服务贸易逆差额2757.1亿元人民币。[①] 从对外贸易的质上来讲,我国距离贸易强国还有一定距离。出口商品中劳动密集型产品占有较大比例,出口商品的附加值有待提高,资本、技术、知识密集型产品的出口占比也需提高,贸易结构需要优化调整。外贸方式中低附加值的加工贸易占比较大,高科技产品的出口竞争力与世界强国还有差距,贸易条件需要进一步改善。从整个国际社会的产业链条来看,我国尚处于国际分工的中低端位置,全球价值链的中低端地位。建设贸易强国需要优化对外贸易结构,提高服务贸易比重,提升高科技产品出口竞争力,改善我国贸易条件,增加贸易收益,提升我国在全球价值链中的地位。

汉语的国际推广要服务于我国对外贸易的高质量发展,把建设贸易强国和建设语言强国相结合。服务贸易的发展是建设贸易强国的重要指标,而服务贸易和汉语的使用密切相关,如教育服务、旅游服务、娱乐、文化和体育服务等,都需要以汉语言的学习和使用为前提。因此,我国对外贸易特别是服务贸易的发展将大大提升汉语的使用频率。贸易强国的建设也将提高汉语在国际经贸合作中的使用频率,提升汉语的使用价值,吸引更多的汉语学习者,是加快建设语言强国的重要因素。同时,汉语的国际推广也应服务于我国对外贸易特别是服务贸易的高质量发展,把汉语的潜在使用价值变

---

① 国家统计局:《国家数据》,2023年4月17日,见 https://data.stats.gov.cn/easyquery.htm?cn=C01。

为现实使用价值,将能进一步推动汉语的国际推广和传播。建设贸易强国和建设语言强国相结合,是加快推进汉语国际推广的重要策略。

三、建设语言强国和建设文化强国相结合

我国是文化大国,但不是文化强国。文化大国和文化强国虽只有一字之差,但内涵迥异。文化大国是一个量的概念,侧重于评价一国的文化历史、文化受众规模等,如果一国的文化历史悠久、文化内容丰富、文化受众规模很大,则称其为文化大国;文化强国是一个质的概念,侧重于评价一国文化对他国文化的影响力,如果一国文化的他国受众数量众多,则称其为文化强国。中华文化拥有五千多年的光辉璀璨历史,有儒释道的文化延续,是中华民族共同的精神支柱。中华文化对亚洲文明乃至世界文明产生深远影响,我国是名副其实的文化大国。中华文化曾受到外来文化的多次巨大冲击,西学东渐在很大程度上对中华文化造成重大影响。新中国成立后,历届中央领导集体都高度重视中华优秀传统文化的继承、发展和弘扬,中华文化重拾自信再次向世界推广和传播。党的十七届六中全会提出建设社会主义文化强国的发展战略,推动实现中华民族的伟大复兴。但目前中华文化的世界传播还处于发展阶段,距离文化强国还有较大距离,我国文化产品如电视节目、电视剧、动画电视、纪录片、音像出版物、图书、期刊等还存在很大逆差(见图6-1),文化产品的输出少输入多,文化的国内受众多国外受众少,建设社会主义文化强国依然任重而道远。

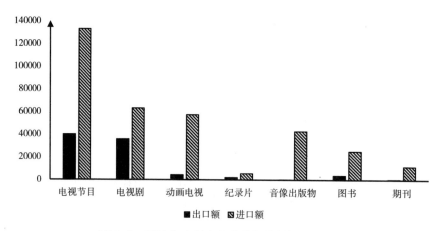

图6-1　2021年中国文化产品贸易(单位:万元)

语言是文化的载体,要把建设语言强国和建设文化强国相结合。文化包括物质文化和精神文化,语言属于精神文化的一部分,是文化的载体并受

文化的制约。中国地域辽阔、民族众多,每个民族都有自己独特的民族文化,中华文化是中国56个民族的文化相互交流相互融合的结晶。随着经济全球化和区域经济一体化的纵深发展,世界各国各民族之间的联系越来越密切。商品的国际交换是国际社会最重要的交往方式,不同的民族形成不同的文化并持有不同的语言,如果语言文化不通则商品的国际交换很难实现。进出口贸易的发展,加速了不同民族文化之间的交流和融合。基于国际交往的需要,一些国家将学习另一些国家的语言,语言将跨越国界向其他国家传播,贸易大国语言的使用频率逐步提高,语言的学习和使用者也越来越多。中国对外贸易的发展推动了汉语的国际推广和中华文化的世界传播。汉语是世界上使用人数最多的语言,中国是语言大国;中华文化拥有五千多年的文明史,中国也是文化大国。语言是文化的重要载体,汉语的国际推广也意味着中华文化的世界传播,只有把建设语言强国和建设文化强国结合起来,才能真正提升我国的软实力,加快实现中华民族伟大复兴的中国梦。

四、建设语言强国和建设投资强国相结合

我国是投资大国,还不是投资强国。投资大国和投资强国虽只有一字之差,但其内涵存在很大差异,投资大国主要指一国的投资规模和数量,投资强国主要指一国的投资收益和质量。改革开放以来,中国的对外直接投资和外商直接投资都得到快速发展(见图6-2),为我国的经济增长作出重大贡献。当前,我国已是世界第二大对外投资国,但投资的层次和质量还需要进一步提高,与投资强国还有一定距离。投资的规模和数量只是衡量投资强国的条件之一,要成为投资强国还需具备以下条件:本国跨国公司是投资的主体、本国企业具有完整的国际生产经营网络、投资企业的经济收益率高、人均对外投资额在世界平均水平以上、具有一定的国际投资规则制定权。从目前我国的对外投资现状来看,2021年我国对外直接投资额为17881932万美元,实际利用外资额为17348300万美元,资本的输出和输入规模均很大(见图6-2),但大型跨国公司的数量较少,还没形成以跨国公司为主体的对外投资模式,企业投资的国际生产经营网络也不完整,处于全球价值链的中低端,投资的资本收益率需进一步提升,人均对外投资额远低于世界平均水平。因此,除了投资规模外,我国尚不具备投资强国的其他衡量标准,即我国属于投资大国还不是投资强国。从投资的区位分布来看,我国的资本主要流向发展中国家,而对发达国家的投资主要集中在少数国家。今后,应该调整对外直接投资结构和区位,培育更多知名的跨国公司,提升

我国在全球价值链中的位置。

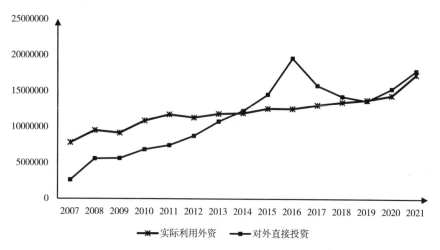

图 6-2　2007—2021 年中国对外投资和利用外资(单位:万美元)

　　跨国投资与语言推广密切相关,要把建设语言强国和建设投资强国相结合。跨国投资意味着在国外投资建厂,企业的生产和销售环节均在国外,面临的文化冲突和语言障碍更为明显。跨国公司在投资东道国投资建厂,受东道国文化的直接影响,公司的员工既来自投资国也来自东道国,不同国家的员工共同工作将使公司内部出现多种文化并存的现象,发生文化冲突的可能性较大。所以,跨国公司首先必须接受和认可当地文化适应东道国环境,把本国文化和东道国文化有机融合起来。同时,跨国公司还面临异国语言,这种语言差异会阻碍跨国投资的发展。对外投资比对外贸易受东道国语言文化的影响更大,跨国公司必须熟悉东道国文化掌握东道国语言,对双语人才的需求量很大,因此,跨国投资能推动文化之间的交融和语言的推广。汉语国际推广过程中应把建设语言强国和建设投资强国结合起来,我国企业的跨国投资不仅是资本的输出,也是中华文化和汉语的国际传播。我国企业在投资东道国生产具有民族特色的商品,东道国对我国跨国公司产品的接受意味着对中华文化的接受和认可,是中华文化间接传播的一种方式。汉语的国际推广应服务于我国企业的跨国投资,消除跨国投资中的语言障碍,实现跨国的良性沟通和交流,推动投资强国的建设。

五、建设语言强国和建设经济强国相结合

　　我国是经济人国,还不是经济强国。经济大国和经济强国两个概念虽只有一字之差,但其内涵存在很大差异。经济大国是指一国的经济总体规

模很大,其衡量指标主要是国内生产总值;经济强国是指一国的综合国力很强,其衡量指标不仅包括国内生产总值,而且包括科技实力、产业核心竞争力、货币国际地位、国际话语权等在内的一系列综合指标。新冠疫情对世界经济造成重大冲击,很多国家的经济增长率为负,但我国依然保持正增长率。国家统计局数据显示,2022年我国国内生产总值为1210207亿元人民币,增长3.0%。其中,第一产业增加值为88345亿元人民币,增长4.1%;第二产业增加值为483164亿元人民币,增长3.8%;第三产业增加值为638698亿元人民币,增长2.3%;人均国内生产总值为85698元人民币。第一产业增加值占国内生产总值比重为7.3%,第二产业增加值比重为39.9%,第三产业增加值比重为52.8%(见图6-3)。[①] 我国于2010年就已成为世界第二大经济体,从经济总量上来看我国早已是经济大国,但高速的经济增长以高投入高产出的产业发展模式为主,资源的利用率相对较低。从人均国内生产总值来看,我国只能是中等偏上经济发展水平国家,与发达国家还有一定差距。从产业结构来看,我国第三产业的经济贡献率虽然逐年提高,但第二产业的经济贡献率依然偏高,发达国家的一个典型特征是第三产业的经济贡献率占绝对优势。我国低附加值的劳动密集型商品出口仍占一定比重,高附加值的高科技产品出口占比不高,知名跨国公司数量偏少,在国际分工中尚处于中低端位置。人民币的国际化还处于起步阶段,国际话语权还需要进一步提升。因此,从经济强国的衡量指标上来看,我国处于从经济大国向经济强国的转型期。

经济强国建设和语言强国建设密切相关,要把建设语言强国和建设经济强国相结合。国强则语盛,语言的国际推广绝不仅仅是语言现象,而是源于经济的发达,繁荣的经济是语言国际推广的物质基础。15世纪起,随着西方国家的不断崛起和海外殖民扩张的发展,欧洲一些国家就开始把本国语言向世界推广和传播,葡萄牙语、西班牙语、法语、英语、德语等语言曾一度成为世界的主流语言。随着中国经济实力的不断提升,汉语的经济价值逐年提高,汉语在国际社会中的使用频率相应增加,汉语的活力和吸引力逐渐增强,世界各国的汉语学习者越来越多,汉语的国际地位也逐年提升。近年来,汉语水平考试人数逐年攀升,来华留学生的质量和层次不断提高等,这些均是我国文化软实力提升的重要体现。汉语的国际推广源于我国经济实力的增强,汉语的国际推广也应服务于我国经济实力的提升,要把语言强

---

① 国家统计局:《国家数据》,2023年4月17日,见 https://data.stats.gov.cn/easyquery.htm?cn=C01。

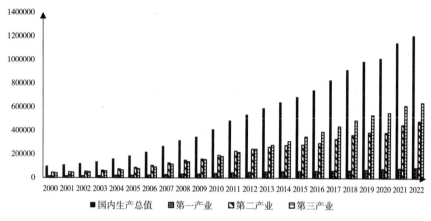

图6-3　2000—2022年中国国内生产总值发展趋势（单位：亿元）

国建设和经济强国建设相结合。语言强国指标主要用来衡量我国的软实力，经济强国指标主要用于衡量我国的硬实力，软实力指标和硬实力指标同时增强，是中国式现代化建设的必然要求。经济交往是国与国之间最重要的交往方式，国际经济交往的双方来自不同的国家和地区，差异的民族文化和语言是国际经济交往的阻碍因素，语言的国际推广和文化的世界传播能削弱甚至消除这种障碍，使国家间经济领域的各个方面实现顺畅的国际交往和合作共赢。汉语的国际推广和中华文化的世界传播应服务于我国经济领域各个方面的发展，服务于经济强国建设。

六、建设语言强国和"一带一路"倡议相结合

"一带一路"，语言铺路。当今世界国际形势复杂多变，后危机时代世界经济复苏缓慢，贸易保护主义抬头，世界多极化、经济全球化、文化多样化趋势明显。为了实现亚欧非大陆及附近海洋的互联互通，推动区域经济发展，加快世界经济的再平衡进程，习近平总书记适时提出"一带一路"倡议。"一带一路"横贯亚欧非三大洲，占世界人口的2/3和经济总量的1/3，一头是发展活力很强的东亚经济圈，一头是经济发达的欧洲经济圈，沿线国家和地区具有巨大的潜在市场。"一带一路"共建国家和地区都有自己独特的比较优势，有的国家资源丰富但开发技术欠佳，有的国家劳动力丰裕但就业岗位不够，有的国家市场规模很大但产业基础薄弱，有的国家急需基础设施建设但资金不足，沿线各国通过加强优势互补可以实现互利共赢。中国作为世界第一进出口货物贸易大国、世界第二大经济体、世界第一外汇储备大国，在资金、技术、人才、管理经验等方面均具有很大优势，能够在"一带一

路"合作中发挥引领作用。"一带一路"建设旨在共商、共建、共享的原则下,实现沿线国家的政策沟通、设施联通、贸易畅通、资金融通、民心相通。"一带一路"沿线有四种文明和近六十种主流语言并存,民族文化多样、宗教多元及社会制度迥异等,加之西方媒体极力鼓吹"中国威胁论",致使很多国家对"一带一路"倡议产生理解偏差。"一带一路"倡议为沿线各国的文明互鉴交流融合搭建重要平台,通过对话与合作能增进理解加强信任,加快实现民心相通。

汉语的国际推广要服务于"一带一路"发展,把建设语言强国和"一带一路"倡议相结合。为了实现新一轮高水平的对外开放,我国加快推进"一带一路"倡议的实施,党的十九届四中全会指出,要以"一带一路"建设为重点,创新国际经贸合作方式,促进和而不同、兼收并蓄的文明交流,坚持推动构建人类命运共同体。"一带一路"倡议是中国方案,解决的是世界问题,通过构建人类命运共同体推进世界的和平与发展。加强不同文明的交流互鉴能加快不同文化的交融,促进构建文化共同体和语言共同体,为"一带一路"的互联互通搭桥铺路,削弱甚或消除沿线国家沟通交流的障碍。通过加快中华文化的世界传播和汉语的国际推广,让更多的国家了解和认识中国,能增进国家之间的相互理解和信任,削弱甚至消除沟通障碍,增强对"一带一路"合作共赢的认识。实现民心相通是"一带一路"建设的根基所在。我国与"一带一路"对外贸易的快速发展,提高了汉语在"一带一路"国际经贸合作中的使用频率,提升了汉语的国际使用价值,吸引了大量的汉语学习者。我国与"一带一路"共建国家和地区经贸合作的快速发展,不仅为中国经济的快速增长作出很大贡献,而且为"一带一路"共建国家和地区的经济增长提供重要机遇。截至 2022 年,我国已在"一带一路"建有孔子学院 217 所,大量的汉语学习者参加汉语水平考试,众多的留学生来华学习交流,为汉语的国际推广和中华文化的世界传播作出很大贡献。汉语的国际推广要服务于"一带一路"发展,对外汉语教学应注重提高汉语的使用价值,教学内容要把经贸用语和日常用语相结合,以提高"一带一路"汉语学习者在经贸领域和日常生活中的语言应用能力为目标。

七、建设语言强国和实现民族复兴相结合

加快实现中华民族伟大复兴的中国梦,是每个中国人的夙愿。民族复兴的中国梦既表现为经济、科技、军事等硬实力指标的提升,又表现为汉语的国际推广和中华文化的世界传播等软实力指标的增强,是中国式现代化的内在要求。中国是四大文明古国之一,拥有五千多年的悠久历史,早在秦

汉时期就进入了繁盛时期。中华文明为世界文明特别是亚洲文明的发展作出巨大贡献,并形成历史上著名的"汉字文化圈"。16世纪以前,具有世界影响意义的三百多项重大科技发明中,有一半以上来自中国。近代以来,西方资本主义国家不断崛起,而中国实行闭关锁国的对外政策,在列强的入侵下我国逐渐步入半殖民地半封建社会。为了改变国家和民族的命运,无数仁人志士进行不懈的奋斗。新中国成立后,中国人民踏上实现中华民族伟大复兴的历史征程,社会主义改造和社会主义建设使中国经济逐渐恢复,同时中华文化的世界传播也提上日程。改革开放后我国经济得到飞速发展,中国经济增长奇迹引起世界瞩目,中国商品输向世界各地,"中国制造"响彻全球,经济领域的很多指标位居世界前列。2010年我国已成为世界第二大经济体,2012年我国成为世界第一进出口货物贸易大国,2014年我国成为世界第二大对外投资国。我国经济实力的大幅提升和对外贸易的快速发展,提高了汉语在国际社会中的使用频率,提升了汉语的使用价值,吸引了越来越多的汉语学习者,加快了汉语国际推广的步伐。为了满足世界各国对汉语学习的强烈需求,1991年我国开始设立汉语水平考试考点,用于测试母语非汉语的汉语学者的汉语应用能力,2004年建立世界首个孔子学院,开展对外汉语教学和中华文化的世界传播。目前,汉语水平考试考点已广泛分布在世界五大洲,来华留学生数量不断增加、层次不断提升,汉语使用者的人数不断增加,中华文化的国际影响力逐年提高。

建设语言强国是实现中华民族伟大复兴的重要组成部分,汉语的国际推广要服务于中华民族伟大复兴的中国梦。中华民族伟大复兴的中国梦要通过走中国特色的社会主义道路、弘扬优秀的中华传统文化、凝聚整个中华民族的力量来实现。中国经济实力的迅速提升和对外贸易的快速发展,提高了汉语在国际社会的使用频率,提升了汉语的使用价值,大大提高了汉语学习者学习汉语的兴趣,加速了汉语的国际推广。汉语的国际推广意味着母语非汉语的汉语学习和使用者越来越多,母语非汉语的汉语学习和使用者占汉语使用者总数的比例是衡量语言强国的重要指标。汉语的国际推广不仅意味着汉语使用范围的扩大,而且意味着中华文化的世界传播。通过讲好中国故事发出中国声音,向世界展现一个真实、立体、全面的中国,与世界各国一起构建人类命运共同体。语言强国的建设任重而道远,中华民族伟大复兴中国梦的实现也需要全体中国人民的共同奋斗才能实现。

八、构建中国特色汉语国际推广方式小结

汉语作为中华民族的通用语言具有极强的活力,为世界文明特别是亚

洲文明的发展作出重大贡献。语言的国际推广源于国家之间交往的需要，商品的国际交换是国家交往的最重要方式，贸易中的经济收益是其他国家学习并使用汉语的根本驱动因素，"汉语热"的兴起有其内在的经济决定因素。汉语的国际推广绝不仅仅是语言现象，而是一个涉及诸多领域的复杂系统工程。汉语的国际推广要服务于贸易强国建设、服务于文化强国建设、服务于经济强国建设、服务于投资强国建设、服务于"一带一路"建设、服务于中华民族伟大复兴的中国梦、服务于中国式现代化建设。

（一）　正确认识语言大国和语言强国之间的关系

我国是语言大国，但距语言强国还有一定距离，要加快实现我国从语言大国向语言强国的转型。语言大国主要以语言使用者的规模和数量来衡量，指的是语言使用者的绝对数量，侧重于语言的母语使用者。语言强国则以非母语语言使用者占该语言使用者总量的比例指标来衡量，指的是语言使用者的相对数量，侧重于非母语的语言使用者。目前，母语非汉语的汉语使用者占汉语使用者总量的比例尚低，我国实现从语言大国向语言强国的转型任重而道远。

（二）　正确处理建设贸易强国和建设语言强国之间的关系

建设贸易强国和建设语言强国具有紧密联系，我国的汉语国际推广应服务于贸易强国建设，把建设贸易强国和建设语言强国相结合。贸易强国建设必将推动语言强国建设，我国对外贸易竞争力的提升，能提高我国的国际地位和国际影响力，提升汉语的使用价值增强汉语的国际吸引力，提高汉语的应用广泛度，让学习汉语成为其他国家的自然行为，实现语言强国的建设目标。汉语的国际推广也应服务于我国对外贸易特别是服务贸易的发展，把汉语的潜在使用价值变为现实使用价值。

（三）　正确处理语言强国建设和文化强国建设之间的关系

我国是文化大国，但不是文化强国。文化大国是一个量的概念，侧重于评价一国的风俗习惯、文化历史、文化受众规模等，文化强国是一个质的概念，侧重于评价一国文化对他国文化的影响力。汉语是世界上使用人数最多的语言，中国毋庸置疑是语言大国；中华文化拥有五千多年的文明史，中国也是文化大国。语言是文化的重要载体，汉语的国际推广，也意味着中华文化的世界传播。只有把建设语言强国和建设文化强国结合起来，才能真正提升我国的软实力。

（四）　正确处理语言强国建设和投资强国建设之间的关系

我国是投资大国，还不是投资强国。投资大国主要指一国的投资规模和数量，投资强国主要指一国的投资收益和质量。今后，应该着重调整对外直接投资结构,培育更多知名跨国公司,进一步提升我国在全球价值链中的地位。汉语的国际推广应服务于我国企业的跨国投资,消除跨国投资中的语言障碍,实现跨国投资的良好沟通和交流,推动建设投资强国,把语言强国建设和投资强国建设相结合。

（五）　正确处理语言强国建设和经济强国建设之间的关系

我国是经济大国,还不是经济强国。经济大国的衡量指标主要是国内生产总值,经济强国的衡量指标包括科技实力、产业核心竞争力、货币国际地位、国际话语权等一系列指标。从经济强国的衡量指标上来看,我国处于从经济大国向经济强国的转型期。语言强国指标主要用来衡量我国的软实力,经济强国指标则主要用于衡量我国的硬实力,软实力指标和硬实力指标同时提升才是真正的经济强国,也是中国式现代化建设的内在要求。汉语的国际推广源于我国经济实力的增强,汉语的国际推广也应服务于我国经济实力的提升,把语言强国建设和经济强国建设相结合。

（六）　正确处理语言强国建设和"一带一路"的关系

"一带一路"建设旨在共商、共建、共享的原则下,实现沿线国家的政策沟通、设施联通、贸易畅通、资金融通、民心相通。沿线各国通过加强优势互补可以实现互利共赢,"一带一路"倡议为沿线各国的文明互鉴交流搭建重要平台,通过对话与合作增进理解、加强信任、实现民心相通。汉语的国际推广要服务于"一带一路"发展,对外汉语教学应注重提高汉语的使用价值,教学内容应注重把经贸用语和日常用语相结合,以提高"一带一路"汉语学习者在经贸领域和日常生活中的语言应用能力为目标。

（七）　正确处理语言强国建设和民族复兴中国梦之间的关系

中华民族伟大复兴的中国梦既表现为经济、科技、军事等硬实力指标的提升,又表现在国际影响力的提升和中华文化的世界传播等软实力指标的增强,是中国式现代化建设的重要目标。中华民族伟大复兴中国梦主要表现在国家富强、民族复兴、人民幸福、社会和谐等方面。我国是语言大国,距语言强国还有较大距离,语言强国的建设任重而道远,中华民族伟大复兴中国梦的实现,也需要全体中华儿女的不懈奋斗才能实现。建设语言强国是实现民族复兴的重要组成部分,汉语的国际推广要服务于中华民族伟大复兴的中国梦。

第二节　研　究　结　论

语言基于经济社会中人们的交往需要而产生,并随着人们交往范围的扩大使语言使用者不断增加。商品的国际交换是国家之间交往的最重要形式,语言的国际推广源于国家之间交往的需要。中国对外贸易的飞速发展,提高了汉语在国际社会中的使用频率,提升了汉语的使用价值。对外贸易收益,是其他国家学习并使用汉语的根本驱动因素。"汉语热"的兴起绝不仅仅是单纯的语言现象,有其内在的经济决定因素。汉语的国际推广是为了满足国际社会对汉语的强烈需求,是一个涉及诸多领域的复杂系统工程。汉语的国际推广要服务于贸易强国建设、服务于文化强国建设、服务于经济强国建设、服务于投资强国建设、服务于"一带一路"建设、服务于中华民族伟大复兴的中国梦、服务于中国式现代化建设。

中国是世界第一进出口货物贸易大国,汉语是世界上使用人口最多的语言,我国既是贸易大国又是语言大国。笔者通过梳理中国对外贸易和汉语国际推广的发展历程,对语言的国际推广进行国际比较研究,基于学科交叉的研究方法试图揭示贸易大国建设和语言大国建设之间的内在关系,研究商品"走出去"和语言"走出去"之间关系的内在规律,初步构建对外贸易驱动汉语国际推广的理论框架体系。

第一,构建语言壁垒模型,科学阐释对外贸易驱动语言国际推广的理论机理;第二,使用语言活力模型,研究对外贸易对汉语国际推广的多轮驱动路径;第三,构建拓展的语言引力模型,量化测度中国对外贸易对汉语国际推广的驱动力,并对汉语国际推广的发展趋势进行预测研究;第四,以"一带一路"为例,实证研究中国对外贸易发展对汉语在"一带一路"国际推广的驱动作用;最后,把汉语国际推广看作一项系统的复杂工程,明确汉语国际推广中正确认识的几大关系,探索中国特色的汉语国际推广方式,加快推进中国式现代化建设。

第三节　研　究　展　望

汉语的国际推广是一个极其庞大、极其复杂的浩大工程,绝不仅仅是单纯的语言现象,涉及经济社会的诸多领域。笔者从对外贸易的视角研究汉语国际推广,科学阐释商品"走出去"和语言"走出去"之间的内在逻辑,明确贸易大国和语言大国之间的关系,从理论和实证两个方面研究对外贸易驱动汉语国际推广的理论机理及作用路径。我国是贸易大国,但距贸易强国还有一定距离;我国是语言大国,要建设成语言强国也需要一个漫长的过程。我国对外贸易的发展及在国际经贸合作中地位的逐年提升,极大地推动了汉语的国际推广,提升了汉语在国际社会中的使用频率。语言国际推广和传播涉及多学科理论知识,要用学科交叉的思路进行综合研究。今后,需要把汉语国际推广置入更为复杂的理论框架,从更多层面、用更优方法、以更细标准、更高精度等方面进行更为深入的研究。正确认识语言大国和语言强国之间的关系,正确认识贸易强国建设和语言强国建设之间的关系,正确认识语言强国建设和文化强国建设之间的关系,正确认识语言强国建设和投资强国建设之间的关系,正确认识语言强国建设和经济强国建设之间的关系,正确认识语言强国建设和"一带一路"的关系,正确认识语言强国建设和中华民族伟大复兴中国梦之间的关系。

汉语国际推广的趋势预测具有极大挑战性,也是今后需要进一步深入研究的可能方向。现有成果的预测研究绝大部分属于"事后预测",即通过构建模型进行计量回归得到相应参数,然后使用所得参数及解释变量的样本数据对事物的发展态势进行"预测",这种预测是在已知解释变量值的情况下把实际值与模型估计值进行校准。而"事前预测"是在不知道解释变量的情况下对被解释变量进行预测,因此需要首先对解释变量进行预测,然后使用解释变量的预测值及"事后预测"的模型参数估计值对被解释变量进行预测研究。笔者使用乐观预测、折衷预测和悲观预测三种方法进行比较预测研究,以期为汉语的国际推广进程确定一个基本的预测值并界定一个合理的预测区间,根据汉语国际推广进程的不断推进及国内外形势的发展变化,对预测结果及时校准和纠偏,以便得出更为精准的预测结果。该预测方法可以为学者们今后的研究提供一定借鉴。折衷预测过程中使用解释变量的 ARIMA 预测值是一个有益的尝试,为学者们探寻更为科学合理的预测方法提供一个研究思路。

目前,还没有关于国际通用语的统一衡量标准。笔者以参加汉语水平考试的考生人数作为汉语国际推广的代理变量,根据参加汉语水平考试的考生数把汉语的使用区域分为核心区、内围区、外围区、影响区和潜在区五大区域。进而,把汉语的核心区和内围区看作汉语的通用区域,把核心区、内围区和外围区看作汉语的广泛使用区域,用来衡量汉语的国际推广进程。该划分标准为今后学界的进一步细化研究提供借鉴。随着汉语国际推广的深入开展,汉语国际推广的形式会越来越丰富,量化评价指标也会越来越多。今后,应该探索更为科学合理准确的衡量汉语国际推广的指标,更精确地研究对外贸易对汉语国际推广的驱动作用。

新一轮科技革命和产业变革把人类社会带入数字化时代,数字贸易在国民经济中的作用越来越大,逐渐代替传统贸易成为国际贸易的主流,数字贸易的快速发展引起学界、业界和政界的高度重视。随着互联网、大数据、云计算、人工智能等数字技术的发展,汉语的国际推广逐渐进入数字化发展阶段,电子商务、微信支付、支付宝等均使用数字化汉语进行沟通交流,成为人们数字化交易的重要平台。因此,研究数字贸易驱动汉语的数字化国际推广,将是今后的重要研究方向。数字贸易包括贸易数字化和数字化贸易两种形式,是数字化语言在数字化交易平台的应用和推广。贸易数字化把贸易的订购方式进行数字化处理,数字化贸易把贸易的交付方式进行数字化处理。语言数字化为数字贸易的高质量发展提供语言技术支持,能够降低交易成本、提高交易效率、提升国际竞争力,有利于推动国际贸易的数字化转型。贸易数字化把贸易的订购方式进行数字化处理,消费者可在数字化交易平台使用数字化语言进行在线订购。数字化交易平台贯穿于整个贸易数字化的过程,是数字化语言在进出口贸易中的应用和推广。数字化交易平台系统主要表现为一系列计算机编码解码规则,这些编码解码规则由计算机可以识别的语言组成,编码解码规则的制定即语言数字化的过程,数字化交易平台的使用则是语言的数字化推广。生产者和消费者使用数字化语言进行在线沟通和交流,消费者在数字化交易平台在线订购,生产者在数字化交易平台在线接单,整个贸易流程可以通过无纸化的形式使用数字化语言完成。数字化交易平台可以记录数字贸易经济主体的所有在线行为,生产者和消费者在数字化交易平台留下大量交易数据。通过分析处理这些海量数据,可以研究数字贸易的运行规律。贸易数字化能推动外贸企业的数字化转型,信息化时代国际竞争更为激烈,外贸企业订单表现出碎片化的发展趋势,企业的订单获取能力是国际竞争力提升的基础。数字化交易平台可提升企业在线获取订单的能力,加快外贸企业的数字化转型。数字化贸易把贸易的交付方式进行数字化处理,生产者可在数字化交易平台使用数字化语言进行在线交付。数字服务贸易是数字化贸易的主要组成部分,包括传统服务贸易的数字化赋能和可直接数字交付的服务两大部分。传统经济时代教育只能通过面对面的方式进行,数字经济时代可通过互联网提供在线远程教育,消费者可通过计算机终端在线支付教育费用,在线学习相应课程,不受时间和地域的限制。远程医疗是医院数字化发展的重要内容,医院可使用数字技术为患者提供远程医疗服务,患者可以在线支付医疗费用,为患者就诊提供诸多便利。数字影视、数字音乐、数字游戏、数字动漫等,是数字化语言应用的集中表现。生产者可把这些数字化产品上传至互联网,消费者可通过数字化交易平台在线购买在线消费,消费者的在线消费过程也是数字化语言传播和推广的过程。随着互联网技术的发展,电子出版业逐渐发展起来,电子出版物可以上传至互联网,读者可以通过数字化交易平台在线购买在线下载。电子出版物不受纸张的限制,互联网平台可以容纳无限数量的电子读物信息,读者可以随时随地进行阅读。知识产权服务、金融服务、保险服务、咨询服务等,都可以通过在线支付的方式实现贸易。数字化贸易,将成为驱动语言数字化发展的重要因素。

参 考 文 献

一 、 中 文 论 文

1. 包群、谢红军、陈佳妮：《文化相近、合作信任与外商合资关系的持久性》，《管理世界》2017 年第 3 期。

2.陈涛涛、金莹、吴敏、徐润、葛逸昛：《"一带一路"倡议的合作体系构建与舆论挑战——基于国际直接投资视角的研究》，《经济研究》2019 年第 2 期。

3. 陈永莉：《汉语国际传播的制度建设问题》，《暨南学报（哲学社会科学版）》2019 年第 1 期。

4. 崔萌、张卫国、孙涛：《语言距离、母语差异与汉语习得：基于语言经济学的实证研究》，《世界汉语教学》2018 年第 2 期。

5. 范子英、彭飞、刘冲：《政治关联与经济增长——基于卫星灯光数据的研究》，《经济研究》2016 年第 1 期。

6. 高翔、龙小宁：《省级行政区划造成的文化分割会影响区域经济吗》，《经济学（季刊）》2016 年第 2 期。

7. 洪永淼：《站在中国人的立场上，用现代方法研究中国问题，用国际语言讲述中国故事》，《经济研究》2017 年第 5 期。

8. 黄少安、张卫国：《反殖民主义与语言通用度变化》，《语言政策与规划研究》2017 年第 1 期。

9. 黄少安：《中国改革开放以来主要的经济理论创新》，《学术月刊》2019 年第 3 期。

10. 蒋冠宏、蒋殿春：《中国企业对外直接投资的"出口效应"》，《经济研究》2014 年第 5 期。

11. 李宝贵、于芳：《俄罗斯汉语传播与中俄经贸合作相关性研究》，《辽宁大学学报（哲学社会科学版）》2019 年第 3 期。

12. 李光勤、曹建华、邵帅：《语言多样性与中国对外开放的地区差异》，《世界经济》2017 年第 3 期。

13. 李实、张钰丹：《人力资本理论与教育收益率研究》，《北京大学教育评论》2020 年第 1 期。

14. 李树、邓睿、陈刚：《文化经济学的理论维度与实践进路》，《经济研究》2020 年第 1 期。

15. 李宇明、王海兰：《粤港澳大湾区的四大基本语言建设》，《语言战略研究》2020

年第 1 期。

16. 刘国辉、张卫国:《西方语言经济学研究的新进展:趋势与评价》,《武汉大学学报(人文科学版)》2020 年第 2 期。

17. 刘国辉、张卫国:《中国城市劳动力市场中的"语言经济学":外语能力的工资效应研究》,《山东大学学报(哲学社会科学版)》2016 年第 2 期。

18. 刘毓芸、徐现祥、肖泽凯:《劳动力跨方言流动的倒 U 型模式》,《经济研究》2015 年第 10 期。

19. 刘志彪、吴福象:《"一带一路"倡议下全球价值链的双重嵌入》,《中国社会科学》2018 年第 8 期。

20. 吕越、陆毅、吴嵩博、王勇:《"一带一路"倡议的对外投资促进效应——基于2005—2016 年中国企业绿地投资的双重差分检验》,《经济研究》2019 年第 9 期。

21. 马洪超、郭存海:《中国在拉美的软实力:汉语传播视角》,《拉丁美洲研究》2014年第 6 期。

22. 彭卉、蒋涌:《语言趋同与国际贸易——基于修正重力模型的实证》,《广东外语外贸大学学报》2012 年第 3 期。

23. 曲如晓、杨修、刘杨:《文化差异、贸易成本与中国文化产品出口》,《世界经济》2015 年第 9 期。

24. 苏剑、黄少安:《语言距离的测度及其在经济学中的应用》,《江汉论坛》2015 年第 3 期。

25. 万筱铭:《"一带一路"进程中汉语国际推广问题探究》,《江西社会科学》2017年第 4 期。

26. 王建勤:《"一带一路"与汉语传播:历史思考、现实机遇与战略规划》,《语言战略研究》2016 年第 2 期。

27. 王立非、金钰珏:《我国对外贸易中语言障碍度测量及影响:引力模型分析》,《外语教学》2018 年第 1 期。

28. 王祖嫘、吴应辉:《汉语国际传播发展报告(2011—2014)》,《新疆师范大学学报(哲学社会科学版)》2015 年第 4 期。

29. 韦森:《语言的经济学与经济学的语言》,《东岳论丛》2019 年第 11 期。

30. 谢孟军:《文化能否引致出口:一带一路的经验数据》,《国际贸易问题》2016 年第 1 期。

31. 谢孟军:《语言自信能否推进产能合作:HSK 数据的实证检验》,《世界经济研究》2019 年第 3 期。

32. 谢孟军、汪同三、崔日明:《中国的文化输出能推动对外直接投资吗——基于孔子学院发展的实证检验》,《经济学(季刊)》2017 年第 4 期。

33. 许琳:《汉语加快走向世界是件大好事》,《语言文字应用》2016 年第 6 期。

34. 闫雪凌、林建浩:《领导人访问与中国对外直接投资》,《世界经济》2019 年第 4 期。

35. 袁祖社:《"中国价值"的文化发现及其实践意义》,《中国社会科学》2017 年第 8 期。

36. 张卫国、陈贝:《引力模型与国际贸易问题中的语言因素:一个文献评述》,《制度经济学研究》2014 年第 1 期。

37. 张西平、柳若梅:《研究国外语言推广政策,做好汉语的对外传播》,《语言文字应用》2016 年第 1 期。

38. 赵龙凯、岳衡、矫堃:《出资国文化特征与合资企业风险关系探究》,《经济研究》2014 年第 1 期。

39. 赵子乐、林建浩:《经济发展差距的文化假说:从基因到语言》,《管理世界》2017 年第 1 期。

二、英 文 论 文

1. Abadie A., Diamond A., Hainmueller J., "Synthetic control methods for comparative case studies: estimating the effect of California's tobacco control program", *Journal of the American Statistical Association*, Vol.105, No.490(2010), pp.493-505.

2. Bedassa Tadesse, Roger White, Huang Zhongwen, "Does China's trade defy cultural barriers", *International Review of Applied Economics*, Vol.31, No.3(2017), pp.155-176.

3. Bernard Hoekman, Ben Shepherd, "Services Productivity, Trade Policy and Manufacturing Exports," *The World Economy*, Vol.40, No.3(2017), pp.499-516.

4. Beugelsdijk S., Kostova T.& Roth K., "An overview of Hofstede-inspired country-level culture research in international business since 2006", *Journal of International Business Studies*, Vol.48, No.1(2017), pp.30-47.

5. Brouthers, K.D., "Institutional, Cultural and Transaction Cost Influences on Entry Mode Choice and Performance", *Journal of International Business Studies*, No. 33 (2002), pp. 203-221.

6. Diego Quer et al., "Political Risk, Cultural Distance and Outward Foreign Direct Investment: Empirical Evidence from Large Chinese Firms", *Asia Pacific Journal of Management*, Vol.29, No.4(2012), pp.1089-1104.

7. Donald, L.& Melody, L., "Economic impacts of cultural institutes", *The Quarterly Review of Economics and Finance*, No.64(2017), pp.12-21.

8. E.Kwan Choi, "Trade and the adoption of a universal language", *International Review of Economics and Finance*, No.11(2002), pp.265-275.

9. Helpman, Elhanan, Melitz, Marc J., Yeaple, Stephen R., "Export versus FDI with Heterogeneous Firms", *The American Economic Review*, Vol.91, No.1(2004), pp.300-316.

10. Hutchinson., Amanda D., " Improving nutrition and physical activity in the workplace: a meta-analysis of intervention studies", *Health Promotion International*, Vol.27, No.2(2012), pp.238-244.

11.Kline P.& Moretti E., "Local Economic Development, Agglomeration Economics and the Big Push: 100 Years of Evidence from the Tennessee Valley Authority", *Quarterly Journal of Economics*, No.129(2018), pp.275-331.

12.Marshall W., "Going Out by Going In: Business Model Innovation with Chinese Characteristics", *Thunderbird International Business Review*, Vol.59, No.4(2017), pp.473-482.

13.Melitz, J., "Language and Foreign Trade", *European Economic Review*, No.52(2008), pp.667-699.

14.Ngai L.R.& Pissarides C.A., "Structure Change in a Multi-sector Model of Growth", *American Economic Review*, Vol.97, No.1(2019), pp.429-443.

15.Onatski, A., "Testing hypotheses about the number of factors in large factor models", *Econometrica*, Vol.77, No.5(2009), pp.1447-1479.

16.Siggel E., "International Competitiveness and Comparative Advantage: A Survey and a Proposal for Measurement", *Journal of Industry Competition & Trade*, Vol.6, No.6(2018), pp.137-159.

17.Tibor Besede, Matthew T.Cole, "Distorted Trade Barriers: A Dissection of Trade Costs in a 'Distorted Gravity' Model", *Review of International Economics*, Vol.25, No.2(2017), pp.148-164.

责任编辑:刘　伟

版式设计:姚　菲

图书在版编目(CIP)数据

对外贸易驱动汉语国际推广研究:理论及实证/谢孟军 著. —北京:
　　人民出版社,2023.10
ISBN 978 - 7 - 01 - 025856 - 0

Ⅰ.①对…　Ⅱ.①谢…　Ⅲ.①汉语-对外汉语教学-教学研究
　　Ⅳ.①H195.3

中国国家版本馆 CIP 数据核字(2023)第 147803 号

对外贸易驱动汉语国际推广研究:理论及实证

DUIWAI MAOYI QUDONG HANYU GUOJI TUIGUANG YANJIU LILUN JI SHIZHENG

谢孟军　著

人民出版社 出版发行
(100706　北京市东城区隆福寺街 99 号)

北京中科印刷有限公司印刷　新华书店经销

2023 年 10 月第 1 版　2023 年 10 月北京第 1 次印刷
开本:710 毫米×1000 毫米 1/16　印张:12.5
字数:217 千字

ISBN 978 - 7 - 01 - 025856 - 0　定价:69.00 元

邮购地址 100706　北京市东城区隆福寺街 99 号
人民东方图书销售中心　电话 (010)65250042　65289539

版权所有·侵权必究

凡购买本社图书,如有印制质量问题,我社负责调换。

服务电话:(010)65250042